深井雅海［著］

刀剣と格付け

徳川将軍家と名工たち

吉川弘文館

目次

はしがき

刀剣の基礎知識

刀剣の分類／刀剣を製作する職人たち／刀身の名称

I 「享保名物帳」＝「名刀」の成立

1 「享保名物帳」とは 2

将軍徳川吉宗が指示した刀剣書／二系統の「享保名物帳」／本阿弥家による献上／本阿弥家の人々／本阿弥家が発行する刀剣鑑定書／将軍の嗜みとしての刀剣鑑定／将軍吉宗が耽読した刀剣書／黒田家の名物刀剣情報／「享保名物帳」の本質

2 「名物」＝「名刀」の作者 18

古刀の四傑／綺羅星の刀工たち／傑作を排出した鎌倉〜南北朝時代

3 「名物」命名の由来 22

持ち主の姓・名・号から称号としたもの／持ち主の居城、領地、入手の場所などの地名を称号としたもの／刀剣自体が持つ特色から称号としたもの

4 「名刀」の所有者 25

豊臣秀吉収拾の名物刀剣／徳川将軍家の名物刀剣／華やかな名刀所有者の顔ぶれ／現在の「名物」所有者

将軍家と大名家の刀剣贈答

II 初代家康〜七代家継期における刀剣の献上・下賜

短刀　銘　吉光　名物　厚藤四郎　31
山城国吉光御短刀　名物　平野藤四郎　32
短刀　無銘　正宗　名物　庖丁正宗　33
脇指　無銘　名物　籠手切郷　34
山城国国綱御太刀　名物　鬼丸　35
刀　名物　城井兼光　36
太刀　名物　日光一文字　37
短刀　銘　正宗　名物　不動正宗　38
刀　無銘　貞宗　名物　亀甲貞宗　39
刀　無銘　郷義弘　名物　五月雨郷　40
太刀　銘　左　名物　大左文字　41
太刀　銘　長光　名物　津田遠江長光　42
太刀　銘　安綱　名物　童子切安綱　43
短刀　無銘　名物　宗瑞正宗　44
備前国一文字御太刀　名物　道誉一文字　45
刀　無銘　名物　若狭正宗　46
脇指　銘　吉光　名物　鯰尾藤四郎　47
刀　無銘　名物　切刃貞宗　48
短刀　名物　岩切藤四郎　49
脇差　無銘　名物　ニッカリ青江　50
太刀　銘　来国光　51
刀　金象嵌銘　正宗磨上　本阿弥（花押）　名物　池田正宗　52
脇差　銘　筑州住源信国重包　53
刀　銘（一葉葵紋）　薩州住正清　恭奉　台命至于東武作之旹享保六辛丑年二月　54
刀　銘（一葉葵紋）　主馬首一平藤原安代　55
刀　銘（一葉葵紋）　主水正藤原正清　56
脇指　銘　虎徹興里作　寛文五年三月吉日　57

1 献上の理由と刀工の格付け 62
献上の目的／刀剣の格付け／古刀重視の風潮

2 下賜の理由と刀工の格付け 67
将軍家からの刀剣下賜／毛利家の場合／島津家の場合／褒美として下賜される刀剣／下賜された刀剣の格付け

3 献上・下賜の実例と納戸・腰物方 72
尾張徳川家の家督相続御礼／将軍からかけられた言葉／刀剣下賜の実例／贈答品を管理する役職／腰物方に所属する職人たち

4 将軍綱吉と尾張徳川家および側用人柳沢吉保との贈答 82
尾張徳川家への御成／格調高い贈答品の数々／柳沢吉保邸への御成／新興大名柳沢への寵愛

III 八代将軍吉宗の刀剣改革

1 享保四年の刀工調査 98
大名へ刀工調査を指示／加賀前田家の調査結果／全国の刀工たち／新刀奨励のための良品選定／浜御殿での作刀実演／信国重包の作刀と報奨

2 享保七年の法令とその後の献上・下賜 112
華美な贈答を禁じる／作り太刀のリサイクル／吉宗が法令を発した意図／毛利家の贈答の変化／島津家の贈答の変化／禁令のもとでの刀剣贈答／禁令が与えた影響

3 新刀番付と側近への下賜 123
新刀刀工の顔ぶれ／新刀番付による格付け／名物刀剣の価値／信国重包の位置づけ／側近への新刀下賜

4 将軍の佩刀とその管理 130
初代家康の佩刀／四代家綱～七代家継の佩刀／八代吉宗～一〇代家治の佩刀／一一代家斉の佩刀／佩刀を管理する役職／刀剣の保管場所を探る

むすびにかえて

付録
「新刀銘釼鑑」（東京都立中央図書館特別文庫室蔵）
「最上新刀競」（東京都立中央図書館特別文庫室蔵）
「上覧御名物御道具書留」（「視聴草」国立公文書館蔵）
「御道具御様之覚」（「視聴草」国立公文書館蔵）
「諸国鍛冶代目録」（聖心女子大学図書館蔵）

はしがき

昨今は、刀剣《とうけん》ブームといわれる。各地の博物館や美術館で刀剣を展示すれば、多くの人々、とくに若い女性が集まるという。これは、ゲームなどの影響もあるかと思われるが、刀剣の美術的価値が見直される契機にもなっているといえよう。本書は、そうした視点とはやや趣を異にし、刀剣は江戸時代にどのように扱われたのか、その歴史的経過をみていこうとするものである。

刀剣は、中世以来、武家社会における重要な贈答品であった。江戸時代においても、将軍の就任時や大名の家督相続・隠居時などに、大名はこぞって、価値の高い刀剣を将軍に献上していた。また将軍も、大名が代の始めに参勤交代で国許《くにもと》に帰るときや、あるいは手伝普請《てつだいぶしん》を務めたり、献金をしたときなどに褒美として、刀剣を下賜《かし》していた。こうしたとき用いられる刀剣は、平安時代末期から安土桃山時代までに作刀された「古刀《ことう》」であり、江戸時代に作られた刀剣＝「新刀《しんとう》」は使用されなかった。つまり、江戸時代においても、価値の高い刀剣は「古刀」と考えられていたのである。

このような傾向を是正しようとしたのが、八代将軍徳川吉宗《とくがわよしむね》である。徳川吉宗は、紀州藩二代藩主徳川光貞《みつさだ》の四男として生まれ、兄二人のあいつぐ死去により五代藩主となり、さらに、七代将軍家継《いえつぐ》が八歳で没したため、将軍家を相続した人物である。よく知られているように、勘定所《かんじょうしょ》・代官所の改革、人材の登用、新田開発、法の整備など幕政全般にわたる改革を行い、「幕府中興の英主」とされる。

吉宗は将軍就任後、刀剣の鑑定を職とする本阿弥《ほんあみ》家に命じ、将軍家をはじめ、諸大名家に所蔵されている有名な刀剣を調べて提出させたという。これが、「享保名物帳《きょうほうめいぶつちょう》」である。この帳面には、古刀一六八口が登録され、いわゆる「名刀」とその所蔵先がほぼ確定された。現在残っている「名物」＝「名刀」の八〇％が国宝や重要文化財・重要美術品に指定されているという事実からも、その影響がうかがわれる（なお現在でも、古刀の「極上作」正宗《まさむね》や吉光《よしみつ》などは九〇〇〇万円前後の価値があるのに対し、新刀の「横綱」にあたる虎徹《こてつ》・清麿《きよまろ》・埋忠明寿《うめただみょうじゅ》・藤原国広《ふじわらくにひろ》などは二、三〇〇〇万円前後の価値とされ、その差は大きい〈常石英明『日本刀の歴史』古刀編・新刀編、金園社、二〇一六年〉）。

その一方で吉宗は、「世人専ら古刀を貴《とうと》ぶの弊ありて、新製（新刀）は利刀にても、好む人少なきに至れり」として、享保四年（一七一九）諸大名に命じ、領内に住む刀工を調査させた。そのうち、「殊に精巧なる」刀工五四人は刀剣を吉宗に献上したという（『徳川実紀《とくがわじつき》』九篇二六七〜二六八頁）。さらに同七年、吉宗は「家督御礼に関する法令」を発し、今後大名が献上する刀剣は代金二〇枚までのものに限るとした。すなわち吉宗は、新刀の奨励と、比較的価値の低い刀剣を献上するよう命じたのである。

本書では、以上の経緯とその実態を叙述した。

さてつぎに、本書を執筆するに至った動機について述べておきたい。筆者は、二〇一七年三月まで聖心女子大学史学科に専任教員として奉職してきたが、ゼミ生のなかに、刀剣贈答に関する修士論文を書いた者が二人いる。一人は髙橋聖子氏で、テーマは、「大名家の献上品にみる幕藩関係—家督御礼を中心に—」である。もう一人が野田ゆりえ氏、テーマは「近世における将軍家と大名家間の刀剣贈答」である。ともにその成果の一部が、『聖心女子大学大学院論集』（髙橋四六号、二〇一四年、野田五二号、二〇一七年）に掲載されている。

修論作成にあたって、髙橋氏は、『徳川実紀』から「家督相続時の刀剣献上一覧」を、野田氏は、『寛政重修諸家《かんせいちょうしゅうしょか》譜《ふ》』から「刀剣贈答一覧」を作った。両表とも、贈答に使われた刀剣の銘がわかる貴重なデータである。一方、聖心女子大学図書館には、「諸国鍛冶代目録《しょこくかじだいもくろく》」という「刀剣書」が所蔵されている。この史料には、一六三五人に及ぶ古刀の刀工が登録され、三六の格付けに分類されている。したがって、データと「刀剣書」を突き合わせると贈答に使用された刀剣の格付けが一応判明することになる（「一応」としたのは、同じ刀工によって作られた刀剣でも、出来具合によって評価が異なるからである）。筆者は、この三点のデータ・史料をそのまま埋もれさせるのは惜しいと考え、合わせて髙橋・野田両氏の成果を筆者なりに整理し、さらに、贈答の現場＝江戸城に関する知見などを加えて刊行しようと思った次第である。しかし、筆者は何分にも刀剣に関しては素人である。思わぬ間違いを犯しているかもしれない。ご批正をいただければ幸いである。

付録に掲載した「諸国鍛冶代目録」のデータ作成は野田ゆりえ氏、「新刀銘釼鑑《けんかがみ》」・「最上新刀競《くらべ》」・「上覧御名物御道具書留」・「御《お》道具《どうぐ》御様之覚《おためしのおぼえ》」の翻刻は髙見澤美紀氏に依頼した。また、刊行にあたっては、吉川弘文館編集部の堤崇志氏と冨岡明子氏に大変お世話になった。両氏の助言もあり、なんとか刊行することができた。ともに記して謝意を表する次第である。

二〇一八年四月

深井雅海

刀剣の基礎知識

刀剣の分類

太刀《たち》＝刃の長さにかかわらず、反《そ》りが深く、刃を下にして佩用《はいよう》する（吊《つ》るす）形式の刀剣。

打刀《うちがたな》＝刃を上にして腰帯に差す形式の刀剣。刀・大《だい》刀《とう》ともいう。江戸時代の大小二本差しの大刀がこれにあたり、刃長二尺三寸（約六九・七センチ）が定めの寸法《すんぽう》とされた。現在の法律では、刃の長さ六〇センチ以上のものを刀と分類している。

脇指《わきざし》＝脇差とも書く。太刀や刀の差添えとして用いられた刀剣。江戸時代の大小二本差しの小刀《しょうとう》がこれにあたる。現在の法律では、刃の長さが三〇センチ以上六〇センチ未満のものをいう。

短刀《たんとう》＝全長一尺一、二寸（約三三・三〜三六・四センチ）以下の刀剣。佩用上からは懐刀《ふところがたな》・腰刀《こしがたな》、拵《こしらえ》上からは鞘巻《さやまき》・合口《あいくち》（匕首）とも呼ぶ。近世には、俗に九《く》寸五分《すんごぶ》（約二八・八センチ）ともいったという。現在の法律では、刃長が三〇センチ未満のものを指す。

小サ刀《ちいさがたな》＝室町時代以来、幕府出仕のときに用いる短刀。殿中差《でんちゅうざし》ともいう。

刀剣を製作する職人たち

刀工＝刀鍛冶《かじ》のこと。玉鋼《たまはがね》を鍛錬して刀剣類を形作り、焼き入れをして姿形を整える。一般的に、

刀剣の種類

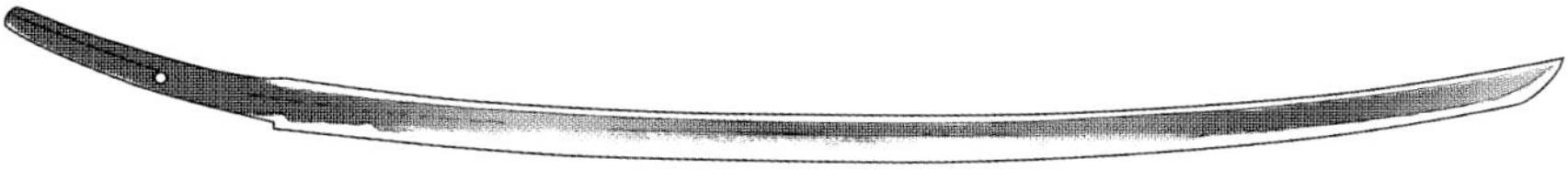

太刀

打刀

脇指

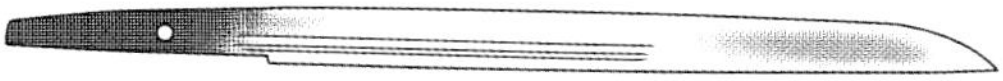

短刀

一振りの刀を作るには七、八〜一〇㌕の玉鋼が必要という。それを刀工が弟子数人とともに鎚《つち》で打ち叩き鍛《きた》えぬく。完成した刀は約一㌕にまで減るという。この作業は、三、四日ほど昼夜を通して行われる。鍛錬が終わると、刀の形にしていく火造りなどの作業に移り、焼き入れとなる。これは、約八〇〇度ぐらいに熱した刀身を一気に水に入れて急冷する作業で、このとき日本刀独特の反りができる。この焼き入れの一瞬で今までの成果が決まるという。その後、鍛冶押しと呼ばれる荒研《あらと》ぎまで行い、最後に、研《と》ぎの仕上がった刀剣に自分の銘を切る。

研《とぎ》師《し》＝刀工が鍛えた刀をいかに美しく仕上げるかは研師の腕にかかっているため、その仕事は重要である。つまり、砥石《といし》を用い、刀剣類の姿形をより厳密に整え、刃文《はもん》がよく確認でき、しかも美しく見えるように研磨する。その作

刀身の名称

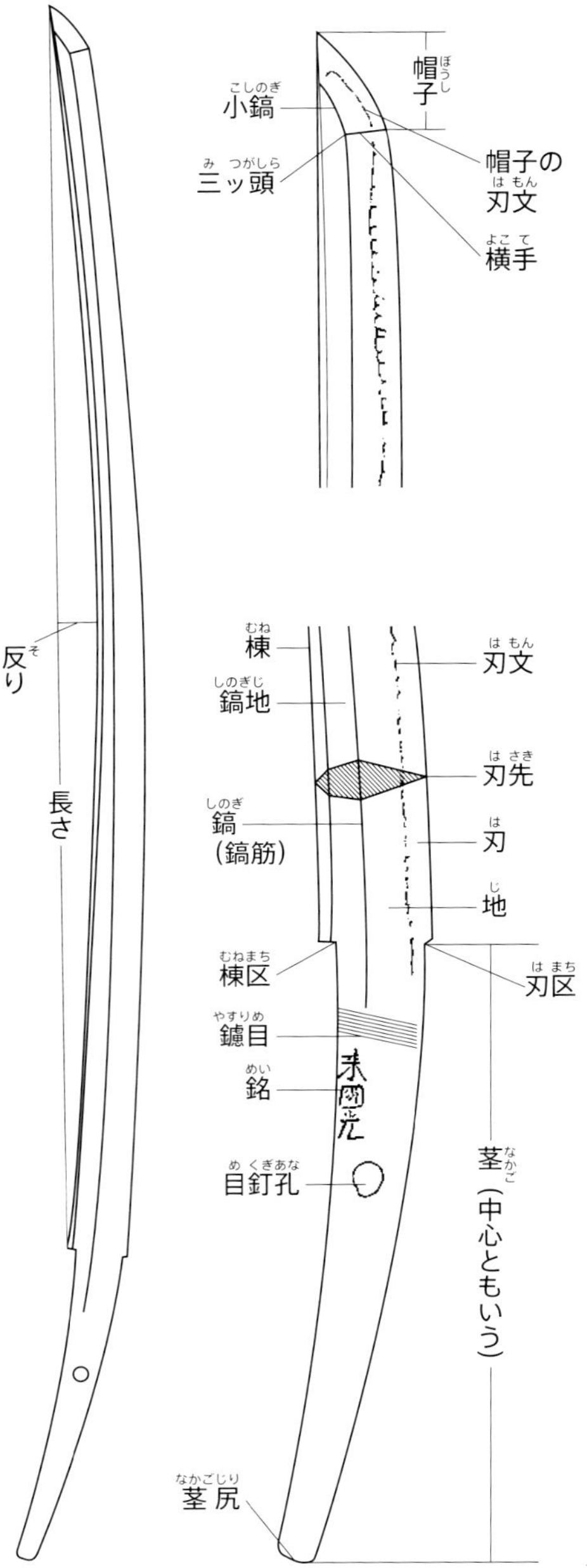

業は、大きく分けて下地研ぎと仕上研ぎの二つがあるという。下地研ぎは研磨のなかで最も重要な研ぎで、粗い目の砥石からきめ細かい砥石へと研ぎを替えていくことによって、刀の姿や形を整える。仕上研ぎは、地鉄《じがね》部分の研ぎと刃文部分の研ぎに分かれ、これにより地肌と刃文を出し整える。それが終わると、「拭《ぬぐ》い」の作業に入り、刀身に光沢を与える。その後、刃の部分を白く美しく仕上げる「刃取り」を経て、磨棒《みがきぼう》で磨くと黒い光沢が生ま

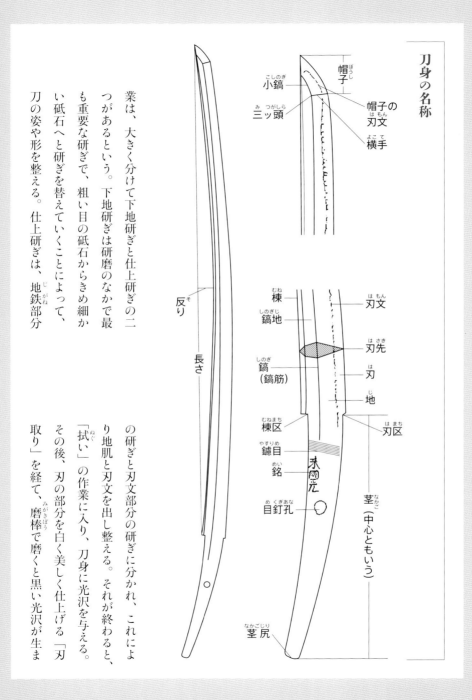

刀鍛冶（『職人尽絵詞』国立国会図書館蔵）

れる。最後に、「なるめ」という作業で帽子（鋒《きっさき》）を研磨すると、研ぎが完成する。

右のほか、鎺《はばき》や装剣金具の製作を行う白銀師《しろがねし》、柄《つか》部分を作成する柄巻師《つかまきし》、白木の鞘《さや》や漆塗《うるしぬり》の鞘下地を製作する鞘師《さやし》、鞘下地に鞘塗を施したり、鞘の装飾を行う塗師《ぬりし》、鐔《つば》をはじめとする装剣金具を作る金工《きんこう》などの職人がいた。

＊歴史群像編集部編『図解・日本刀事典―刀・拵から刀工・名刀まで刀剣用語徹底網羅!!―』学習研究社、二〇〇六年、歴史群像シリーズ特別編集『図説・日本刀大全』決定版・決定版2（名刀・拵・刀装具総覧）、学習研究社、二〇〇六・〇七年、『広辞苑』などを参照した。

I

「享保名物帳」=「名刀」の成立

1 「享保名物帳」とは

将軍徳川吉宗が指示した刀剣書

「享保名物帳《きょうほうめいぶつちょう》」については、辻本直男氏の『図説 刀剣名物帳』(雄山閣出版、一九七〇年)、川見典久氏の「「享保名物帳」の意義と八代将軍徳川吉宗による刀剣調査」(『黒川古文化研究所紀要』一五号、二〇一六年)の二つの労作がある。本章は、両氏の研究成果、とくに川見氏の最新の成果に多く依拠して叙述したことをあらかじめお断りしておきたい。

なお、名物刀剣が生まれ、「享保名物帳」が成立する背景については、渡邉妙子(「名物・名刀の銘が語るもの」)・佐藤豊三(「日本の伝統的美的価値「名物」と刀剣」)両氏の詳細な研究がある(ともに、公益財団法人佐野美術館ほか編集・発行展覧会図録『名物刀剣—宝物の日本刀—』〈二〇一一年〉に掲載)。今回は、「名物帳」に登録された刀剣そのものを叙述の対象とするため、成立の背景などは、両氏の論稿を参照されたい。

「享保名物帳」は、享保四年(一七一九)一一月、八代将軍徳川吉宗の命により、刀剣の「目利《めきき》」=鑑定を職とする本阿弥《ほんあみ》家一三代当主光忠《こうちゅう》が献上したものとされる。その内容は、名物刀剣の寸尺、評価、所蔵者、来歴などを略記したものである。原本は発見されていないものの、一二系統の写本が現存している。

Ⅰ類　冒頭が名物「厚藤四郎《あつしとうしろう》」で始まる写本

「古刀名物帳　完」（国立国会図書館蔵）

「刀剣名物略記　全」（東京都立中央図書館蔵）

「名物帳　全」（国立国会図書館蔵）

「名物鑑　全」（徳川美術館蔵）

Ⅱ類　冒頭が名物「平野《ひらの》藤四郎《とうしろう》」で始まる写本

「刀剣名物帳　全」（国立国会図書館蔵）

「名物帳　全」（日本美術刀剣保存協会蔵）

「刀剣名物帳」（日本美術刀剣保存協会蔵）

以上七点の写本が知られるが、表題にみえるように、「享保名物帳」という名称ではない。その名称は、近代以降に付けられたものである。七点の表題は異なるものの、おおむね「古刀名物帳」、「刀剣名物帳」としてよいであろう。すなわち、この帳面は、「古刀」、平安時代から南北朝時代に至る間に作られた刀剣のうち、「名物」＝名刀を集録したものである。

二系統の「享保名物帳」

その内容をみると、Ⅰ類の写本の冒頭「厚藤四郎」（三一頁掲載）の項にはつぎのように記載されている（図1「古刀名物帳　完」）。

御物《ぎょぶつ》

一　厚藤四郎　銘有り　長さ七寸二分　重さ四分　代金五百枚

京都将軍家御重代、其後《そのご》転々として摂泉の堺《さかい》にあり。其後、黒田《くろだ》如水《じょすい》（孝高《よしたか》）所持し、秀次公《ひでつぐ》へ上る。秀吉公《ひでよし》へ上り、毛利《もうり》甲斐守《かいのかみ》大江秀元《おおえのひでもと》拝領し、当甲斐（毛利綱元《つなもと》）より家綱公《いえつな》（四代将軍）へ上る。金千枚拝領す。

最初にある「御物」は天皇や将軍が用いる品物に対する総称で、この刀剣が徳川将軍家の所蔵品であることを示す。**厚藤四郎**は、銘があり、長さ七寸二分（二一・八センチ）、重さ四分（一・五グラム）、代付《だいつ》け（刀剣の価値を金銀で表したもの）は金五〇〇枚（五〇〇〇両）であった。室町幕府将軍が代々継承していたが、いつの頃からか持ち主が転々とし、堺で所持されていた。それを黒田孝高が入手し、豊臣秀次に献上したものが、その後、秀吉の持ち物となり、秀吉から毛利秀元に下賜《かし》されていた。当代毛利綱元のときに四代将軍家綱に献上したところ、金一〇〇〇枚（一万両）を拝領した、という。

このように、名物＝名刀の名称、銘の有無、長さと重さ、代付け、そして、刀剣の由緒・来歴を記す。大名など諸家所有の場合は、代付けの下に記される。Ⅰ類の写本には、名物一五八口、焼失名物＝失われた名刀七八口、計二三六口が掲載されている。

一方、Ⅱ類の写本は、名物一六八口、焼失名物八〇口、さらに「名物追記」として二六口、計二七四口を載せる。情報としては、Ⅱ類の写本の方が三八口多い。川見氏は、名物の所有者やその表記の違いから、Ⅰ類は享保以前の成立、Ⅱ類はそれをもとに増補、再編集したものであり、Ⅱ類の成立に関わった人物は、本阿弥光山《こうざん》系の光恕《こうじょ》、あるいはその周辺と推測している。いずれにしても、この史料により、焼失名物などを除くと、名刀一六八口の作者、由緒・来歴、所有者が判明することになる。まさに、刀剣に関する貴重な史料といえよう。

ただし、将軍吉宗の命によって編纂、献上されたということについては、①享保年間に「名物帳」を献上した公的な記録がない、②名刀を数多く所有していたことが明らかな大名の所蔵刀が少ないなど、収録された所有者に偏りが

図1 「古刀名物帳 完」

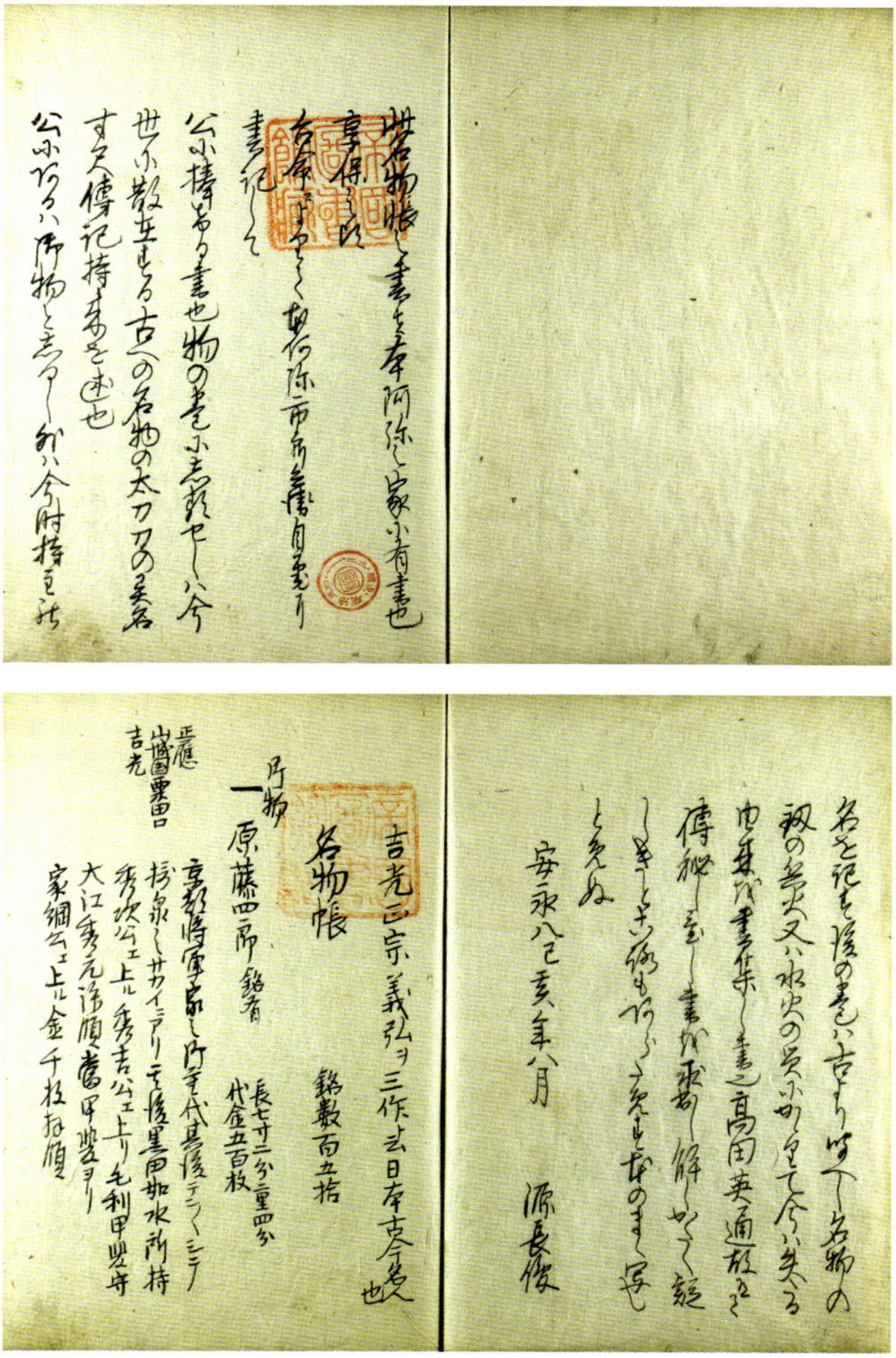

国立国会図書館蔵

ある、③享保年間より前の所蔵者になっている名物刀剣がある、④備前刀《びぜんとう》の収録が少なすぎる、などの理由から、辻田吉堯氏は疑問を投げかけ、「名物帳」は享保以前より本阿弥家に代々伝存してきた記録にすぎないとし、享保四年の将軍への献上を否定している（「名物刀剣に関する考察」〈『刀剣美術』二二四〜二二六、一九七五年〉）。

本阿弥家による献上

本阿弥家が「名物帳」を将軍吉宗に献上した根拠は、二つの記述によっている。まず一つ目、Ⅰ類の写本「古刀名物帳　完」の冒頭につぎのような序文がみえる。

此名物帳の書は本阿弥の家に有書也。享保の頃、台命《たいめい》（将軍吉宗の命）によりて本阿弥市郎兵衛（光是か）自毫に書記して、公（吉宗）に捧る書也。（以下略）
安永《あんえい》八己亥《きがい》年八月　源長俊

安永八年（一七七九）八月にこの写本を筆写した源長俊は、儒者の榊原香山《さかきばらこうざん》（一七三四〜九八年）のことである。香山の序文によると、この帳面は、享保年間に、将軍の命によって、本阿弥市郎兵衛が自ら記して献上したものであるという。

二つ目は、Ⅱ類の写本「刀剣名物帳　全」につぎのように記されていることによる。

名物剣集

有徳院《ゆうとくいん》（将軍吉宗）様 御代、享保四亥年十一月撰上候由
本阿弥光忠代

これによると、本阿弥光忠の代の享保四年（一七一九）一一月、将軍吉宗、もしくは幕府に上申したことがわかる。しかし、Ⅰ類とⅡ類の写本を比較してみると、献上者に違いがみられる。Ⅰ類では分家の本阿弥市郎兵衛（光是か）、Ⅱ類では本家の当主本阿弥光忠となっている。しかも、両史料ともいわば伝聞である。したがって、確かな史料とはいえない。そうかといって、辻田氏のように将軍への献上自体を否定することもできない。そこで、本阿弥家とはどういう家なのか、また、将軍吉宗は刀剣にどのように関わったのか、叙述しながらこの問題を考えてみよう。

本阿弥家の人々

本阿弥家の始祖は妙本《みようほん》（没年は文和《ぶんな》二年〈一三五三〉）とされ、一説によれば、室町幕府初代将軍である足利尊氏《あしかがたかうじ》に従い、「刀剣奉行」として仕えたという。七代光心《こうしん》のあと、本家は長男光刹《こうさつ》が継ぎ、光意・光政・光與ら弟と養子の光二はそれぞれ分家を起こした。以後も、八代光刹の子光淳・光園・光味《こうみ》、九代光徳《こうとく》の子光栄・光益、一〇代光室《こうしつ》の子光的・光由（養子）・光龍・光山《こうざん》（養子）、一一代光温《こうおん》の長男光達《こうたつ》、一二代光常《こうじょう》の子光澤らが分家を建てた。

こうした本阿弥家の人々については、「武鑑《ぶかん》」の御用聞商人《ごようきき》の項に「御刀脇指目利究所」として掲載されるほか、「元禄覚書《げんろくおぼえがき》」（元禄一三年〈一七〇〇〉～一六年頃）や『京都御役所向大概覚書』（正徳《しようとく》～享保初年）にも収録されている。「武鑑」は、民間の書肆《しよし》が刊行した大名・幕府役人の名鑑、「元禄覚書」や『京都御役所向大概覚書』は、京都を中心に畿内・近江《おうみ》・丹波《たんば》・播磨《はりま》八ヵ国の政治・経済・宗教などについて調査記録したものである。ここでは、正徳二年

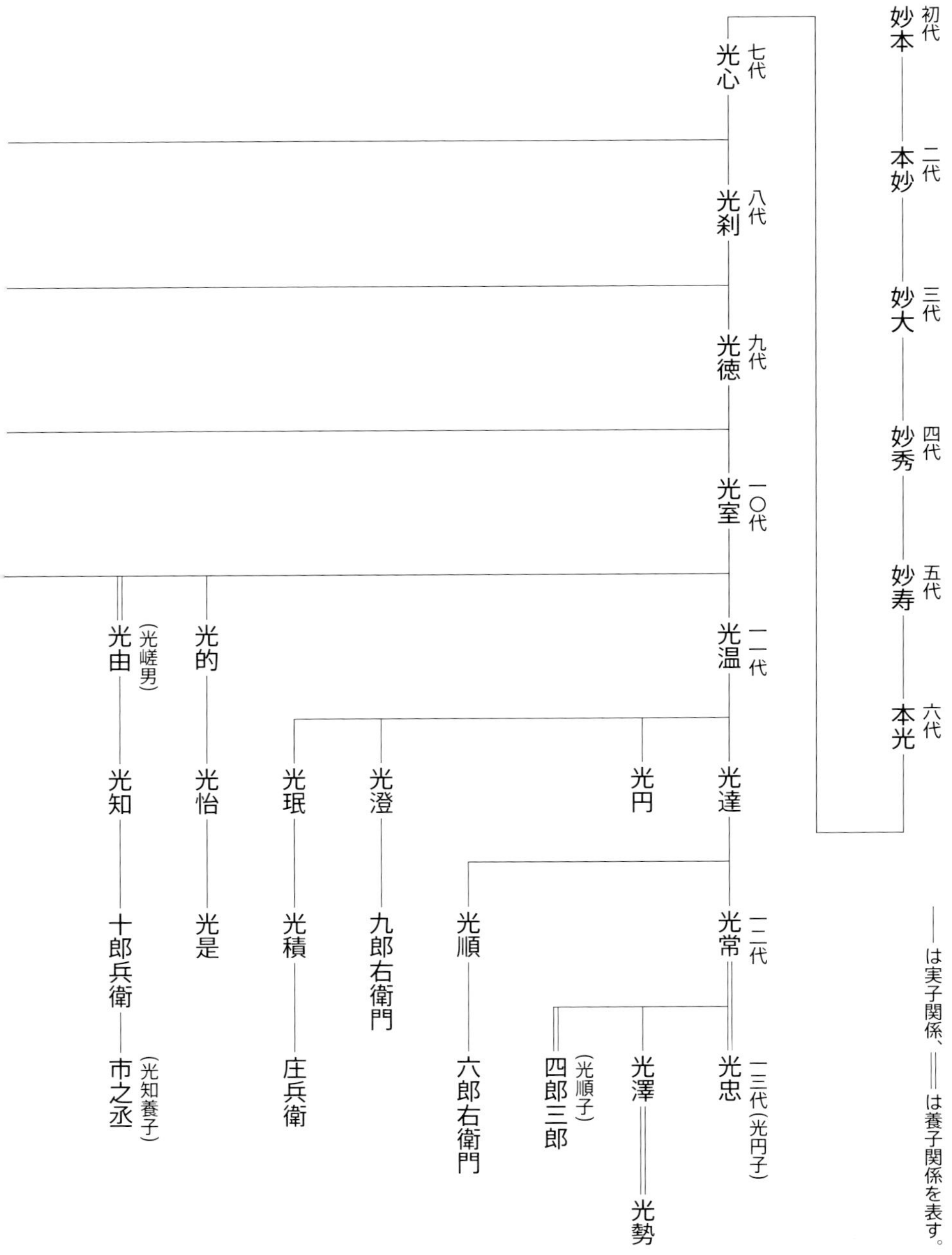
初代 妙本
二代 本妙
三代 妙大
四代 妙秀
五代 妙寿
六代 本光
七代 光心
八代 光刹
九代 光徳
一〇代 光室
一一代 光温
光的
光由（光嵯男）
光達
光円
光澄
光珉
光怡
光知
一二代 光常
光順
九郎右衛門
光積
光是
十郎兵衛
一三代（光円子） 光忠
光澤
四郎三郎（光順子）
六郎右衛門
庄兵衛
市之丞（光知養子）
光勢
——は実子関係、═は養子関係を表す。

図2　本阿弥家の系統図

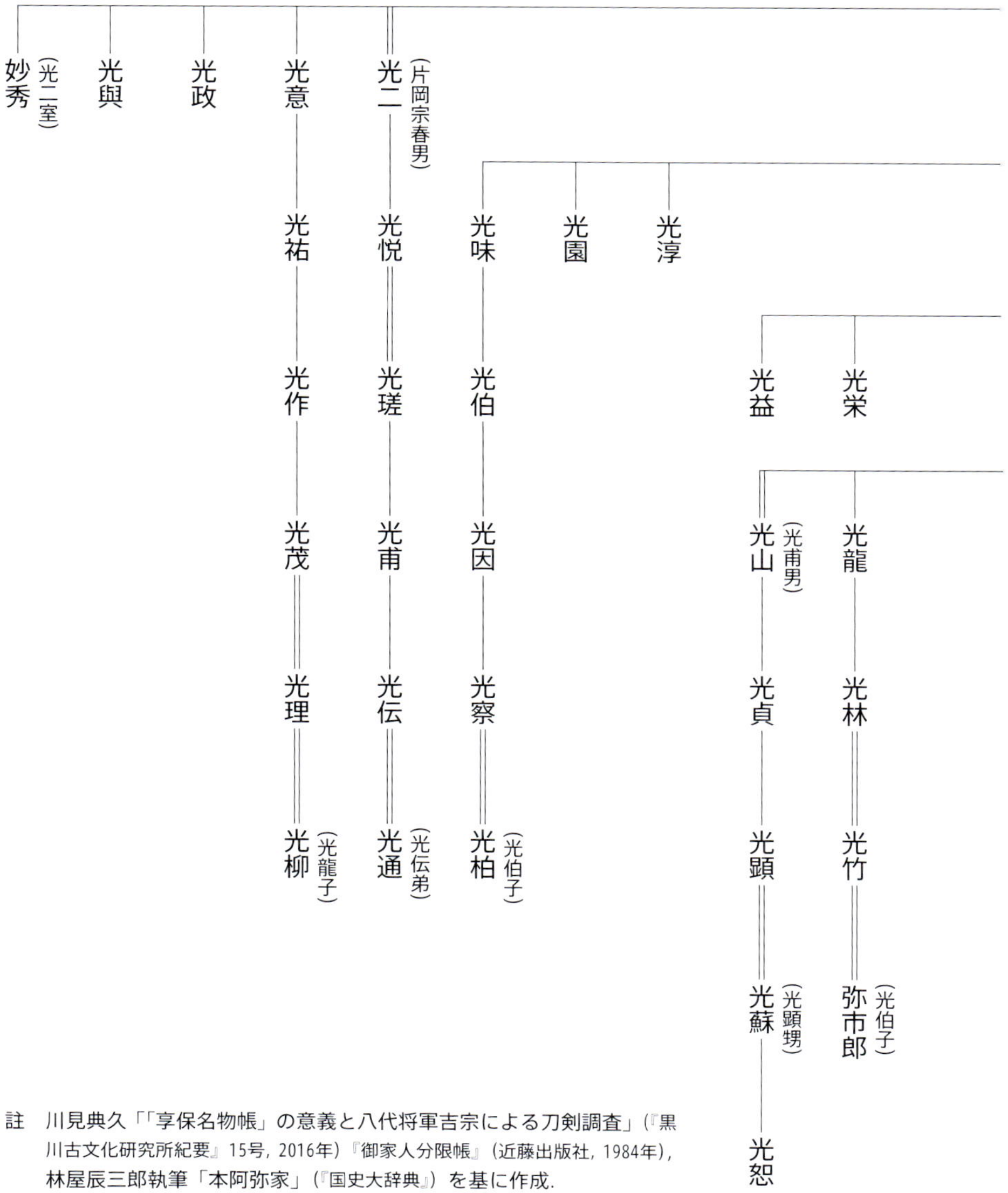

註　川見典久「「享保名物帳」の意義と八代将軍吉宗による刀剣調査」（『黒川古文化研究所紀要』15号，2016年）『御家人分限帳』（近藤出版社，1984年），林屋辰三郎執筆「本阿弥家」（『国史大辞典』）を基に作成．

（一七一二）頃の『御家人分限帳《ごけにんぶんげんちょう》』（近藤出版社、一九八四年）に登録された本阿弥家の人々をみてみよう。『御家人分限帳』は、幕府役人七二一八人の名簿である。

一　弐百七石五拾人扶持《ふち》　山城　光常養子　光円子　本阿弥三郎兵衛　酉三十六
一　弐百俵　光順子　本阿弥六郎右衛門　酉三十五
一　百俵弐拾人扶持　光澄子　本阿弥九郎右衛門　酉十九
一　百石拾五人扶持　近江　光察養子　光伯子　本阿弥光伯　酉六十
一　百俵拾五人扶持　光知養子　十郎兵衛子　本阿弥市之丞　酉十
一　百俵弐拾人扶持　光竹養子　光伯子　本阿弥弥市郎　酉二十六
一　百俵弐拾人扶持　光怡子　本阿弥市郎兵衛　酉四十九
一　五拾石拾五人扶持　山城　光理養子　光龍子　本阿弥光柳　酉四十四
一　拾五人扶持　光積子　本阿弥庄兵衛　丑十八
一　拾人扶持　光常養子　光順子　本阿弥四郎三郎　酉三十五

同書に掲載されているのは一〇人、うち三郎兵衛・光伯《こうはく》・光柳《こうりゅう》の三人は地方知行取《じかたちぎょうとり》である。筆頭の三郎兵衛は「光常養子」と書かれているので、本家一三代目の光忠と思われる。「酉三十六」とあるので、宝永《ほうえい》二年（一七〇五）当時三六歳、知行二〇七石と加扶持《かぶち》五〇人扶持（一人扶持を五俵として計算すると二五〇俵になる）。知行の二〇七石は、幕末の状況を示す『旧高旧領取調帳　近畿編』（近藤出版社、一九七五年）によると、山城《やましろ》国乙訓《おとくに》郡築山《つきやま》村に一〇七石、同国久世《くぜ》郡中村に一〇〇石と分散している。分家光味系の光伯（光柏か）は、知行一〇〇石と一五人扶持（七五俵）、知行は近江国にあった。また分家光意系の光柳は知行五〇石と一五人扶持、知行地は山城国愛宕《おたぎ》郡西賀茂《にしがも》村である。一族を合わせると、知行三五七石と蔵米《くらまい》一五〇〇俵となり、御用聞商人としてはかなり優遇されていることがわかる。このほか、先に触れた「元禄覚書」によると、光通や光山が加賀《かが》前田家、光快が尾張《おわり》徳川家、六三郎が久留米《くるめ》有馬家の扶持を得ていたことがわかる。とくに、光通の先祖光二は前田利家《としいえ》と交流が深かったという。

　このように、本阿弥家の人々が幕府や大名家から厚遇をうけたのは、その家職、ことに刀剣の目利き＝鑑定にあった。すでに、八代光刹（または九代光徳《こうとく》）は、豊臣秀吉から「刀剣極所《きわめどころ》」に任ぜられ、「折紙《おりがみ》」の発行を認められたとされる。

本阿弥家が発行する刀剣鑑定書

「折紙」とは刀剣の鑑定書のことである。紙を横長に置いて使うのを「竪紙《たてがみ》」、この竪紙を二つに折り、折り目を下にして用いたものを「折紙」と呼んだ。折紙は書状のほか、さまざまな用途に利用されたが、秀吉の桃山時代以降、刀剣や書画などの鑑定書に採用されたことから、「折紙」自体が鑑定書を指す言葉として定着し、「折紙付き」の語源にもなった。

　徳川美術館（愛知県名古屋市）所蔵の国宝「短刀　無銘　正宗《まさむね》　名物　庖丁正宗《ほうちょうまさむね》」（三三頁掲載）に添えられた折紙をみよう（図3「本阿弥光温折紙」）。

　冒頭に、刀剣の製作者名（「相模《さがみ》国正宗《まさむね》」）が記され、間違いないという意味の「正真《せいしん》」と書かれている。その下に寸法や彫り物の有無といった特徴と、代付け＝評価額（「代金子《きんす》参拾枚」）が記される。金子一枚は大判一枚、つまり

図3　本阿弥光温折紙（国宝「短刀　無銘 正宗　名物 庖丁正宗」附属）

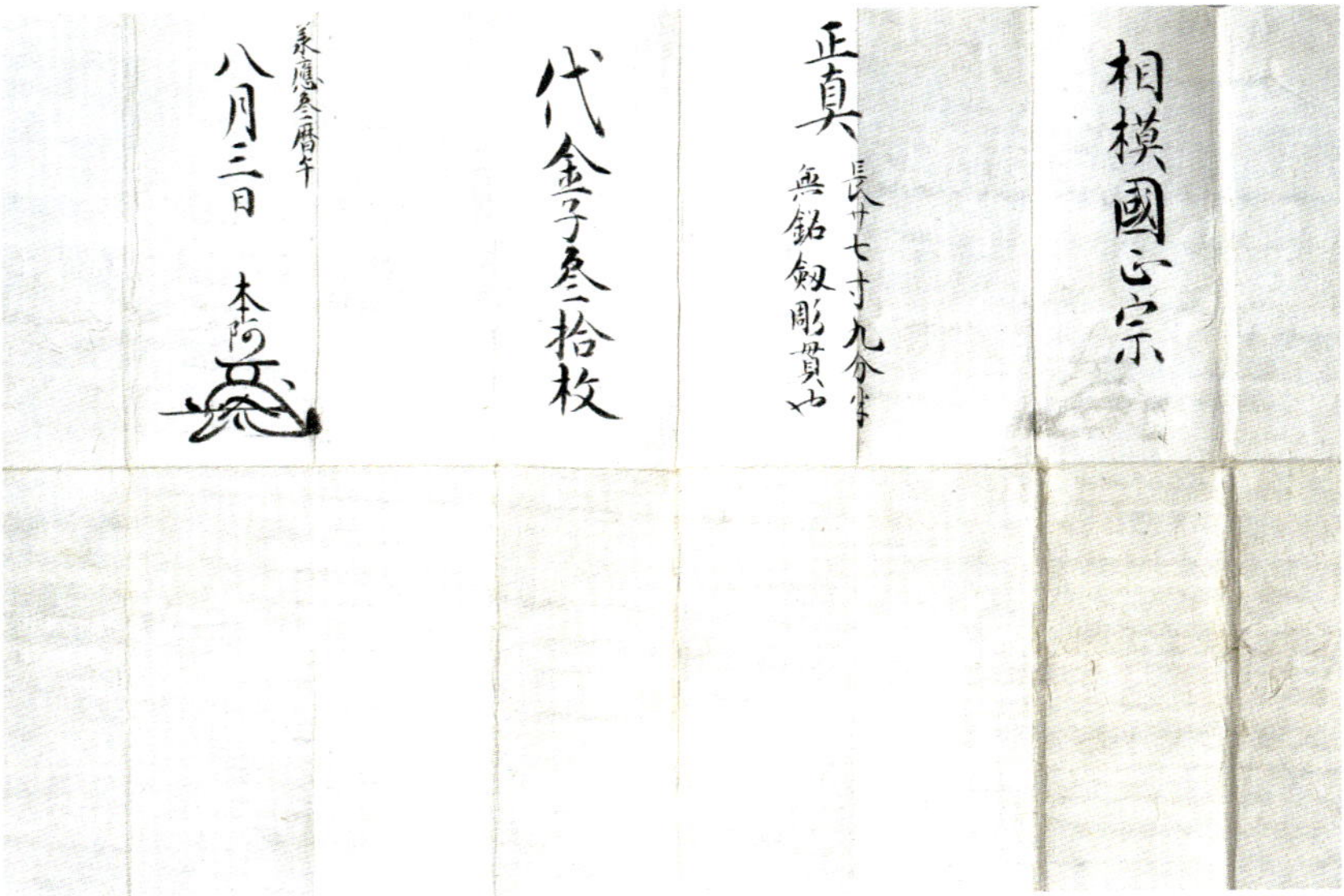

徳川美術館蔵　©徳川美術館イメージアーカイブ／DNPartcom

一〇両を指す。最後に、発行年月日と発行者の名字（本阿）と花押《かおう》（サイン）が書かれた。発行年月日は承応《じょうおう》三年（一六五四）八月三日、花押は本家一一代光温のものである。花押が書かれた位置の紙の真裏には、二重枠の中央に「本」の字を刻んだ黒印《こくいん》が押されている。この印は、一〇代光室の父で豊臣秀吉に仕えた九代光徳（一五五六〜一六一九年）が、秀吉から下賜されたと伝えられ、本阿弥本家が折紙の偽造防止のために捺したという。

もう一つの特徴は、折紙の発行日を「三日」に固定していることである。三日は本阿弥本家の初代妙本の月命日で、この日に本阿弥家の分家一同が本家に集まり、刀剣の真偽を協議して全員一致で評価額（代付け）を決め、本家の当主が代表して折紙を発行したという（並木昌史「刀剣の「折紙」について」『徳川美術館　葵』一〇三号、二〇一七年）。

さらに、鑑定の結果は、折紙として発行するだけでなく、朱漆《しゅうるし》や金象嵌《きんぞうがん》によって刀の茎《なかご》に入れることもあった。たとえば、名物**籠手切郷**《こてぎりごう》には、「コテ切　義弘　本阿（花押）」と金象嵌で入れる一方、差し裏には、「稲《いな》葉《ば》丹後守所持之《たんごのかみこれをしょじす》」と銀で彫られている（三四頁掲載）。

将軍の嗜みとしての刀剣鑑定

また、こうした刀剣鑑定の技術は、将軍にも伝授されていた。初代徳川家康《いえやす》は、常に身につけている刀剣の鑑識を武士としての嗜《たしな》みの一つと考え、親しい伊勢《いせ》国津《つ》城主藤堂高虎《とうどうたかとら》から二代将軍秀忠《ひでただ》に伝えさせた（「東照宮御実紀付録《とうしょうぐうごじつきふろく》」巻二三）。家康の没後、秀忠は、家康の命日にあたる毎月一七日には身を慎み、「其日はいつも本阿弥などめしいで、（召し出でて）、日ねもす（終日）刀剣の御鑑賞」をしたという（「台徳院《たいとくいん》殿御実紀付録」巻一）。

本阿弥光悦《こうえつ》を中心に、父母（光二・妙秀《みょうしゅう》）を含めた一門の言行を記録した「本阿弥行状記《ぎょうじょうき》」（正木篤三『本阿弥行状記と光悦』〈中央公論美術出版、一九六五年〉）の五六段には、つぎのように記されている。

> 光室、台徳院様（二代将軍秀忠）刀脇ざしの御目利御稽古を成され、毎日二時計りづゝ、御指南申上ける。御座之間の御次にも人を置せられず、ぬき刀を御手より下され、御手へさし上げる、冥加《みょうが》至極のものなり。

これによると、一〇代光室は、将軍秀忠が毎日居間の御座の間で刀剣鑑定の稽古を行う際に指導し、ぬき刀を直接授受していたという。光室が、秀忠に信頼されていたことがうかがえる。

このような鑑定は、あくまで古刀《ことう》の作者を見極めることであったが、本阿弥家のもう一つの重要な職務が刀剣の研磨である。研磨は、その技術次第で名刀も価値を変じるとされ、「下とぎ」「中とぎ」「水仕立」「拭《ぬぐ》い」「磨き」の五

図4　徳川将軍家略系図

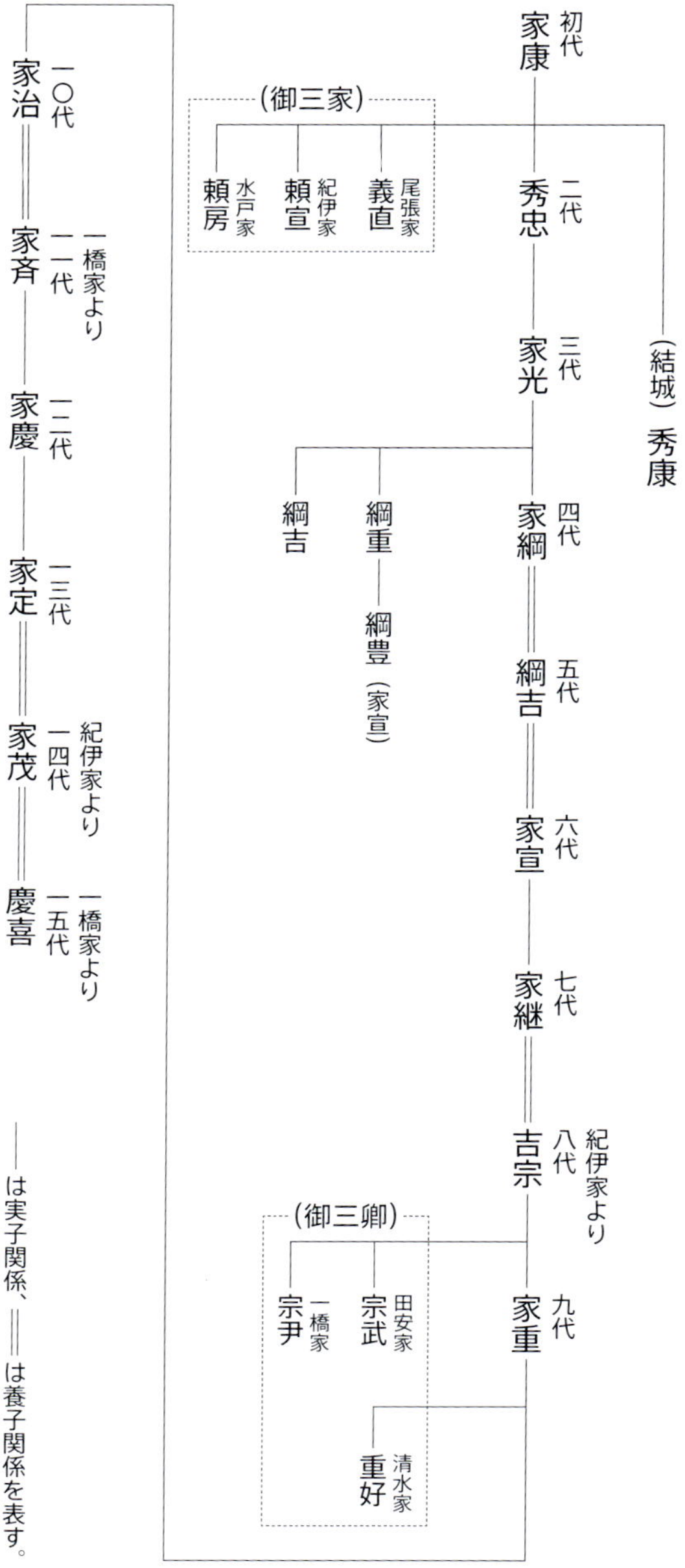

つの工程があるという。また本阿弥家は、刀剣の売買やその仲介、鞘《さや》や柄《つか》などの拵《こしらえ》や刀袋《かたなぶくろ》・箱をも扱い、刀剣全般にわたる家職を通じて、将軍家や大名家から信頼を得ていたのである。さらに、それぞれが所有する名刀についても、さまざまな情報を集め、それを記録に留めていたものと思われる。

こうした情報が、「名物帳」作成の前提になったものと推測される。

将軍吉宗が耽読した刀剣書

一方、八代吉宗も、将軍就任後、名物刀剣を取り寄せたり、刀工の名前や茎《なかご》の図、作刀の特徴などを記した「鍛冶《かじ》銘尽《めいづくし》」を紅葉山《もみじやま》文庫（江戸城内の紅葉山に設置された幕府の書庫）から長期間借り出して閲覧している。

たとえば、享保三年（一七一八）九月一七日には、旗本伊勢貞益《さだます》家に伝わる朱雀《すざく》天皇から下賜された「小烏丸《こがらすまる》の太刀《たち》」を上覧し、その六日後には、本阿弥三郎兵衛（光忠）を京都にある屋敷（上京《かみぎょう》 実相院《じっそういん》町）に派遣して、本阿弥家が家康より預かったとされる「鬼丸《おにまる》の太刀」（名物鬼丸《おにまる》）（三五頁掲載）を取り寄せて実見している。また、翌享保四年一〇月、吉宗は本阿弥三郎兵衛（光忠）・同光通・同四郎三郎の三名を召し出して、豊臣秀吉が愛宕《あたご》神社に奉納した名物二ツ《ふたつ》銘則宗《めいのりむね》の太刀について尋問したが、彼らは作者についての情報すらもっていなかった。そこで、京都に問い合わせ、京都所司代《しょしだい》松平《まつだいら》 忠周《ただちか》が愛宕神社に太刀を持参させ、本阿弥光盛によって銘の写し取りや研磨などが行われた。この「鬼丸」と「二ツ銘」は足利義昭《よしあき》（室町幕府一五代将軍）の宝剣であったという。

「鍛冶銘尽」の閲覧については、『幕府書物方日記』（東京大学史料編纂所編纂『大日本近世史料　幕府書物方日記二』〈東京大学出版会、一九六五年〉）により判明する。一回目は享保元年一一月一六日、二回目は同年一二月二四日、三回目は享保四年七月六日に、書物奉行より、吉宗の腹心の御《お》側御《そばご》用取次《ようとりつぎ》（有馬《ありま》氏倫《うじのり》や加納久通《かのうひさみち》）に届けている。貸し出し期間は、一回目は一ヵ月であるが、二回目は約半年、三回目は一年八ヵ月以上に及んでいる。

黒田家の名物刀剣情報

さらに注目されるのは、吉宗が大名家からも名物刀剣の情報を集めようとしていたことである。「黒田新続家譜」

巻二二「継高記《つぐたかき》」（『新訂黒田家譜』四巻〈文献出版、一九八二年〉所収）享保一二年一〇月二日条によると、幕府腰物《こしもの》奉行三宅弥一郎（徳恩《のりむね》）は、筑前《ちくぜん》福岡黒田家の留守居《るすい》を呼び、つぎのような吉宗の命を伝えた。

　黒田家に伝る岩切《いわきり》と言刀、上様（将軍吉宗）聞召《きこしめし》及ばせられ、いかなる故に岩切と号しや。寸尺いか程有や。作ハ何なるや。何《いず》れの代より持伝へらるゝや。委《くわし》く書付出さるべし。又外に異名ある刀あらバ、是又書付出さるべき由申さる。

すなわち、黒田家に伝わる「岩切《いわきり》」という刀について、名称の由来や長さ、作者、来歴を詳しく書いて差し出すように、また、ほかにも異名のある刀があれば、書付を提出するように、というものであった。黒田家は、「岩切」については、三代藩主光之《みつゆき》（一六二八〜一七〇七年）の代に購入したものの、それ以前の来歴、号の由来とも不明と報告した。そして、ほかに「城井兼光《きいかねみつ》」・「碇切《いかりぎり》」・「安宅切《あたきぎり》」・「圧切《へしきり》」という刀を所有していることを申し出たところ、詳しく由来を知りたいという話だったので、一一月二七日に書付を三宅のもとへ届けた。その書付によれば、「城井兼光」は長船兼光（長さ弐尺弐寸三分〈約六七・六センチ〉）、「碇切」は作者不明（同壱尺九寸壱歩〈約五七・九センチ〉）、「安宅切」は祐定《すけさだ》（同弐尺弐歩〈約六一・二センチ〉）、「圧切」は長谷部《はせべ》（同弐尺壱寸四分〈約六四・八センチ〉）であった。

享保四年（一七一九）に、本阿弥家から吉宗に提出したとされる「享保名物帳」のI類には、黒田家の所有刀として、**岡本正宗《おかもとまさむね》**・**ヘシ切《きり》長谷部《はせべ》国重《くにしげ》**・**日光一文字《にっこういちもんじ》**（三七頁掲載）・**鄙田《ひなた》青江《あおえ》**・**稲葉《いなば》志津《しづ》**の五口が登録されている。腰物奉行の三宅がこれらの名物については質問せず、登録されていない「岩切」について問い合わせたということは、すでに吉宗の手許に「享保名物帳」が存在した可能性が高いといえるのではなかろうか。

なお、岩切（岩切海部《かいふ》）・城井兼光（三六頁掲載）・碇切（碇切長吉）の三口については、「享保名物帳」のⅡ類（ただし、岩切と碇切は「追記」）に掲載されている。Ⅱ類は、川見氏も指摘するように、Ⅰ類の提出後に増補したものといえよう。先述した愛宕神社所蔵の「二ツ銘則宗」がⅠ類には登録されず、Ⅱ類に登録されていることも、そのことを裏づけるものといえよう。

「享保名物帳」の本質

詰まるところ、川見氏も明らかにしたように、吉宗の行動などから、「享保名物帳」は、本阿弥家が将軍の命をうけて、大々的に調査して新たに編纂したのではなく、家職上それまでに有していた情報をまとめて提出した「刀剣名物帳」と結論づけておきたい。そう考えると、掲載刀剣や所蔵者に偏りがみられるのも理解できよう。

しかし、だからといって、「享保名物帳」を軽視することはできない。将軍吉宗は、「名物帳」にみられるように、名物刀剣を発掘し、その所有者を確定させる一方で、Ⅲ章で詳述するように、新刀《しんとう》の奨励やその刀工調査、さらには贈答刀剣の格付け制限などの改革を行っている。つまり、名物刀剣＝名刀の発掘や確定は、それまでの名刀偏重、古刀重視という風潮を改め、格付けの低い新刀などを広めるための前提として行われたものと考えられる。吉宗は、刀剣改革を行う前に、名刀の所在確認をしておきたかったものと思われる。その一方で、「名物帳」に登載された刀剣の八〇％が一九七〇年時点に国宝や重要文化財・重要美術品に指定・認定されているという事実からも、その影響は現在にも及んでいるというべきであろう。

2 「名物」＝「名刀」の作者

すでに1節でもみたとおり、「享保名物帳」のⅠ類に掲載された名刀は、「名物」一五八口、「焼失名物」七八口の計二三六口である。一方、Ⅱ類に掲載された名刀は、「名物」一六八口、「焼失名物」八〇口、「追記」二六口の計二七四口である。Ⅱ類の方が三八口多い。ここでは、Ⅱ類のデータを基に、作者、「名物」命名の由来、所有者などについてみていきたい。

古刀の四傑

表1「「享保名物帳」に登録された名物の作者」は、二七四口の刀剣を、銘の多い順（五口以上）に並べてみたものである。多いのは、正宗《まさむね》、藤四郎吉光《とうしろうよしみつ》、貞宗《さだむね》、郷義弘《ごうのよしひろ》の四人の刀剣である。四人が作刀したものだけで一四七口、五三・六％、半数以上を占める。とくに、名刀の代名詞として広く知られる正宗の刀剣は、六一口、全体の二一・三％を占有し、圧倒的である。正宗は、鎌倉時代末期に相模《さがみ》国鎌倉で活動した刀工である。ただし、銘があるのは、名物不動正宗《ふどうまさむね》（三八頁掲載）など数は少ない。正宗の作風は、現代の専門家の目からみても、「いま伝えられる国宝、重要文化財、重要美術品の正宗をみるならば、まさに一代の天才と断定して決して過言ではない（中略）正宗の凄さは文字の解説で言い尽くせるような単純なものではない。その作風は工芸の美をはるかに超越したもの」（小笠原信夫『日本刀―日本の技と美と魂―』〈文春新書、二〇〇七年〉）とすら称される。

綺羅星の刀工たち

以下、小笠原氏の著書や、本間順治編『昭和大名刀図譜（乾・坤）』（財団法人日本美術刀剣保存協会、一九八二年）により、主な刀工の在所や活動時期などを紹介しよう。

藤四郎吉光は、京の粟田口《あわたぐち》で鎌倉中期に活動した刀工である。古今を通じての短刀の名手とされる。なかでも、名物**平野《ひらの》藤四郎**（三二頁掲載）や**厚《あつし》藤四郎**（三一頁掲載）などが代表作とされている。**貞宗**は、正宗の養子で弟子と伝えられ、鎌倉末期から南北朝時代にかけて活動した刀工である。名物**亀甲《きっこう》貞宗**（三九頁掲載）などが代表作という。**郷義弘**は、越中《えっちゅう》国松倉《まつくら》郷に住み、正宗の弟子とされる。名物は多いが、在銘のものは一口もないという。出来からすれば、**富田《とみた》江《ごう》**と**稲葉《いなば》江《ごう》**が双璧とされる。鎌倉末期から南北朝時代に活動した（**四〇頁に名物五月雨郷《さみだれごう》を掲載**）。

左文字《さもんじ》は、銘を「左」と切るところからこの呼び名が付いた。「左」は左衛門三郎の略ともいうが定かではない。鎌倉末期から南北朝時代に筑前《ちくぜん》国に住み、正宗の弟子という。この「左」を「大左《おおさ》」といい、弟子

表１　「享保名物帳」に登録された名物の作者

銘	名物	焼失名物	追記	計
正宗	41	18	2	61
藤四郎吉光	16	18	5	39
貞宗	19	3	2	24
江（郷義弘）	11	11	1	23
左文字	9	2		11
志津	6	1		7
兼光	6		1	7
来国次	2	4	1	7
行平		7		7
一文字	6			6
当麻	5		1	6
長光	4	1	1	6
行光	4		2	6
来国光	5			5
その他	34	15	10	59
計	168	80	26	274

註　川見典久論文の付表「「享保名物帳」所載刀剣の所有者一覧」より作成.

たちを「末左《すえさ》」と呼ぶ。徳川家康の指料《さしりょう》であった江雪《ごうせつ》左文字は、唯一の在銘の太刀という（四一頁に名物大左文字を掲載）。志津《しづ》は、鎌倉末期から南北朝初期に、美濃《みの》国志津で活動した初代三郎兼氏《さぶろうかねうじ》のこと。彼も正宗の弟子と伝えられるが不明である。

長光《ながみつ》は、光忠《みつただ》を祖として鎌倉中期に長船《おさふね》の地に興った備前《びぜん》長船派の二代目。名物大般若《だいはんにゃ》長光は、「享保名物帳」には掲載されていないが、足利義輝《よしてる》→三好長慶《みよしながよし》→織田信長《おだのぶなが》→徳川家康と伝来してきた名刀である。同じく名物の津田遠《つだとお》江《うみ》長光（四二頁掲載）も織田信長の愛刀と伝えられ、現在ともに国宝に指定されている。

兼光は、備前長船派の四代目。元弘《げんこう》三年（一三三三）・建武《けんむ》三年（一三三六）・観応《かんのう》三年（一三五二）・文和《ぶんな》四年（一三五五）・延文《えんぶん》元年（一三五六）・同四年などの年紀が入った作刀が残っていることからわかるように、南北朝時代に活動した刀工である。

京来派《きょうらい》は、国行《くにゆき》を祖とし、その子国俊《くにとし》になって「来《らい》」と冠するようになったという。来国光《くにみつ》は、国俊の弟子といわれ、鎌倉末期の来派の代表的な刀工である（五一頁掲載）。来国次《くにつぐ》もその一門で、正宗に学んだと伝えられる。鎌倉末期から南北朝時代にかけての活動が確認されている。行光《ゆきみつ》は、新藤五国光《しんとうごくにみつ》の弟子といわれ、正宗の養父という。相模国で、鎌倉末期に活動した。行平は、元久《げんきゅう》二年（一二〇五）の年紀の作刀があることからわかるとおり、豊後《ぶんご》国で、鎌倉初期に活動した刀工である。後鳥羽《ごとば》院番鍛冶の一人と伝えられる。

一文字《いちもんじ》の呼称の由来は、この派の作には一の字を銘とするものが多いからである。大別すると、一の字ばかりのもの、一の字と個名のもの、あるいは個名ばかりのものなどがあるという。則宗《のりむね》を祖とする鎌倉初期の一文字を「古《こ》一文字」といい、備前で作刀した。中期になると、福岡の地に居住したところから、「福岡一文字」と称した。当麻《たいま》は、大和《やまと》国当麻寺に隷属したことからこの名がついたといわれ、鎌倉末期に活動した国行を祖とするという。

傑作を排出した鎌倉〜南北朝時代

こうしてみると、そのほとんどが鎌倉～南北朝時代の刀工であることがわかる。つまり、この時期の刀剣が、機能的にも、芸術的にも、最もすぐれたものといえよう。これは、江戸時代後期の刀工で、新々刀《しんしんとう》の祖ともいわれる水心《すいしん》子《し》正秀《まさひで》が、「日本刀はすべからく鎌倉・南北朝の古に復すべし」と復古刀宣言をしたことからもうかがえる。しかし、それから約二〇〇年の間、鎌倉時代の古刀の復元に成功した人は現れなかったという。近年、その再現に成功したとされる刀匠の松田次泰《つぐやす》氏は、近著『名刀に挑む―日本刀を知れば日本の美がわかる―』（PHP新書、二〇一七年）のなかで、つぎのように指摘している。

> 武器としての機能性、つまり、「折れず、曲がらず、よく切れる」といったことを追求すればするほど、刀の美しさは失われます。逆に、反りや刃文など、美しさを追い求めると、武器としての性能が失われてしまいます。これをいかに両立させるか。それがわからなければ、鎌倉期の名刀に匹敵するものを生みだすことはできないのです。

すなわち、松田氏は、機能性と美術性を両立させることが名刀の条件と明らかにしているわけであるが、それが現れるのが「刃文《はもん》」という。刀は刃文の出来不出来で全部決まること、ろうそくの弱い光でもしっかりと刃文が現れるのは名刀だけであること、しかも、名刀は非常に複雑に反射すること、その複雑さが逆に丈夫さにつながっているので、複雑に反射する刀ほど丈夫であること、を述べ、正宗の刀だけ、特別に「輝く沸《にえ》」という独特の輝きがあるのだという。

実際に刀剣を作る刀匠の言葉だけに、説得力があるといえよう。

3 「名物」命名の由来

名物は、**童子《どうじ》切安綱《ぎりやすつな》**（四三頁掲載）や**庖丁《ほうちょう》正宗《まさむね》**（三三頁掲載）などのように、銘の前にさまざまな称号を付けて呼ばれる。その命名の由来については、辻本直男氏が整理をしているので、それに従って叙述しよう。

持ち主の姓・名・号から称号としたもの

イ　正宗——三好《みよし》長慶《ながよし》の**三好正宗**、毛利《もうり》輝元《てるもと》の**宗瑞《そうずい》（号）正宗**（四四頁掲載）、金森《かなもり》長近《ながちか》の**金森正宗**、前田利長《としなが》の**前田正宗**、黒田忠之《ただゆき》の**黒田正宗**、石田《いしだ》三成《みつなり》の**石田正宗**、堀尾《ほりお》忠氏《ただうじ》の**堀尾正宗**、片桐《かたぎり》且元《かつもと》の**片桐正宗**など。

ロ　藤四郎《とうしろう》吉光《よしみつ》——朝倉《あさくら》義景《よしかげ》の**朝倉藤四郎**、毛利輝元の**毛利藤四郎**、鍋島《なべしま》直茂《なおしげ》の**鍋島藤四郎**、前田利政《としまさ》の**前田藤四郎**、細川三斎《さんさい》の**長岡《ながおか》藤四郎**（長岡は細川の旧姓）、町人後藤《ごとう》庄三郎《しょうさぶろう》の**後藤藤四郎**、同じく車屋宗竭の**車屋藤四郎**など。

ハ　貞宗《さだむね》——播磨《はりま》竜野《たつの》城主斎村政秀の**斎村貞宗**、北信濃三人衆の一人氏家《うじいえ》卜仙《ぼくせん》の**氏家貞宗**、寺沢《てらさわ》広高《ひろたか》の**寺沢貞宗**、前田徳善院《とくぜんいん》玄以《げんい》の**徳善院貞宗**、池田《いけだ》輝政《てるまさ》の**池田貞宗**など。

ニ　江《ごう》（郷義弘《ごうのよしひろ》）——三好長慶の**三好江（郷）**、鍋島直茂の**鍋島江**、上杉《うえすぎ》景勝《かげかつ》の**上杉江**、稲葉《いなば》重通《しげみち》の**稲葉江**、前田家の臣中川八郎右衛門の**中川江**、細川三斎の家臣松井佐渡《まついさど》の**松井江**、富田一白《とみたいっぱく》の**富田江**など。

ホ　左文字《さもんじ》――今川義元《いまがわよしもと》の**義元左文字**、織田信長・信雄《のぶお》の**織田左文字**、筒井順慶《つついじゅんけい》の**順慶左文字**、浅野《あさの》家の臣大西半太夫の**大西左文字**、伊勢貞為《いせさだため》の**伊勢左文字**など。

ヘ　志津《しづ》――浮田《うきた》（宇喜多）秀家《ひでいえ》の**浮田志津**、稲葉道通《みちとお》の**稲葉志津**、分部光嘉《わけべみつよし》の**分部志津**、桑山元晴《くわやまもとはる》の**桑山志津**など。

ト　長光《ながみつ》・兼光《かねみつ》――香西《こうざい》又六の**香西長光**、津田重久《つだしげひさ》の**津田長光**、上杉家武将竹　股三河守《たけのまたみかわのかみ》の**竹股兼光**など。

チ　来国光《らいくにみつ》・国次《くにつぐ》――近江《おうみ》国塩川《しおかわ》氏の**塩川来国光**、織田有楽斎長益《うらくさいながます》の**有楽来国光**（豊臣秀頼《ひでより》より下賜《かし》）、浮田秀家の臣戸川達安《とがわみちやす》の**戸川来国次**、増田長盛《ましたながもり》の**増田来国次**など。

リ　一文字《いちもんじ》――佐々木道誉高氏《ささきどうよたかうじ》の**道誉一文字**（四五頁掲載）、浅井長政《あざいながまさ》の**浅井一文字**など。

ヌ　当麻《たいま》――桑山元晴の**桑山**（上部《うわべ》ともいう）**当麻**、伊勢神宮御師《おんし》神部貞長の**神（上）部当麻**など。

右にみたように、持ち主の姓・名・号が名物の称号となった例が非常に多い。また、同じような例として、持ち主の官職名を称号としたものもある。たとえば、水野日向守勝成《みずのひゅうがのかみかつなり》の**日向正宗**、木下若狭守勝俊《きのしたわかさのかみかつとし》の**若狭正宗**（四六頁掲載）、本多中務大輔忠勝《ほんだなかつかさのたいふただかつ》の**中務正宗**、榊原式部大輔康政《さかきばらしきぶのたいふやすまさ》の**式部正宗**、永井信濃守尚政《ながいしなののかみなおまさ》の**信濃藤四郎**、本多上野　介正純《こうずけのすけまさずみ》の**上野貞宗**と**上野江**（**郷**）などである。

持ち主の居城、領地、入手の場所などの地名を称号としたもの

イ　居城の地名――**和歌山正宗**（浅野長晟《ながあきら》）、**小松正宗**（前田利常《としつね》の隠居地）、**会津正宗**と**会津新藤五国光**《しんとうご》（蒲生氏郷《がもううじさと》）、

岡山藤四郎（小早川秀秋《こばやかわひであき》）、米沢藤四郎（上杉景勝）、結城《ゆうき》来国俊（結城秀康《ひでやす》）など。

ロ 領地の地名——敦賀（越前国《えちぜん》）正宗（大谷吉継《おおたによしつぐ》）、肥後《ひご》（熊本）江（加藤清正《かとうきよまさ》）など。

ハ 入手の場所——伏見正宗（徳川家康）、清水（安芸国《あき》）藤四郎（毛利輝元）、日光一文字（北条早雲《ほうじょうそううん》）（三七頁掲載）など。

刀剣自体が持つ特色から称号としたもの

イ 長大なもの——大兼光《おおかねみつ》、大行平《おおゆきひら》、大包平《おおかねひら》、大青江《おおあおえ》、大三原《おおみはら》、大国綱《おおくにつな》、大国吉《おおくによし》など。

ロ 身幅が広いもの——庖丁正宗（三三頁掲載）

ハ 重ねが厚いもの——厚《あつし》藤四郎（三一頁掲載）

ニ 造込が常と違うもの——菖蒲造《しょうぶづくり》（菖蒲正宗）、凌《しのぎ》（鎬）造（凌藤四郎）、鯰尾《なまずお》造（鯰尾藤四郎）（四七頁掲載）、切刃《きりは》造（切刃貞宗）（四八頁掲載）

ホ 刃文が常と違うもの——乱れ刃（乱藤四郎・乱光包）

ヘ 彫物が珍しいものなど——倶利伽羅《くりから》正宗、上下龍《のぼりくだりりゅう》正宗、二筋樋《ふたすじひ》正宗、不動正宗（三八頁掲載）、亀甲《きっこう》貞宗（三九頁掲載）、地蔵行平《じぞうゆきひら》、愛染国俊《あいぜんくにとし》など。

ト 切れ味がすばらしいもの——籠手切《こてぎり》正宗、岩切《いわきり》藤四郎（四九頁掲載）、骨喰《ほねばみ》藤四郎、籠手切郷（三四頁掲載）、波《なみ》游《およぎ》兼光、鉋切《かんなぎり》長光、蛇切《じゃきり》当麻、ヘシ切長谷部国重、ニッカリ青江（五〇頁掲載）、童子切安綱《どうじぎりやすつな》（四三頁掲載）、縄切正恒《まさつね》など。

刀剣自体が持つ特色から称号としたもののなかで、切れ味がすばらしい刀剣については、命名の基になった逸話が残されている。それをいくつか紹介してみよう。

まず、**波游兼光**は、「この刀で斬られた者が、川を泳ぎ切って二つになった」という切れ味のすさまじさから、この名称がついたという。また**鉋切長光**は、大工の姿をした化生《かせい》を鉋もろとも切りとどめたことからとったという。**ニッカリ青江**は、笑っていた化者《かしゃ》（女性と子供）を切ったところ、翌日古く苔むした石塔二つが切落していたことから、この名がついたという。いずれも、切れ味のよさを示す故事といえよう。

4 「名刀」の所有者

豊臣秀吉収拾の名物刀剣

「名物」は、天下人の許に集まりやすい。これは、まず本人に集めようとする意欲があり、諸大名なども歓心を買うためにこぞって献上したからであろう。辻本直男氏は、豊臣秀吉《とよとみひでよし》が手にした「名物」刀剣の数は、七五口ほどになると推測している。この中には、織田信長《おだのぶなが》の持ち物で、本能寺《ほんのうじ》の変のとき焼身となったものを再刃させて自分の指《さし》料《りょう》とした、**実休光忠**《じっきゅうみつただ》も含まれる。

七五口のうち四四口については、本阿弥光徳《こうとく》が描いた三巻の刀絵図の写本が残っている。また、秀吉が死去して二年後の慶長《けいちょう》五年（一六〇〇）八月に、光徳が豊臣家の七個の刀箱を総点検した記録によると、一八三口の刀剣が記され、その中に「名物」は二八口あったという。両者を照合すると、**実休光忠**、**清水藤四郎**《しみずとうしろう》、**常陸江**《ひたちのごう》、**香西長光**《こうざいながみつ》のほか、**海老名宗近**《えびなむねちか》など宗近二口、**大坂長銘正宗**《おおさかながめいまさむね》など正宗五口、**鯰尾藤四郎**《なまずお》（四七頁掲載）など藤四郎一二口、**切刃貞宗**《きりはさだむね》（四八頁掲載）など貞宗三口、**大江**《おおごう》など江四口を含め、四四口の「名物」を確認することができるという。これらの大部分は、大坂落城のとき焼失したため、「名物帳」の「焼失名物」に登録されている。

秀吉が、慶長三年八月に没すると、朝鮮出征軍の引き揚げ完了を待って、同年一二月、前田利家《まえだとしいえ》邸で諸大名に形見分けが行われた。『太閤記《たいこうき》』に収められた記録によると、分け物は金子《きんす》と一六〇余振の刀剣であったという。その中に、**三好正宗**《みよしまさむね》（前田利家への形見分け、以下カッコ内は同じ）、**富田江**《とみた》（前田利長）、**厚藤四郎**《あつし》（毛利秀元《もうりひでもと》）（三一頁掲載）、**鎬藤四郎**《しのぎ》（伊達政宗《だてまさむね》）、**樋口藤四郎**《ひぐち》（京極高次《きょうごくたかつぐ》）、**大兼光**《おおかねみつ》（藤堂高虎《とうどうたかとら》）、**大三原**《おおみはら》（浅野幸長《あさのゆきなが》）、**村雲当麻**《むらくもたいま》（堀秀治《ほりひではる》）の八口の「名物」、および、拝領後、持ち主の名をとって「名物」になったものに、**毛利正宗**《もうり》（毛利秀頼《ひでより》）、**長束（岩切）藤四郎**《なつか　いわきり》（長束正家《まさいえ》）（四九頁掲載）、**徳善院貞宗**《とくぜんいん》（前田徳善院玄以《げんい》）、**岐阜国吉**《ぎふくによし》（岐阜宰相《さいしょう》 織田秀信《おだひでのぶ》）、**増田来国次**《ましたらいくにつぐ》（増田長盛《ながもり》）の五口があるという。

徳川将軍家の名物刀剣

こうした遺物分けは、数は多くはないが、徳川将軍家にも引き継がれた。たとえば、初代家康《いえやす》の場合は、死去の一〇日前の元和《げんな》二年（一六一六）四月八日、前田利常《としつね》・島津家久《しまづいえひさ》・細川忠興《ただおき》の三人の有力外様大名を病床に呼び、それぞれ**御堀出貞宗**《おほりだし》、**蘆屋正宗**《あしや》、（細川の分は不明）を下賜《かし》している。また、寛永《かんえい》九年（一六三二）正月二五日に没した二代秀忠《ひでただ》の遺物分けは、将軍家光《いえみつ》へは**不動国行**《ふどうくにゆき》の太刀、**江雪正宗**《ごうせつ》の太刀、**三好宗三左文字**《そうざさもんじ》（**義元左文字**《よしもと》）の刀、尾張徳川家へは**会津正宗**の刀、紀伊徳川家へは**寺沢貞宗**の指添《さしぞえ》、水戸徳川家へは**切刃貞宗**の指添であった（「大猷院《たいゆういん》殿御実

紀巻十九」寛永九年正月二三・二五日条）。

延宝《えんぽう》八年（一六八〇）五月、病状が悪化した四代家綱《いえつな》（八日死去）は、弟の綱吉《つなよし》を世継ぎに決定し、家康の陣刀という本庄《ほんじょう》正宗の刀と来国光《らいくにみつ》の指添を与えた。このとき以降、両刀剣は将軍家の跡継ぎのしるしになったという（「厳《げん》有院《ゆういん》殿御実紀巻六十」延宝八年五月七日条）。

近世の初頭には、豊臣秀吉のように七五口もの「名物」を手許に集めた人もいたが、それ以外の持ち主は、大名やその重臣、一般の武士に止まらず、山伏《やまぶし》（修験者《しゅげんしゃ》）、能楽師など芸能人、工匠、町人にまで及んでいた。ところが、江戸時代に入って身分制度が固定化していくと、これら「名物」も将軍家や大名家の許に吸収され、「享保名物帳」提出の頃には、ごく一部を除き、納まるべきところに落ちついたものとみられる。

図5　徳川家康像（「東照宮御影（四月十七日拝礼）」）

徳川記念財団蔵

華やかな名刀所有者の顔ぶれ

表2「「名物」の所有者」は、「名物帳」に掲載された刀剣（「焼失名物」などは除く）の所蔵者（四口以上）についてみたものである。将軍家が所有している刀剣は三一口（約一八・五％）であるが、「焼失名物」（そのほとんどが将軍家の所有）も加えると一〇一口となり、全「名物」二七四口の約三六・九％、四割近くを占め

表２ 「名物」の所有者（4口以上）

刀工銘／所有者	正宗	藤四郎吉光	貞宗	江（郷義弘）	左文字	志津	兼光	一文字	当麻	来国光	長光	行光	来国俊	安吉	その他	計
将軍家	13	4	2	3	1	1			1	1	1				4	31
加賀金沢前田家	6	2	3	2				1		2			2	3	5	26
尾張名古屋徳川家	4	3	3		2			1	1		1		1			16
紀伊和歌山徳川家	4		2	1		1			1							9
美作津山松平家	1	1	2	1											1	6
筑前福岡黒田家	1					1	1	1							2	6
常陸水戸徳川家			1								1				2	4
陸奥仙台伊達家			2												2	4
備前岡山池田家		1				1		1							1	4
安芸広島浅野家	2		1												1	4
近江水口加藤家	1		1									2				4
その他	9	5	2	4	6	2	5	2	2	2	1	2			12	54
計	41	16	19	11	9	6	6	6	5	5	4	4	3	3	30	168

註 川見論文付表より作成.

ることになる。ついで多いのが、加賀金沢前田家（一〇二万二七〇〇石）の二六口、これに尾張・紀伊・水戸の御三家の二九口を加えると、この五家だけで八六口、「名物」の約五一・二%、半数を占める。

このほかの所有者をみると、六口が美作《みまさか》津山松平家（一〇万石）と筑前《ちくぜん》福岡黒田家（五二万石余）の二家、四口が陸奥《むつ》仙台伊達家（六二万石）・備前《びぜん》岡山池田家（三一万五二〇〇石）・安芸《あき》広島浅野家（四二万六〇〇〇石余）・近江水口《おうみみなくち》加藤家（二万五〇〇〇石）の四家である。津山松平家は徳川一門、黒田・伊達・池田・浅野の四家は外様国持《くにもち》大名であり、名刀を幾振りも所蔵していても不思議ではないが、水口加藤家は、三万石未満の小大名である。しかし、この加藤家の先祖加藤嘉明《よしあき》は、豊臣秀吉に仕え、秀吉が柴田勝家《しばたかついえ》と戦った際の柳瀬《やなせ》（賤ヶ岳《しずがたけ》）七本槍の一人であり、のち会津若松四〇万石を領した大大名である。名物**後藤行光**《ごとうゆきみつ》は嘉明が、**夫馬**《ふま》**正宗**は、その子明成《あきなり》が前田利常より金四五〇枚（四五〇〇両）で購入したものという。

それ以外では、薩摩《さつま》鹿児島島津家（七七万八〇〇〇石）と下総《しもうさ》佐倉稲葉家（一〇万三〇〇〇石）の二家が三口ずつ、因幡《いなば》鳥取池田家（三二万五〇〇〇石）・近江彦根井伊家（三五万石）・相模《さがみ》小田原大久保家（一一万三一二九石余）・武蔵忍《むさしおし》阿部家（一〇万石）・豊前《ぶぜん》中津奥平家（一〇万石）・讃岐《さぬき》丸亀京極《きょうごく》家（六万三〇〇〇石）・下総古河《こが》本多家（五万石）の七家が二口ずつ所有している。島津家と鳥取池田家は外様国持大名、丸亀京極家は外様大名、ほか六家は譜代大名である。あとは、一八家の大名が一口ずつ、身延《みのぶ》山久遠《くおん》寺（**数珠丸恒次《じゅずまるつねつぐ》**）と愛宕《あたご》神社（**二ツ銘則宗《ふたつめいのりむね》**）が一口ずつ、京都の町人などが三口、残り一一口は不明となっている。

現在の「名物」所有者

最後に、現在の所有者をみておこう。川見典久氏の調査によると、「享保名物帳」に掲載された「名物」二七四口のうち、現在所有者が判明するのは一三六口である。二口以上の所有者を表3「「名物」の現在の所有者」に示した。個人所有が四七口あり、残りの八九口が機関の所蔵である。なかでも、徳川美術館（愛知県名古屋市）と東京国立博物館（東京都台東区）が突出しており、両者で四〇口、約四四・九%を占めている。両機関所蔵の「名物」を表4「徳川美術館所蔵の「名物」」・表5「東京国立博物館所蔵の「名物」」に示したので、参考にしていただきたい。

表3　「名物」の現在の所有者

所　有　者	口数
徳川美術館	21
東京国立博物館	19
宮内庁	10
福岡市立博物館	5
前田育徳会	4
刀剣博物館	3
佐野美術館	3
三井記念美術館	3
京都国立博物館	2
徳川ミュージアム	2
黒川古文化研究所	2
その他（1口ずつ）	15
個人	47

註　川見論文付表より作成.

表 4　徳川美術館所蔵の「名物」

名　物	一庵正宗
	不動正宗
	池田正宗
	庖丁正宗
	無銘藤四郎
	後藤藤四郎
	奈良屋貞宗
	物吉貞宗
	上野貞宗
	五月雨江
	吉見左文字
	戸川志津
	鳥養国俊
	南泉一文字
	遠江（津田）長光
焼失名物	大坂長銘正宗
	若江（十河）正宗
	鯰尾藤四郎
	庖丁藤四郎
	海老名宗近
追　記	松浦信国

註　川見論文付表より作成.

表 5　東京国立博物館所蔵の「名物」

名　物	観世正宗
	石田（切込）正宗
	籠手切正宗
	厚藤四郎
	岡山藤四郎
	岩切（長束）藤四郎
	毛利藤四郎
	亀甲貞宗
	切刃貞宗
	寺沢貞宗
	鍋島江
	北野江
	三日月宗近
	童子切安綱
	大包平
	蜂屋長光
	大三原
	一柳安吉
追　記	福島兼光

註　川見論文付表より作成.

短刀　銘　吉光　名物　厚《あつし》藤《とう》四《し》郎《ろう》　国宝

粟田口吉光
鎌倉時代／一三世紀

刃長二一・八㌢　反りなし
東京国立博物館蔵　Image: TNM Image Archives

山城国吉光御短刀 名物 平《ひら》野《の》藤《とう》四《し》郎《ろう》 御物

粟田口吉光
鎌倉時代／一三世紀

刃長三〇・〇チセン　内反り
宮内庁蔵

短刀　無銘　正宗　名物

庖《ほう》丁《ちょう》正《まさ》宗《むね》

国宝

伝　正宗

鎌倉時代／一四世紀

刃長二三・九チセン　茎長九・四チセン

徳川美術館蔵

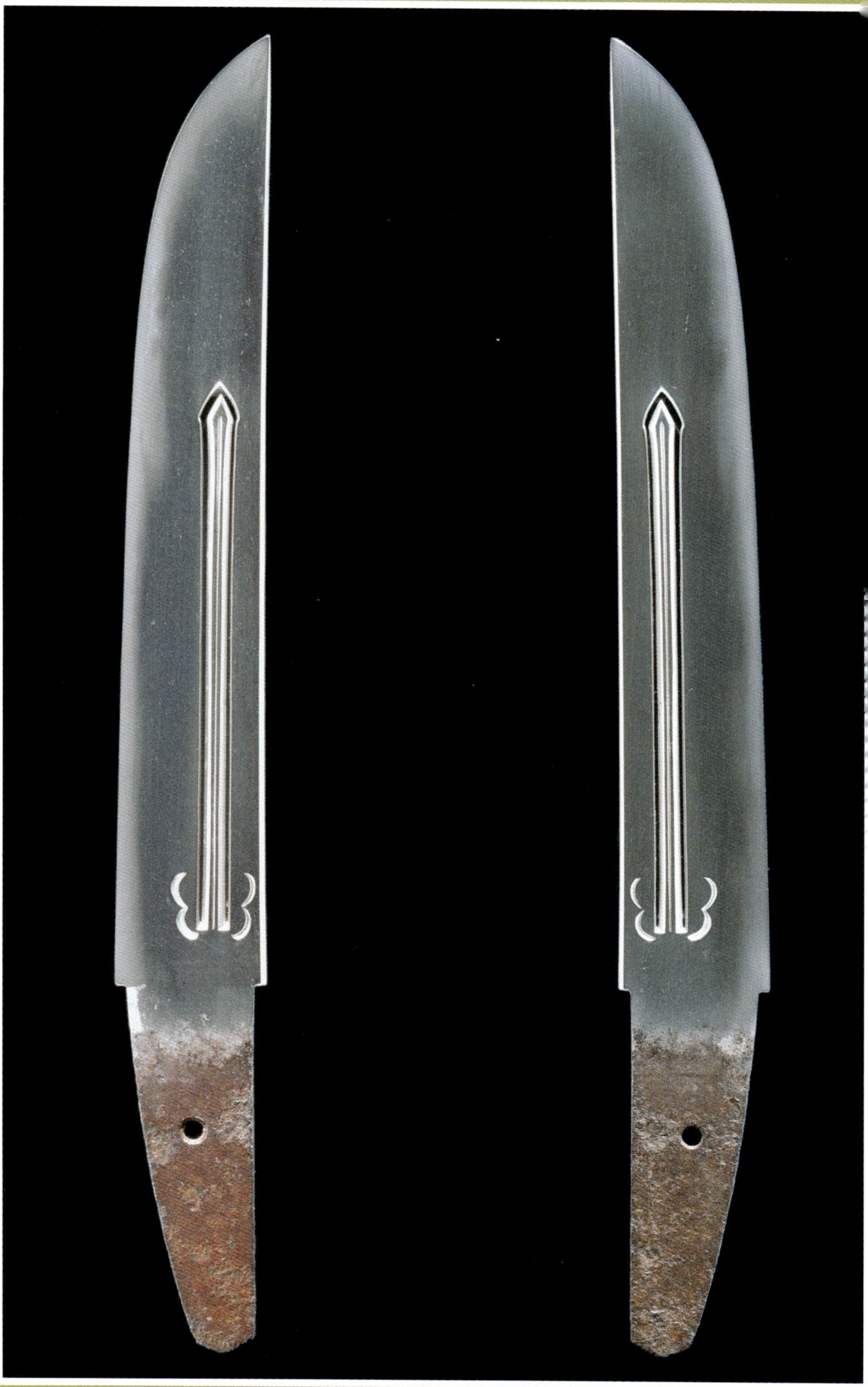

脇指　無銘　名物　籠《こ》手《て》切《ぎり》郷《ごう》

伝　郷義弘
鎌倉時代／一四世紀

刃長四七・六センチ　反り一・二センチ
黒川古文化研究所蔵

山城国国綱《くにつな》御太刀　名物　鬼丸《おにまる》

伝　粟田口国綱
鎌倉時代／一三世紀

刃長七八・二センチ　反り三・一センチ
宮内庁蔵

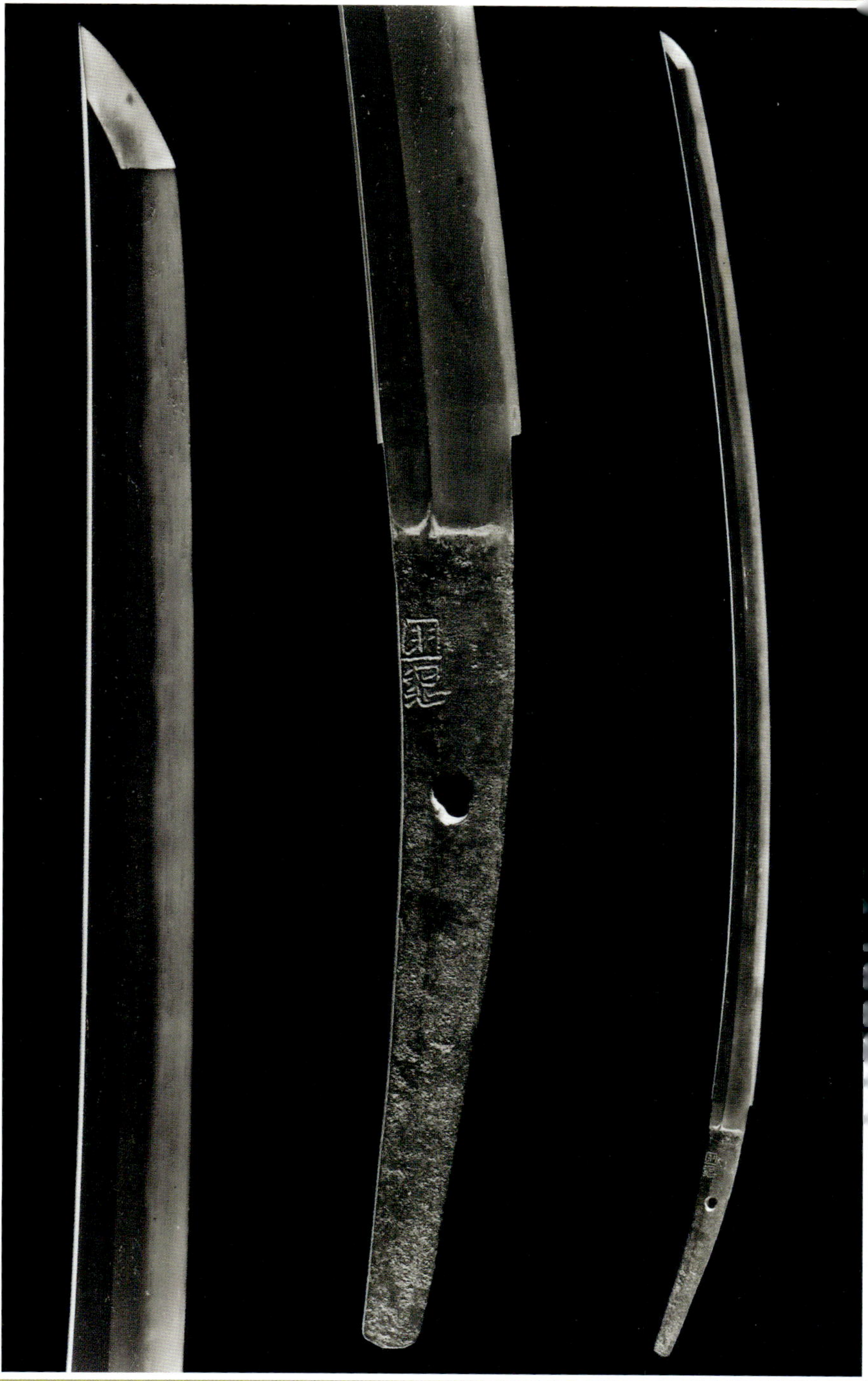

刀 名物 城《き》井《い》兼《かね》光《みつ》

長船兼光
鎌倉時代／一三〜一四世紀

刃長六七・七センチ　反り一・五センチ
福岡市博物館蔵

画像提供：福岡市博物館／DNPartcom　撮影：要史康

太刀　名物　日光《にっこう》一文字《いちもんじ》　国宝

不詳
鎌倉時代

刃長六七・八センチ　反り二・四センチ　元幅三・二センチ　先幅二・三センチ
福岡市博物館蔵
画像提供：福岡市博物館／DNPartcom　撮影：要史康

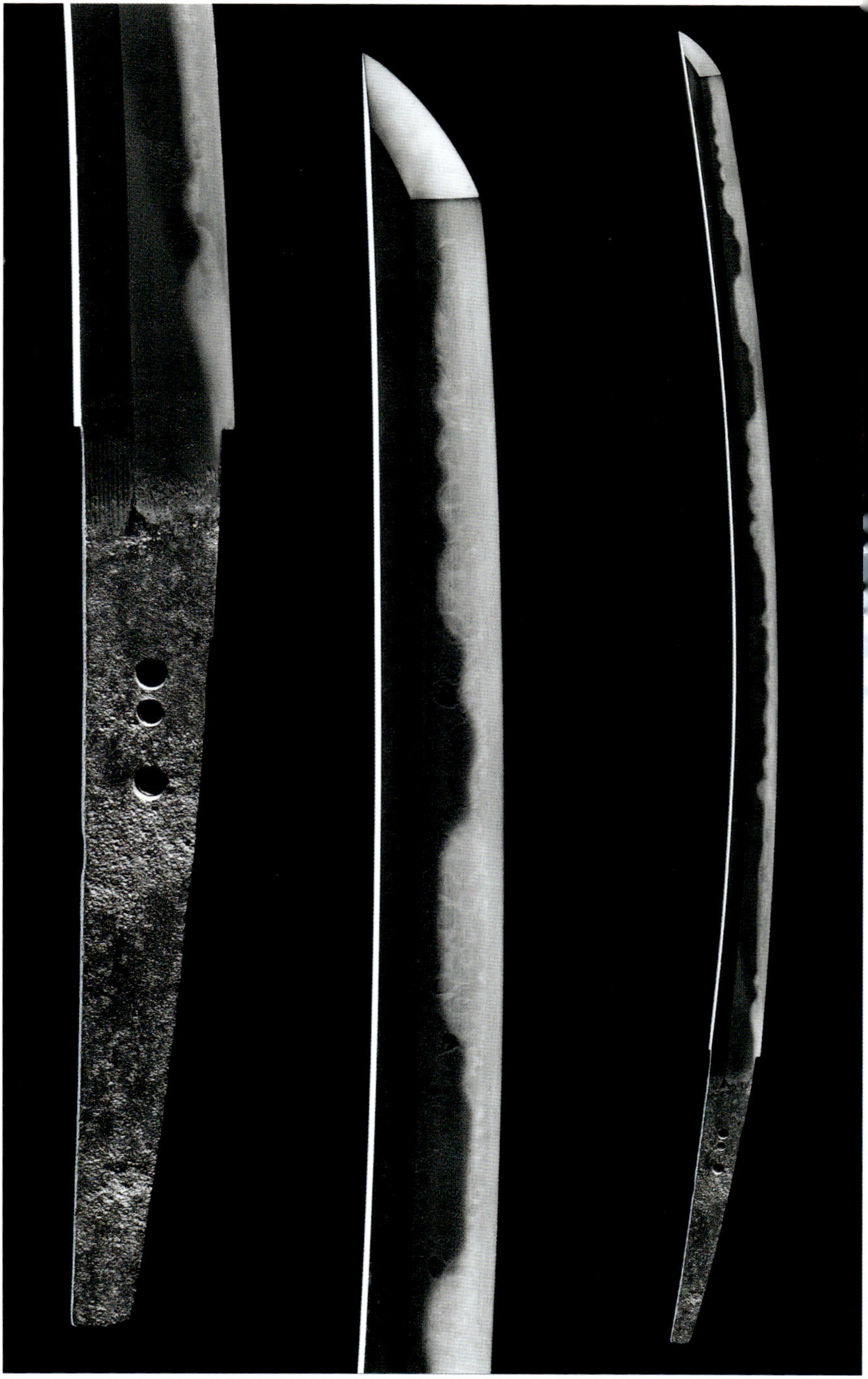

短刀　銘　正宗　名物　不《ふ》動《どう》正《まさ》宗《むね》　重要文化財

正宗
鎌倉時代／一四世紀

刃長二四・八センチ　茎長一〇・六センチ
徳川美術館蔵

刀　無銘　貞宗　名物　亀《きっ》甲《こう》貞《さだ》宗《むね》　国宝

相州貞宗
鎌倉〜南北朝時代／一四世紀

刃長七〇・九セン
東京国立博物館蔵

Image: TNM Image Archives

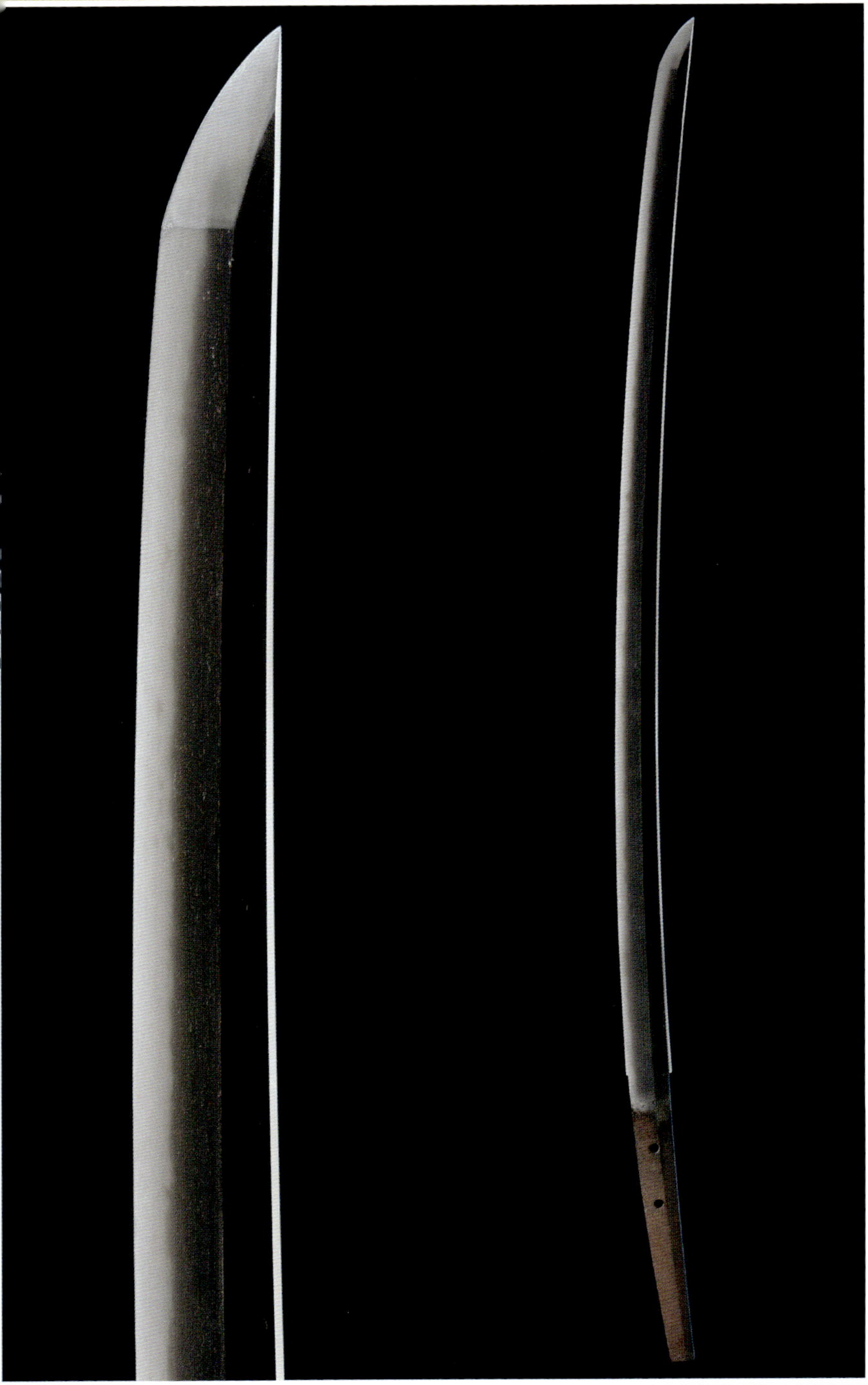

刀　無銘　郷義弘《ごうのよしひろ》　名物　五月雨郷《さみだれごう》　重要文化財

伝　郷義弘
鎌倉時代／一四世紀

刃長七一・八センチ　反り一・五センチ　茎長一九・四センチ
徳川美術館蔵

太刀 銘 左《さ》 名物 大左文字《おおさもんじ》

左文字
南北朝時代／一四世紀

刃長八〇・〇センチ　反り三・〇センチ　茎長二二・四センチ
徳川美術館蔵

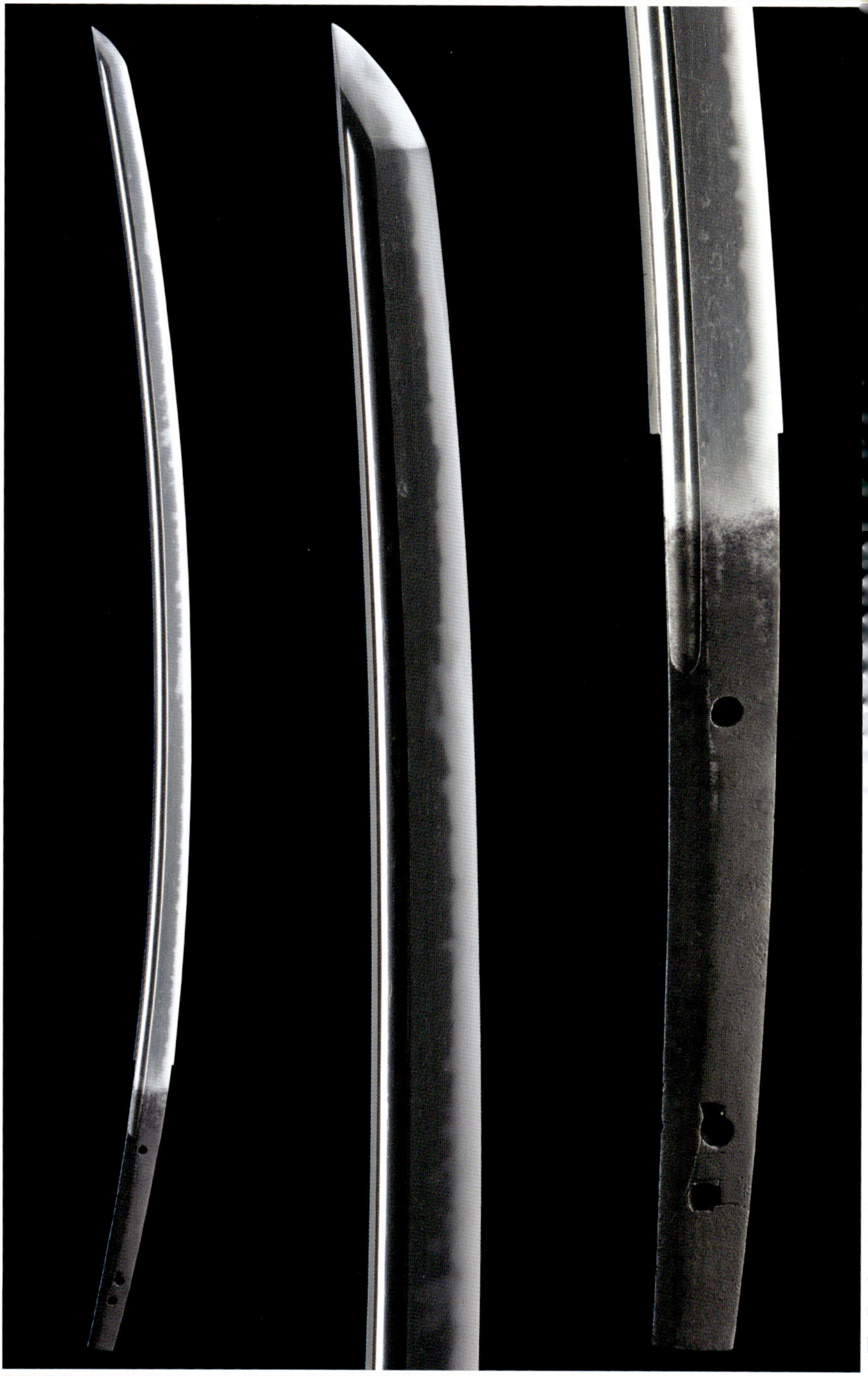

太刀　銘　長光　名物　津《つ》田《だ》遠江《とおとうみ》長《なが》光《みつ》　国宝

長光
鎌倉時代／一三世紀

刃長七一・八センチ　反り二・一センチ　茎長一七・三センチ
徳川美術館蔵

太刀　銘　安綱　名物　童子切安綱《どうじぎりやすつな》　国宝

安綱
平安時代／一二世紀

刃長八〇・〇センチ
東京国立博物館蔵

Image: TNM Image Archives

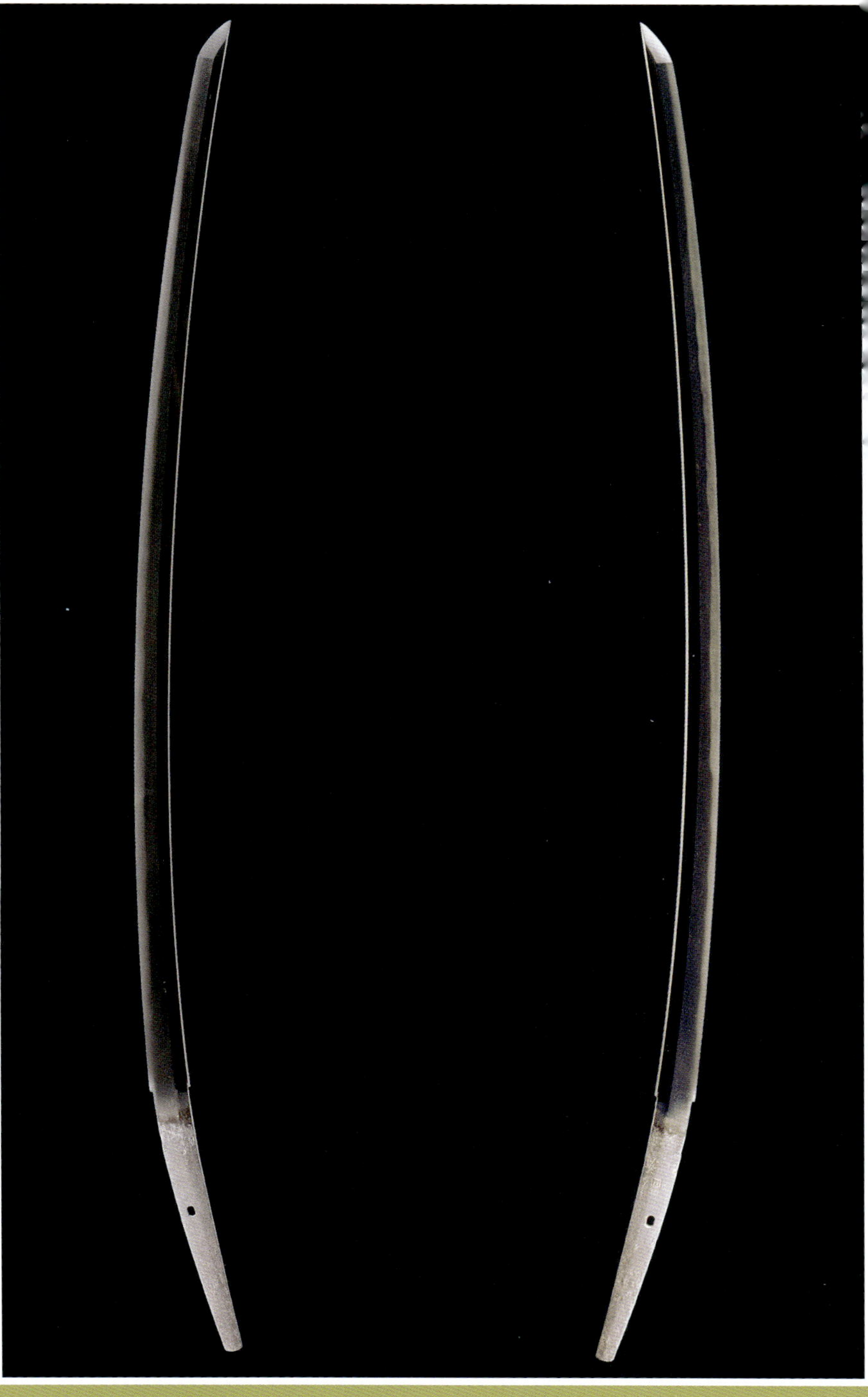

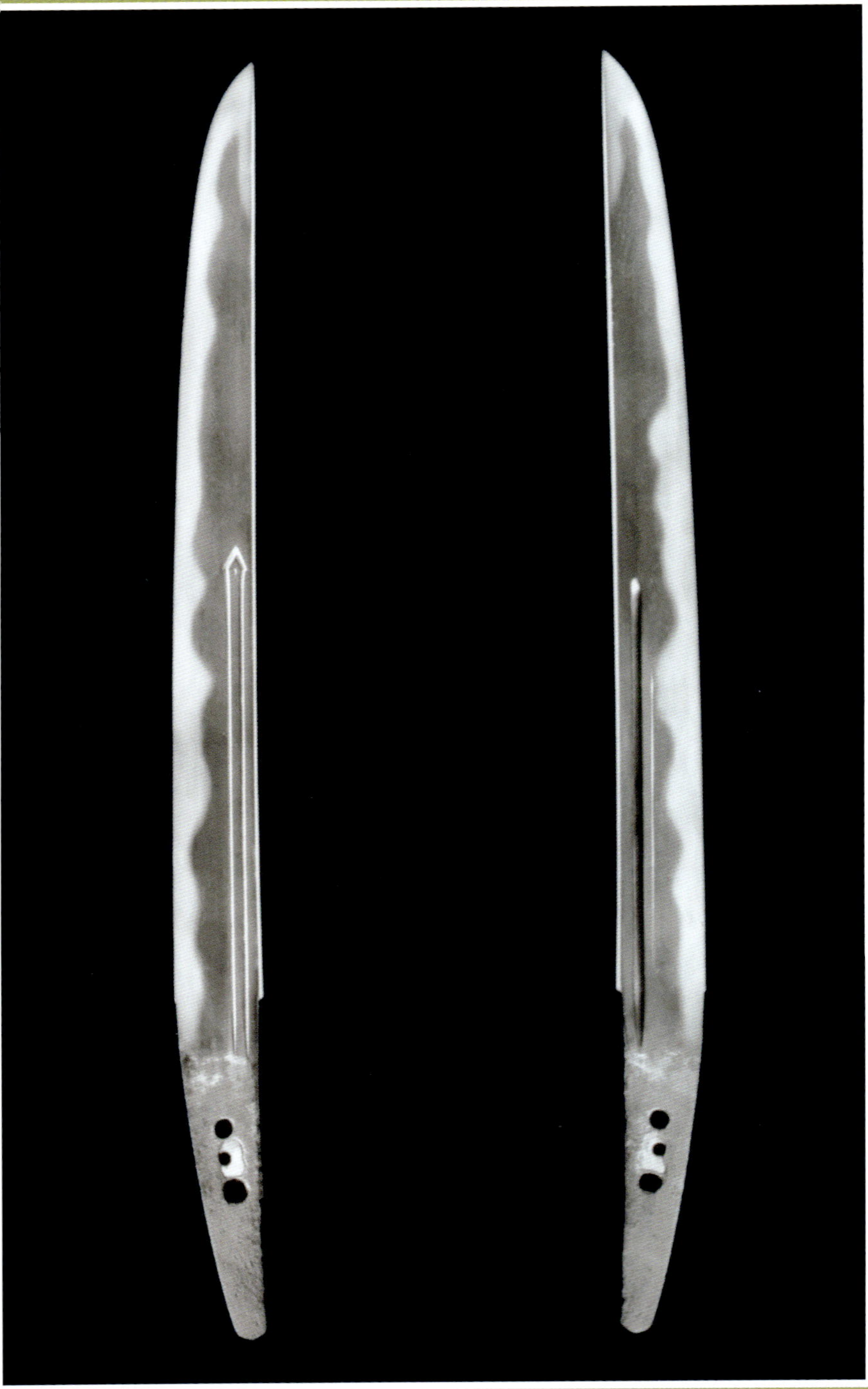

短刀　無銘　名物　宗《そう》瑞《ずい》正《まさ》宗《むね》

相州正宗

刃長二五・一センチ
宮内庁三の丸尚蔵館蔵

備前国一文字御太刀 名物 道《ど》誉《よ》一《いち》文《もん》字《じ》 御物

福岡一文字
鎌倉時代／一三世紀

刃長八〇・〇チセン 反り三・八チセン
宮内庁蔵

刀　無銘　正宗　名物　若《わか》狭《さ》正《まさ》宗《むね》

相州正宗

鎌倉時代／一四世紀

刃長六八・五センチ　反り二・四センチ

宮内庁三の丸尚蔵館蔵

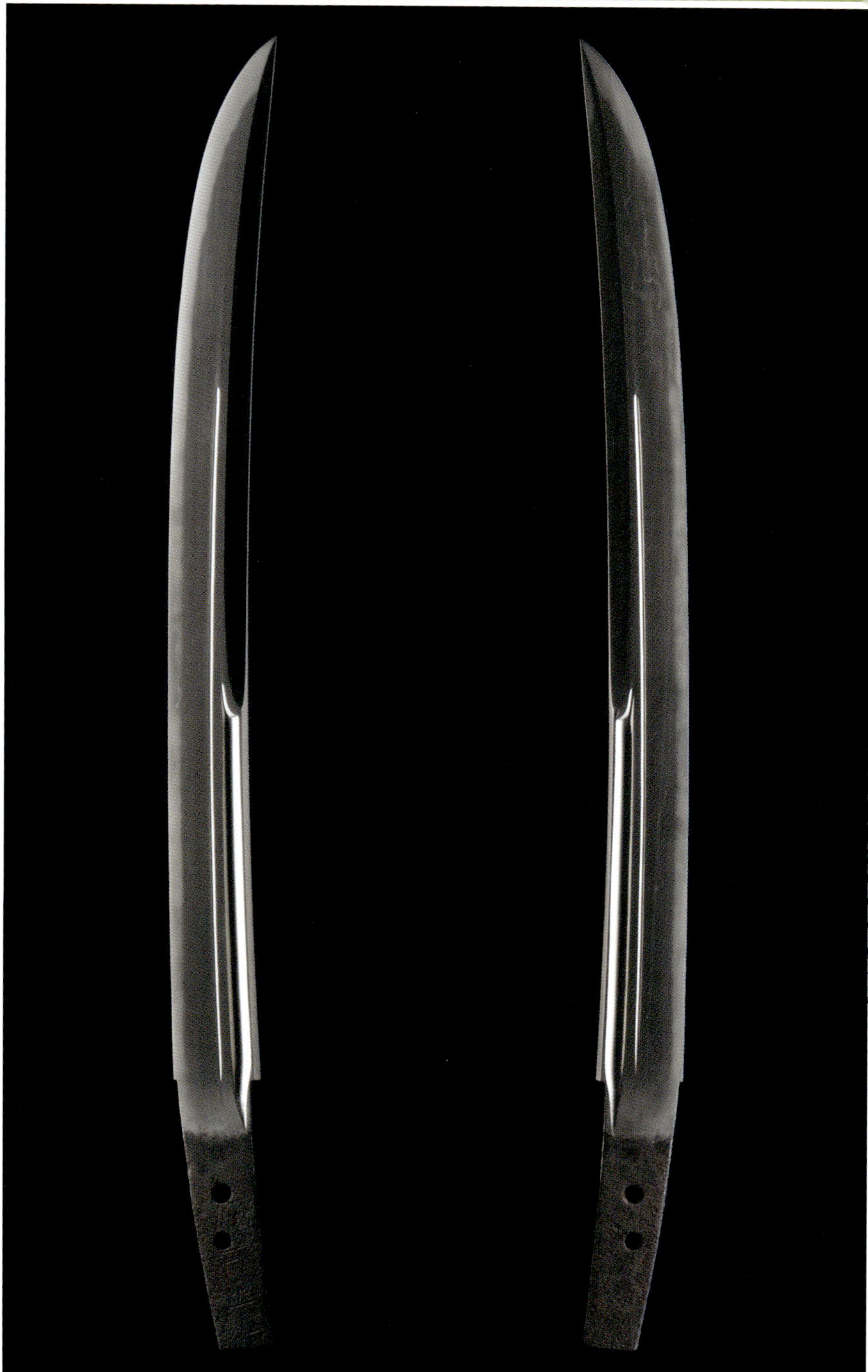

脇指 銘 吉光《よしみつ》 名物 鯰《なまず》尾《お》藤《とう》四《し》郎《ろう》

粟田口吉光
鎌倉時代／一三世紀

刃長三八・五センチ 反り〇・六センチ 茎長九・七センチ
徳川美術館蔵 ©徳川美術館イメージアーカイブ／DNPartcom

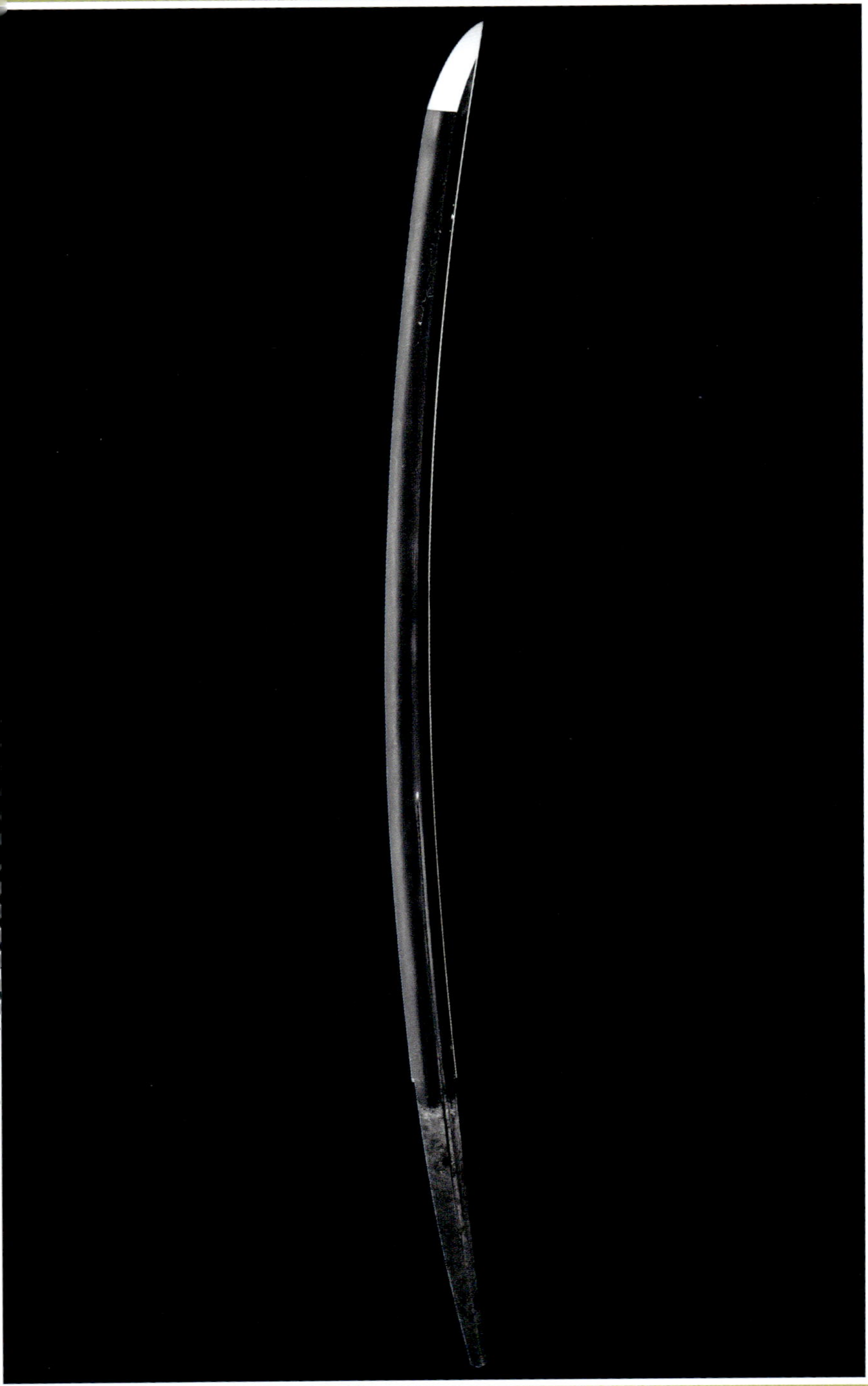

刀 無銘 名物 切《きり》刃《は》貞《さだ》宗《むね》 重要文化財

相州貞宗
南北朝時代／一四世紀

刃長七一・二チセン 反り二・六チセン
東京国立博物館蔵
Image: TNM Image Archives

短刀　名物　**岩《いわ》切《きり》藤《とう》四《し》郎《ろう》**　重要文化財

粟田口吉光
鎌倉時代／一三世紀

刃長二三・三チセン
東京国立博物館蔵

Image: TNM Image Archives

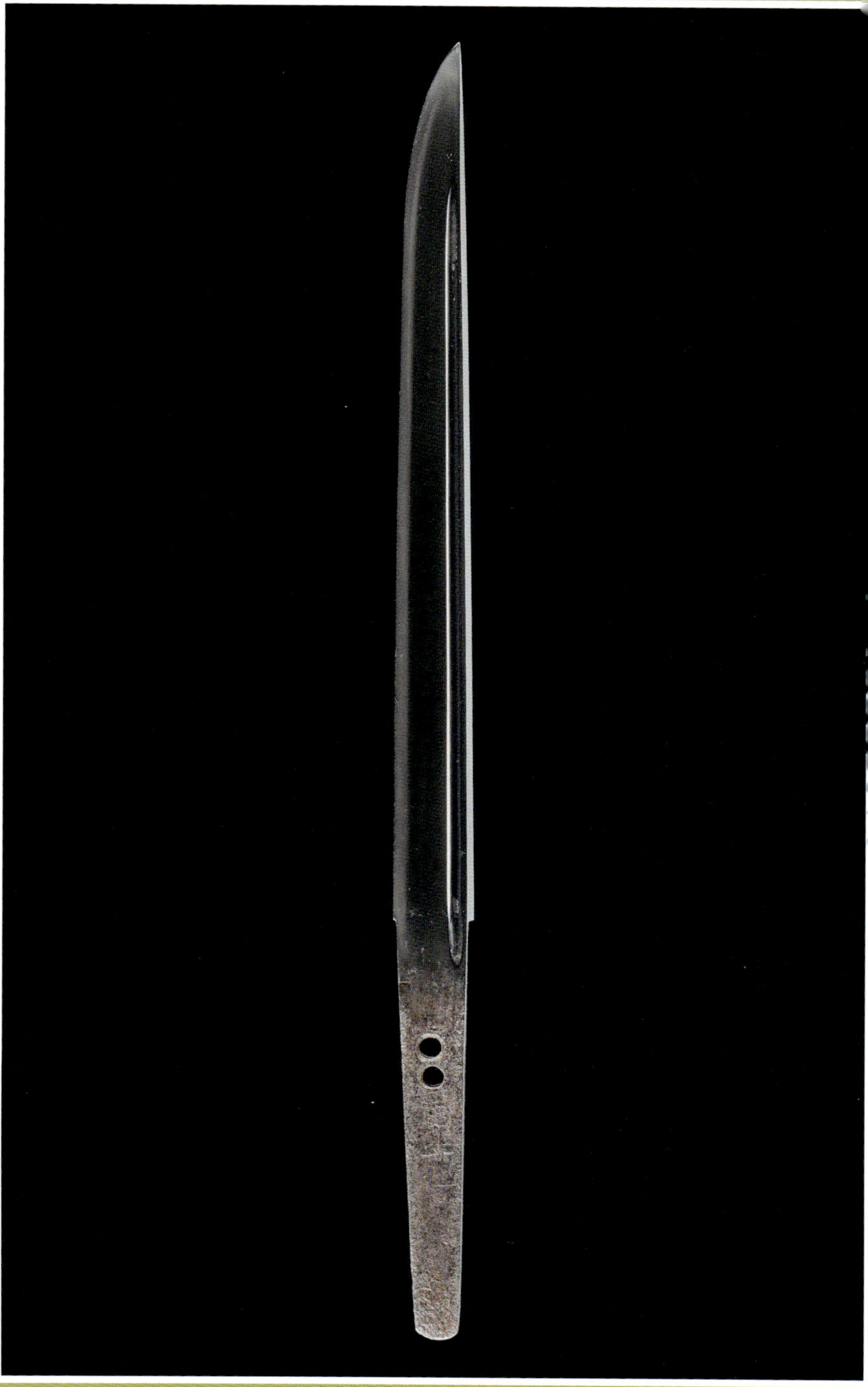

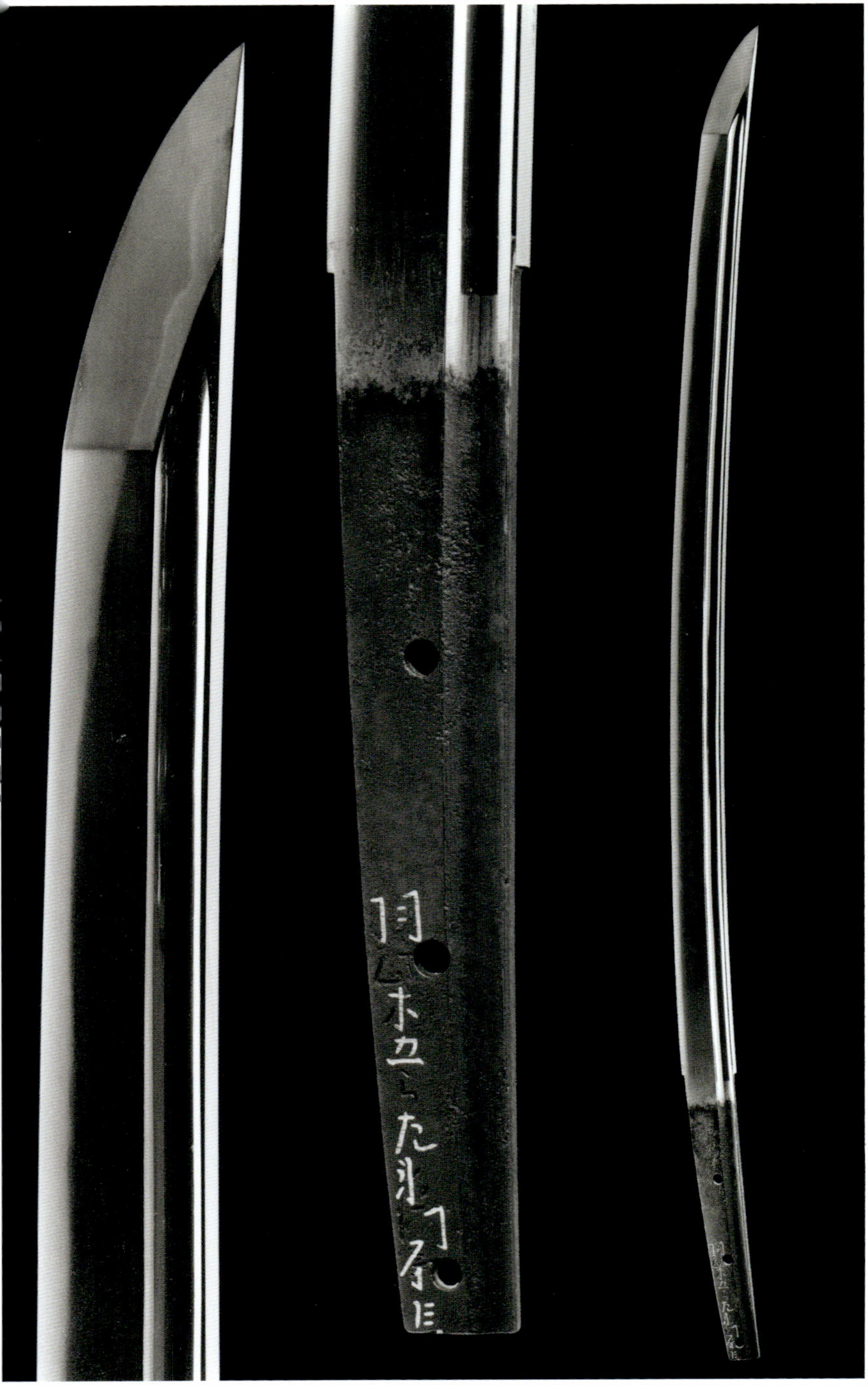

脇差　無銘　名物　ニッカリ青《あお》江《え》　重要美術品

伝　青江貞次

南北朝時代

刃長六〇・三チセン

丸亀市立資料館蔵

太刀　銘　来《らい》国《くに》光《みつ》　重要文化財

国光
鎌倉時代／一四世紀

刃長七二・一センチ　反り二・七センチ　茎長二〇・〇センチ
徳川美術館蔵

刀 金象嵌銘 正宗磨上《すりあげ》 本阿弥（花押）

名物 池田《いけだ》正宗《まさむね》 重要文化財

伝 正宗
鎌倉時代／一四世紀

刃長六七・〇センチ 反り一・八センチ 茎長一九・七センチ
徳川美術館蔵 ©徳川美術館イメージアーカイブ／DNPartcom

脇差　銘　筑《ちく》州《しゅう》住《じゅう》源《みなもと》信《のぶ》国《くに》重《しげ》包《かね》

重包（筑前信国四代）
江戸時代中期

刃長四〇・三センチ　反り〇・七センチ
福岡市博物館蔵
画像提供：福岡市博物館／DNPartcom

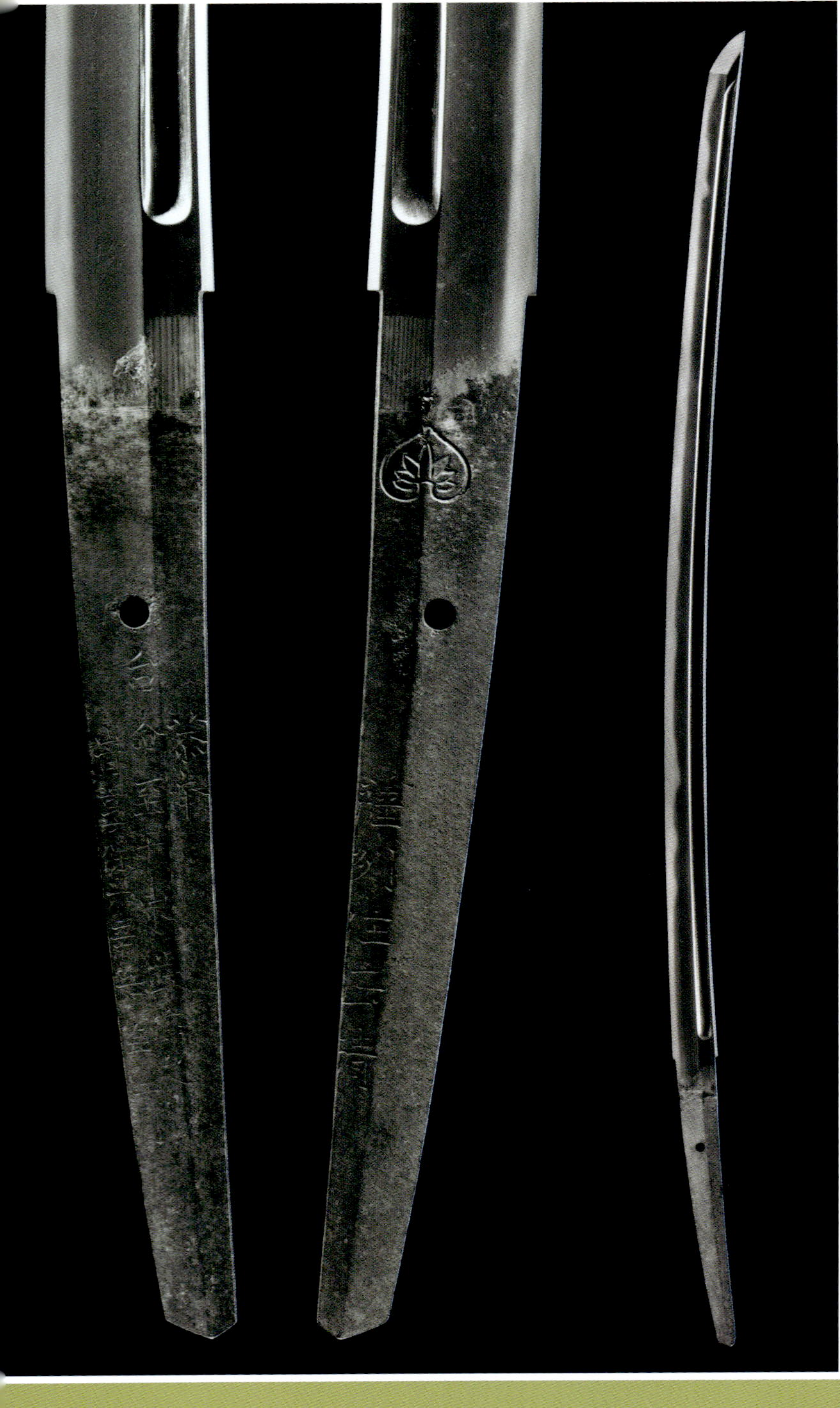

刀　銘（一葉葵紋）薩州住《さつしゅうじゅう》正清《まさきよ》

恭奉《うやうやしく》　台命至于東武作之旹《たいめいをたてまつりとうぶにいたりこれをつくるとき》享保《きょうほう》六辛丑年《ろくねんかのとうしどし》二月《にがつ》

正清
享保六年
（一七二一）

刃長七六・九チセン　反り一・七チセン
茨城県立歴史館蔵

刀　銘（一葉葵紋）主《しゅ》馬《めの》首《かみ》一《いっ》平《ぺい》藤《ふじ》原《わら》安《やす》代《よ》

一平安代
享保九年（一七二四）

刃長七六・一センチ
鹿児島県歴史資料センター黎明館蔵

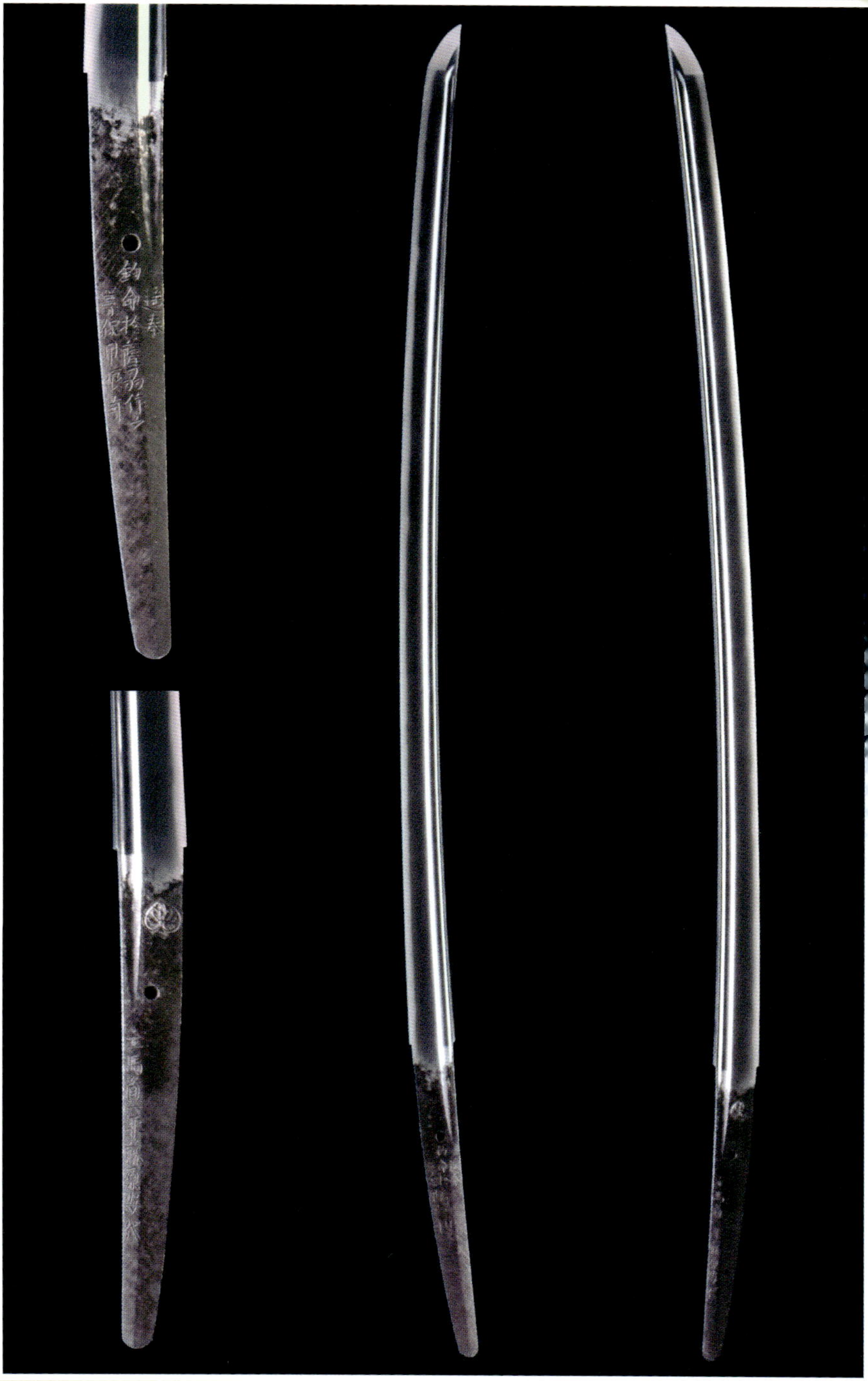

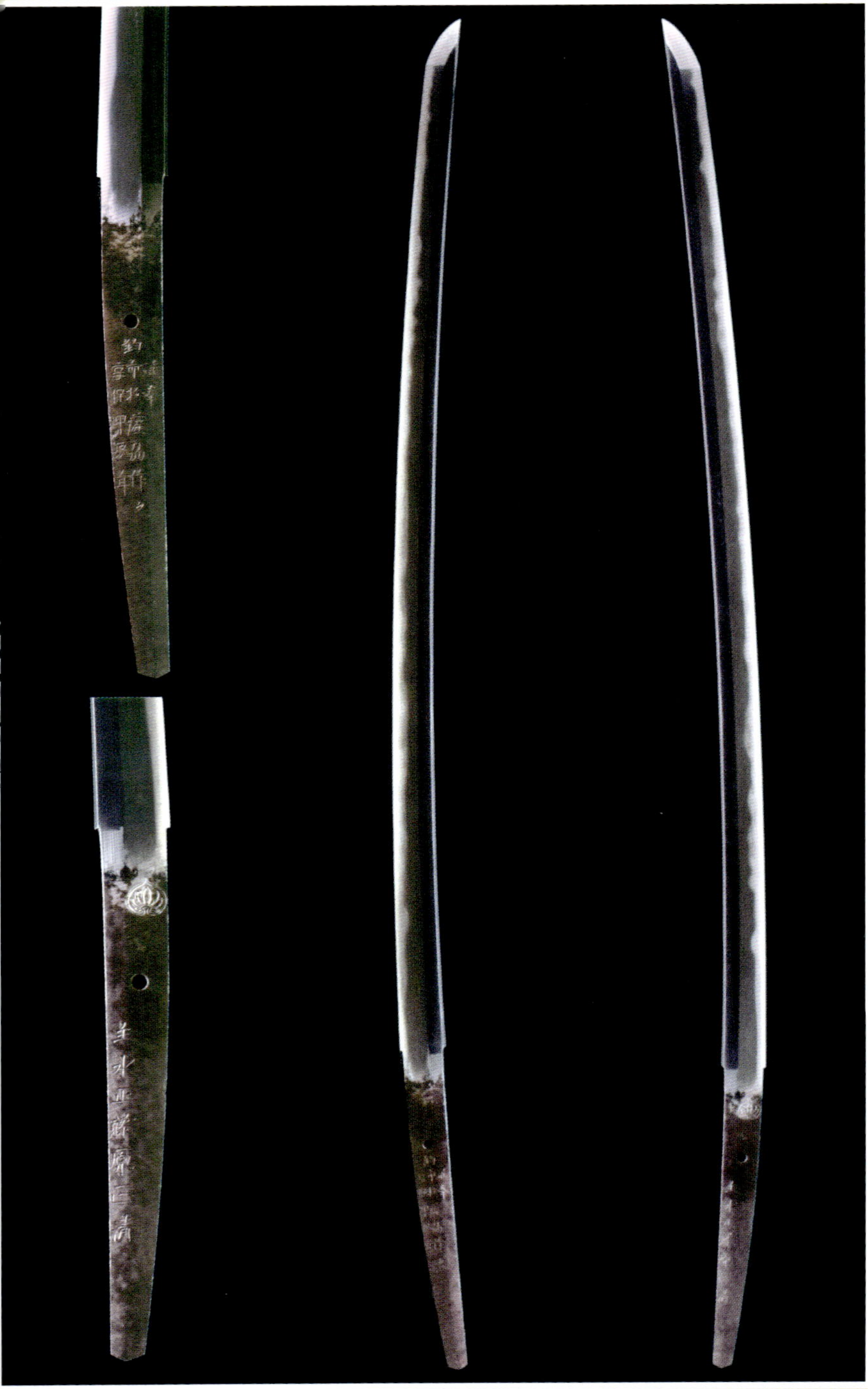

刀　銘（一葉葵紋）主水《もんどの》正《かみ》藤《ふじ》原《わら》正《まさ》清《きよ》

藤原正清
享保九年（一七二四）

刃長七六・七センチ
鹿児島県歴史資料センター黎明館蔵

脇指　銘　虎《こ》徹《てつ》興《おき》里《さと》作《さく》　寛文五年三月吉日

長曽祢《ながそね》興里虎徹
寛文五年
（一六六五）

刃長五七・〇センチ　反り〇・五センチ
茎長一五・六センチ　徳川美術館蔵

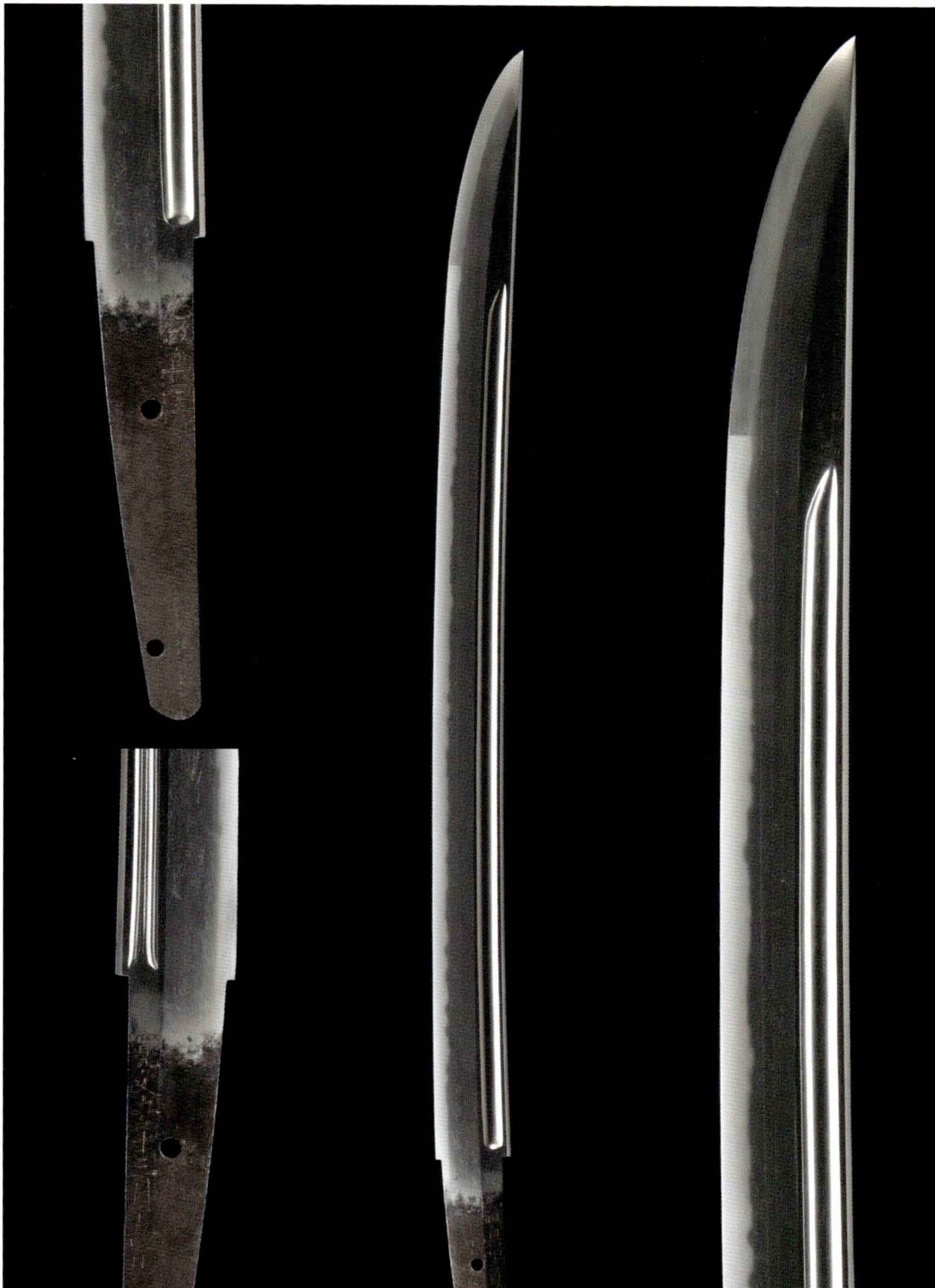

三一～五七頁については、左記の文献等を参照した。

茨城県立歴史館編『一橋徳川家の二〇〇年　一橋徳川家記念室開設三十周年記念 平成二九年度特別展』二〇一八年

香川県立ミュージアム編『丸亀京極家―名門大名の江戸時代―』二〇一二年

鹿児島県歴史資料センター黎明館企画・編集『徳川将軍家と島津家―名宝と海に生きる薩摩　第五〇回記念黎明館企画　特別展―』二〇一一年

東京国立博物館ほか編『皇室の名宝2　日本美の華　御即位二〇年記念特別展　2期（正倉院宝物と書・絵巻の名品）』NHK、二〇〇九年

徳川美術館編・発行『徳川美術館の名刀』二〇一六年

福永酔剣『日本刀大百科事典』全五冊、雄山閣出版、一九九三年

毎日新聞社至宝委員会事務局編『御物4　皇室の至宝』毎日新聞社、一九九一年

II

初代家康〜七代家継期における刀剣の献上・下賜

将軍家と大名家の刀剣贈答

江戸時代の武家社会において、刀剣は重要な贈答品の一つであった。この贈答については、『新訂　寛政重修諸《かんせいちょうしゅうしょ》家譜《かふ》』（続群書類従完成会刊、二二巻、索引四巻）に、時期・理由・刀剣銘などが記載されている。『寛政譜』は、大名・旗本約一〇万人を収めた系譜集で、系図と各々の人物の詳しい経歴を示している。たとえば、長門《ながと》萩《はぎ》城主毛利《もうり》綱《つな》広《ひろ》の項（一〇巻二四六〜二四七頁）には、三件の刀剣贈答が記される。

(1)慶安《けいあん》四年（一六五一）
二月二十日遺領を継、六月二十七日厳有院《げんゆういん》殿（四代将軍家綱《いえつな》）に父が遺物来国俊《らいくにとし》の刀、益田《ますだ》肩衝《かたつき》の茶入、飯山の葉《は》茶壺《ちゃつぼ》を献じ、家臣五人拝謁をゆるさる。

(2)承応《じょうおう》二年（一六五三）
十二月十一日御前にをいて元服《げんぷく》し、御諱字《おんいみなじ》をたまひ綱広と名乗、貞宗《さだむね》の御脇指《おんわきざし》を拝賜し、従四《じゅし》位下《いのげ》侍従《じじゅう》に叙任し、大膳大夫《だいぜんのだいぶ》にあらたむ。

(3)天和《てんな》二年（一六八二）
二月二十七日致仕《ちし》し、三月二十一日得物正宗《まさむね》の刀、有明の茶壺をたてまつる。

すなわち、家督相続のとき、(1)将軍家綱に父の遺物来国俊の刀を献じ、(2)家綱の御前で元服した際は、貞宗の脇指を下賜《かし》され、(3)隠居したときは、将軍綱吉《つなよし》に正宗の刀を献上している。大名の人生儀礼に、将軍との間で刀剣のやりとりが行われていることがよくわかる。

こうした、将軍家と大名家との間で行われた刀剣贈答については、野田ゆりえ氏が『寛政重修諸家譜』によってリストを作成し、それを基に分析しているので（「近世における将軍家と大名家間の刀剣贈答」）、その成果により、献上・下賜の実態について叙述したい。

野田論文によれば、『寛政譜』に収められている初代家康《いえやす》から一一代家斉《いえなり》（寛政一〇年〈一七九八〉まで）の間に行われた刀剣贈答は、表6「慶長八～寛政一〇年間の将軍家代ごとの刀剣贈答件数」に示したように一八四一件みられる。ただし、家康・秀忠《ひでただ》期については、採録していないものがかなりあることが判明したので、今後充実を図りたいとのことである。したがって、三代家光《いえみつ》のときから飛躍的に増加しており、五代綱吉のときピークに達している。六代家宣《いえのぶ》・七代家継《いえつぐ》の時期は、在職年数が短いためかなり減少した。八代吉宗《よしむね》のときは、在職年数が同じであるにもかかわらず、綱吉時代のほぼ半数である。これは、後述するように、享保《きょうほう》七年（一七二二）に発令された「家督御礼に関する法令」によるものと思われる。一〇代家治《いえはる》の時期は、吉宗と在職年数がほぼ同じであるものの、さらに半減している。

ちなみに、九代家重《いえしげ》は在職年数が吉宗のほぼ半分であり、一一代家斉は在職途上の数値であるため、比較検討になじみにくいが、減少傾向にあったことは確かである。

表6　慶長 8（1603）～寛政10年（1798）間の将軍家代ごとの刀剣贈答件数

時　期	将軍就任（西暦）	在職年数	贈答合計件数
初代家康	1603	2	25
2代秀忠	1605	18	49
3代家光	1623	28	339
4代家綱	1651	29	299
5代綱吉	1680	29	416
6代家宣	1709	4	153
7代家継	1713	3	87
8代吉宗	1716	29	225
9代家重	1745	15	87
10代家治	1760	27	115
11代家斉	1787	11	46
合　計			1,841

註　野田論文の表1より引用.

1　献上の理由と刀工の格付け

献上の目的

表7「大名家から将軍家への刀剣献上の理由と件数」は、七代家継《いえつぐ》までの、歴代将軍ごとの、大名家から将軍家への刀剣献上についてみたものである。この表によると、家督相続御礼のときの献上が最も多く、四〇八件（五六・六％）を占めている。ついで多いのが致仕《ちし》（隠居）御礼の一三七件（一九・〇％）、両者を合わせると五四五件、七五・六％に達する。つまり、大名家の刀剣献上は、大半、代替わりに行われており、これは、当然のことながら、大名家にとって家督相続がいかに重要であったかを示している。代替わりに刀剣を献ずることは、数的にみて、四代家綱《いえつな》の時期に一般化したといえる。これは、大大名・小大名にかかわらず、行われている。六代家宣《いえのぶ》・七代家継期の減少は、それぞれの在職年数が四年、三年と短いからとみられる。

刀剣の格付け

では、大名家はいかなる格付けの刀剣を将軍に献上したのであろうか。刀工の格付けを知るためには、いわゆる「刀剣書」が必要となる。その一つとして、聖心女子大学図書館に「諸国鍛冶代目録《しょこくかじだいもくろく》」という史料が所蔵されている。この史料には「阿部家文庫」の朱印が押してあり、旧蔵者を示すものと思われるが、現在のところどこの「阿部家」

表7　大名家から将軍家への刀剣献上の理由と件数（家康～家継期）

時期＼理由	家督相続御礼	致仕御礼	大名邸への御成り	御七夜・御元服・御誕生御祝	御膳・点茶献上、猿楽台覧、饗宴に召される	将軍家との姻戚関係	その他	計
初代家康	0	0	0	0	0	0	0	0
2代秀忠	1	0	2	0	0	0	5	8
3代家光	51	6	6	3	15	5	53	139
4代家綱	149	47	3	4	1	0	19	223
5代綱吉	136	56	14	0	1	3	24	234
6代家宣	46	17	8	0	0	2	8	81
7代家継	25	11	0	0	0	0	0	36
計	408	137	33	7	17	10	109	721

註　野田論文の表2より作成.

表8　「諸国鍛冶代目録」にみる刀工の格付け

順位	格　付　け		人数
1	無上別	3,000貫	4
2	無上	2,000貫	2
3	真上／別上	1,500貫	17
4	別上中	1,300貫	1
5	別上下	1,150貫	3
6	真中	1,000貫	4
7	行上	900貫	5
8	行中	750貫	10
9	真下	700貫	4
10	行下／草上	600貫	9
11	上之上	500貫	17
12	草中	450貫	5
13	上之中	400貫	36
14	草下	350貫	12
15	上之下	300貫	49
16	中之上	250貫	29
17	中之中	200貫	30
18	中之下	175貫	15
19	下之上	150貫	38
20	下之中	125貫	65
21	下之下	100貫	344
22	外上ノ上	90貫	10
23	外上ノ中	80貫	70
24	外上ノ下	70貫	80
25	外中ノ上	60貫	94
26	外中ノ中	55貫	44
27	外中ノ下	50貫	105
28	外下ノ上	45貫	36
29	外下ノ中	40貫	145
30	外下ノ下	35貫	78
31	出来ノ上	30貫	80
32	出来ノ中	25貫	53
33	出来ノ下	20貫	86
34	用之上	15貫	21
35	用之中	10貫	10
36	用之下	7貫	5
―	不明	―	19
	計		1,635

註1　順位は貫高順とした.
　2　野田論文の表8を本人修正.

図6　「諸国鍛冶代目録」

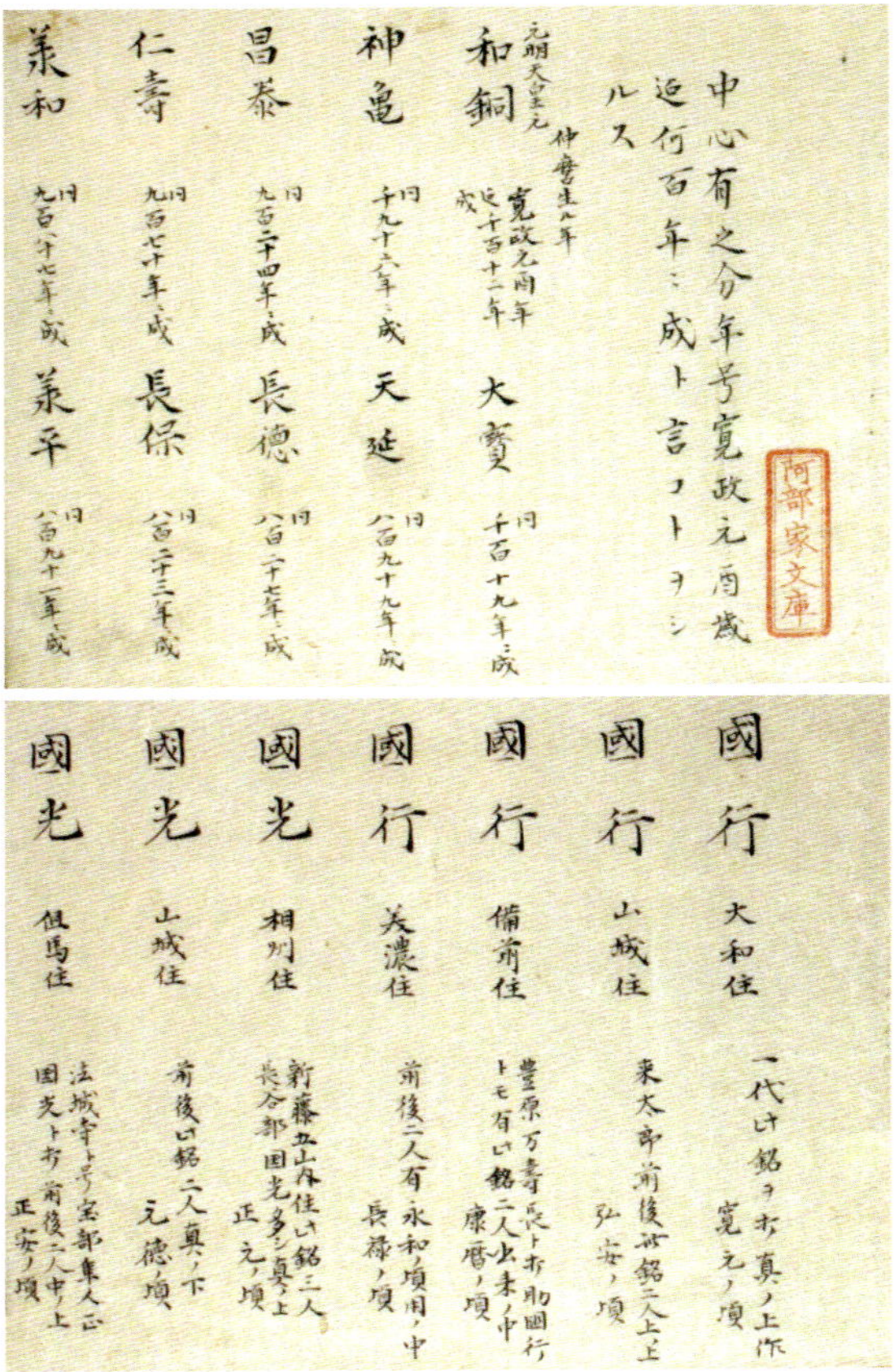

聖心女子大学図書館蔵

を指すのか不明である。つぎに、その内容を紹介したい。

この史料の冒頭には、和《わ》銅《どう》（七〇八～七一四年）から文亀《ぶんき》（一五〇一～〇三年）までの年号と、それぞれの寛政《かんせい》元年（一七八九）までの年数が記載されている。したがって、この史料には、奈良時代から室町時代までの刀工が登録され、作成年代は寛政元年、一一代将軍家斉《いえなり》の時期と推定される。そして、「国行《くにゆき》、大和住《やまとずみ》、一代此銘ヲ打、真ノ上作、寛元《かんげん》（一二四三～四六年）ノ頃」のように、一人ずつ、刀工の名前・住居・格付け・活動の時期、などが記されている（図5「諸国鍛冶代目録」）。格付けごとの刀工の人数を調べたのが、表8「「諸国鍛冶代目録」にみる刀工の格付け」である。「無上別　三〇〇〇貫」から「用之下　七貫」まで三六段階の格付けがなされ、格付けの記載がない者も含めると、一六三五名の刀工が登録されている（その全容は付録に掲載）。最上の「無上別　三〇〇〇貫」には、粟田口《あわたぐち》国吉《くによし》・同吉光《よしみつ》・越《えつ》中《ちゅう》義弘《よしひろ》・相州《そうしゅう》正宗《まさむね》の四名、二番目の「無上　二〇〇〇貫」には、山城国次《やましろくにつぐ》・相州貞宗《さだむね》の二名があげられている。いずれの刀工にも、名物の刀剣がある。国吉には四口、吉光には三九口、義弘には二三口、正宗には六一口、国次には七口、貞宗には二四口である。格差は見受けられるものの、この六名は名人ともいうべき刀工であろう。

古刀重視の風潮

しかし注意すべきは、この目録に登録された者が、全員室町時代以前の刀工、つまり古刀《ことう》の刀工ということである。江戸時代の後期に作られた名簿でありながら、江戸時代の刀工＝新刀《しんとう》の刀工は、全く除外されている。ここに、当時の古刀重視の風潮をうかがうことができる。

表9　7代家継以前の刀剣献上（家督相続御礼）に使用された主な刀工

刀工名	件数	格付け		
正宗	17	1	無上別	3,000貫
吉光	4	1	無上別	3,000貫
貞宗	12	2	無上	2,000貫
来国次	8	2	無上	2,000貫
越中則重	9	3	真上／別上	1,500貫
行光	12	6	真中	1,000貫
備前長光	8	7	行上	900貫
左安吉	4	7	行上	900貫
来国俊	16	8	行中	750貫
備前守家	6	8	行中	750貫
来国光	29	9	真下	700貫
備前兼光	12	13	上之中	400貫
雲次	6	15	上之下	300貫
備前元重	8	15	上之下	300貫
備前近景	4	20	下之中	125貫
了戒	4	20	下之中	125貫
左弘安	4	23	外上ノ中	80貫
計	163			

註1　野田論文の表9より引用.
2　貞宗には，相模国住貞宗と大和国の保昌五郎貞宗の2人いる．格は異なり，相模の貞宗は「無上2,000貫」，大和の貞宗は「上之下300貫」である.

古刀が重視されていることは、七代家継時代以前に、贈答に用いられた刀工名をみても明らかである。表9「七代家継以前の刀剣献上に使用された主な刀工」は、家督相続御礼時の献上に使われた主な刀工の格付けについてみたもので、一六三件を計上する。「諸国鍛冶代目録」に登録された、格付けの高い正宗・吉光・貞宗などを筆頭に、二三位くらいまでの刀剣が用いられて

表10　名物刀剣の将軍家への献上

刀剣銘	旧蔵者	献上年月日	理由
金森正宗	下総古河城主土井利隆	万治元（1658）9・21	隠居御礼
小池正宗	陸奥福島城主本多忠国	延宝7（1679）7・12	父政長遺物
朝倉藤四郎吉光	相模小田原城主稲葉正則	天和3（1683）6・18	隠居御礼
会津正宗	尾張名古屋城主徳川光友	元禄6（1693）4・28	〃
鍋島藤四郎吉光	因幡鳥取城主池田綱清	元禄13（1700）7・1	〃
早川正宗	紀伊和歌山城主徳川吉宗	宝永2（1705）11・28	3代綱教遺物
中川郷義弘	尾張名古屋城主徳川五郎太	正徳3（1713）9・18	父吉通遺物
上部当麻	尾張名古屋城主徳川継友	正徳3（1713）12・11	五郎太遺物
朱銘藤四郎吉光	常陸水戸城主徳川宗堯	享保3（1718）10・13	先代綱条遺物
島津正宗	加賀金沢城主前田綱紀	享保8（1723）8・22	隠居御礼

註　「上覧御名物御道具書留」・『徳川実紀』より作成.

いる。数的にみると、京来派《きょうらい》の刀剣が多い。来国次・国俊《くにとし》・国光《くにみつ》を合わせると、五三件となり、全体の三分の一を占める。なかでも、来国光の刀剣は二九口と断然多く、贈答に好まれたことがうかがえる。

なお、大名の代替わりには、名物刀剣も献上されているので、つぎにそのことをみてみよう。表10「名物刀剣の将軍家への献上」によると、正宗五口・吉光三口・義弘一口・当麻《たいま》一口の計一〇口が、四代家綱〜八代吉宗《よしむね》の時期に、「隠居御礼」や先代の「遺物」として奉じられている。献じた大名のなかでは、御三家が半数を占めている。大名が家督を相続したときよりも、隠居、没した際に重要刀剣が献上される傾向を読み取ることができる。

2　下賜の理由と刀工の格付け

将軍家からの刀剣下賜

七代家継《いえつぐ》までの、歴代将軍ごとの、将軍家から大名家への刀剣下賜《かし》についてみたのが、表11「将軍家から大名家への刀剣下賜の理由と件数」である。この表によると、献上に比べ、下賜の場合は、その理由が多岐にわたっていることをうかがわせる。最も多いのは、大名の国許《くにもと》への暇乞《いとまごい》時で、一四六件（二二・六％）である。これに、褒美・大名邸への御成《おな》り・将軍御前での元服《げんぷく》祝いのときを加えると、三八三件、五九・二％を占める。この中で、大名邸への御成りの際の下賜は五代綱吉《つなよし》時代に集中しているため、4節で改めて詳述することにし、ここでは、ほかの三つの理由の具体例をみてみよう。

毛利家の場合

外様国持《くにもち》大名である、長門《ながと》萩《はぎ》城主毛利《もうり》家と薩摩《さつま》鹿児島城主島津《しまづ》家への刀剣下賜をみよう。毛利家二代綱広《つなひろ》への下賜については、章の冒頭（六〇頁）ですでに紹介したので、三代吉就《よしなり》・四代吉広《よしひろ》・五代吉元《よしもと》への下賜をみよう（『寛政譜』一〇巻二四七〜二四八頁）。

表11　将軍家から大名家への刀剣下賜の理由と件数

理由／時期	暇乞	褒美	大名邸への御成り	御前での元服祝い	行事（誕生・御七夜・婚礼の儀）での役付	将軍家との姻戚関係	臨時の役職へ任命	御膳・点茶献上、猿楽台覧、饗宴に召される	将軍の遺物分け	その他	計
初代家康	0	9	3	1	0	0	0	0	0	12	25
2代秀忠	2	2	14	7	0	4	1	0	0	11	41
3代家光	26	21	12	9	6	7	2	17	0	100	200
4代家綱	13	5	12	16	1	0	2	4	0	23	76
5代綱吉	36	14	61	20	6	14	0	4	0	27	182
6代家宣	34	15	5	1	8	0	0	1	2	6	72
7代家継	35	8	0	2	2	0	1	0	2	1	51
計	146	74	107	56	23	25	6	26	4	180	647

註　野田論文の表5より作成.

三代吉就

(1)天和《てんな》二年（一六八二）四月六日常憲院《じょうけんいん》殿（五代綱吉《つなよし》）の御前にをいて元服し、御諱字《おんいみなじ》をたまはり吉就とめされ、越中則重《えっちゅうのりしげ》の御刀をたまひ、従四《じゅし》位下《いのげ》侍従《じじゅう》に叙任し長門守を兼ぬ。

四代吉広

(2)元禄《げんろく》七年（一六九四）八月十二日御諱字をたまはり吉広と名乗、来国光《らいくにみつ》の御刀を拝賜し、従四位下侍従に叙任し大膳大夫《だいぜんのだいぶ》と称す。

五代吉元

(3)宝永《ほうえい》三年（一七〇六）十二月五日御諱字をたまはり吉元と名のり、信国《のぶくに》の御刀を拝賜し、従四位下に昇る。

(4)宝永五年（一七〇八）四月十五日はじめて入国の暇申の時、来国光の御刀をたまふ。

(5)宝永七年（一七一〇）四月二十一日文昭院《ぶんしょういん》殿（六代家《いえ》宣《のぶ》）御代はじめて入国の暇をたまはり、延寿国時《えんじゅくにとき》の御刀をたまふ。

(6)正徳《しょうとく》四年（一七一四）四月十三日有章院《ゆうしょういん》殿（七代家《いえ》

継《つぐ》）御代はじめて帰国の暇申のとき左文字《さもんじ》の御刀を賜ふ。

御前での元服祝い（(1)吉就）や、偏諱《へんき》を賜る（(1)吉就・(2)吉広・(3)吉元）、暇乞（(4)(5)(6)吉元）の際に、将軍から則重・国光・信国・国時・左文字の刀剣を下賜されている。

島津家の場合

ついで、島津家の二代光久《みつひさ》・三代綱貴《つなたか》・四代吉貴《よしたか》への下賜をみよう（『寛政譜』二巻三四四〜三四九頁）。

二代光久

①寛永《かんえい》八年（一六三一）四月朔日《ついたち》御前にをいて元服し、御諱字をたまひ、従四位下侍従に叙任し、光久となのり、薩摩守と称し、源氏に復す。この日松平の御称号をたまはり、後継豊《つぐとよ》にいたるまで例とす。ときに左文字の御刀を賜はり、台徳院《たいとくいん》殿（二代秀忠《ひでただ》）より、守家《もりいえ》の御刀を恩賜せらる。（特例の下賜については省略）

②天和二年（一六八二）四月十九日御代はじめて入国のいとまたまふのとき、備前助真《びぜんすけざね》の御刀をたまふ。

三代綱貴

③寛文《かんぶん》七年（一六六七）十二月二十五日御前にをいて元服し、御諱字をたまひ、従四位下侍従に叙任し、綱貴と名のり修理大夫《しゆりのだいふ》と称す。このとき吉房《よしふさ》の御刀をたまふ。

④元禄十一年（一六九八）八月二日東叡山《とうえい》中堂の造営をたすけ勤めしにより、御手づから備前長光《びぜんながみつ》の御刀をたまひ、三日家臣等にもものをたまふ。

四代吉貴

⑤元禄二年（一六八九）十二月十五日御前にをいて元服し、御諱字をたまひ吉貴にあらため、従四位下侍従に叙任し、修理大夫と称す。このとき一文字《いちもんじ》の御刀をたまふ。

⑥宝永六年（一七〇九）六月七日文昭院殿（六代家宣）御代初めて領国にゆくのとき、三条吉家《さんじょうよしいえ》の御刀をたまふ。

⑦正徳五年（一七一五）六月十三日有章院殿（七代家継）御代はじめていとまたまはりて入国するのとき、則重の御刀をたまひ、（以下略）。

島津家の場合も、御前での元服祝い（①光久・③綱貴・⑤吉貴）、偏諱を賜る（①光久・③綱貴・⑤吉貴）、暇乞（②光久・⑥⑦吉貴）、手伝普請《てつだいぶしん》（④綱貴）のときに、将軍から左文字・助真・吉房・長光・一文字・吉家・則重、大御所（前将軍）から守家の刀剣を下賜されている。

毛利家と島津家の例を紹介したが、暇乞時の下賜は、大名が参勤交代で初めて領国に帰るときや、将軍の代替わり後に初めて帰国する際に、行われていたことがわかる。また、将軍御前での元服祝いのときは、将軍の諱《いみな》の一字（三代家光の「光」の字、四代家綱の「綱」の字、五代綱吉の「吉」の字）を与えられ、官位に叙任されたうえ、刀を下賜されている。しかし、暇乞や元服祝いのときの刀剣下賜は、すべての大名家に適用されたわけではない。これは、国持大名など特定の大名家のみに許された特権であった。このことは、二六〇名前後いる大名に対して、表11に見えるように、各将軍ごとの暇乞・御前での元服祝いの際の件数の少なさからもうかがえる。

褒美として下賜される刀剣

刀剣を褒美として下賜される例も、多くはみられない。将軍ごとに一〇～二〇件程度である。大名が将軍から褒美を下賜されることは、手伝普請を務めたり、献金をしたときなどに限られる。しかも、その褒美は金・銀・衣類などのことが多い。たとえば、毛利家四代吉広のとき、宝永元年（一七〇四）四月二九日には、江戸城石垣の工事を手伝ったことにより、時服《じふく》（衣服）を三〇下賜されている。一方、島津家三代綱貴は、④に掲げたように、元禄一一年（一六九八）八月二日、寛永寺中堂の造営を手伝った功により、将軍綱吉手ずから備前長光の刀を与えられた。両者の差は、何によるものであろうか。

寛永寺中堂造営の際は、側用人《そばようにん》柳沢保明《やなぎさわやすあきら》（のち吉保《よしやす》）が惣奉行を務め、柳沢は正宗の刀を下賜されている。また、若年寄の秋元喬知《あきもとたかとも》・米倉昌尹《よねくらまさただ》両名は脇指《わきざし》、勘定頭荻原重秀《おぎわらしげひで》は金と時服、それ以下の者は金・銀を与えられた。つまり、寛永寺中堂造営は、国家的事業として行われたということであろう。このように、褒美で刀剣を下賜されることは、多くはなかったものと思われる。

下賜された刀剣の格付け

では、どのような格付けの刀剣が下賜されたのであろうか。暇乞時に下賜された主な刀剣をみると（表12「七代家継以前の刀剣下賜に使用された主な刀

表12　7代家継以前の刀剣下賜（暇乞時）に使用された主な刀工

刀工名	件数	格付け		
貞宗	3	2	無上	2,000貫
行光	6	6	真中	1,000貫
備前長光	5	7	行上	900貫
光忠	5	7	行上	900貫
来国光	15	9	真下	700貫
左弘安	3	23	外上ノ中	80貫

註1　野田論文の表9より引用．
　2　貞宗には，大和の保昌五郎も含まれる．保昌五郎の格は，「上ノ下・300貫」である．

エ」参照）、家督相続御礼時に献上された場合と同じく、「諸国鍛冶代目録《しょこくかじだいもくろく》」に登録された二三位くらいまでの刀剣が使われている。来国光の刀剣が好まれていることも同様である。ただ、若干格下の刀剣が用いられているように見受けられる。

3　献上・下賜の実例と納戸・腰物方

1・2節でみたごとく、刀剣の将軍への献上は家督相続御礼や致仕《ちし》御礼のとき、その下賜《かし》は、暇乞《いとまごい》、褒美、大名邸への御成《おな》り、御前での元服《げんぷく》祝いなどのときに多い。ここでは、そうした献上や下賜がどのように行われたのか、具体例をみていきたい。しかし、今までみてきた七代将軍家継《いえつぐ》期までの献上・下賜については、それに関わる江戸城内の図面が残っていないので、八代吉宗《よしむね》期以降のものを紹介したい。

尾張徳川家の家督相続御礼

刀剣献上は、御三家の尾張《おわり》徳川家八代目の義淳《よしあつ》（のち宗勝《むねかつ》）が、家督相続御礼を行ったときの状況をみよう。義淳は、分家の美濃《みの》高須松平家（三万石）の当主であったが、本家の七代目宗春《むねはる》が元文《げんぶん》四年（一七三九）正月一三日に隠居したため、同日に家督を継いだ。御三家の家督相続は、通常老中《ろうじゅう》派遣により将軍の命が伝えられるが、宗春は罪を被って蟄居《ちっきょ》させられたため、義淳は将軍吉宗から直接面命された。その一五日後の正月二八日に、義淳は江戸城へ登城して家督御礼を行った。

江戸城本丸御殿は、現在の皇居東御苑《ぎょえん》に設けられていた、約一万一三〇〇坪（約三万七〇〇〇平方メートル）に及ぶ巨大な建築物である。この御殿は、用途により「表《おもて》」・「奥《おく》」・「大奥《おおおく》」の三つの区域に分かれていた。「表」は、儀式や将軍との謁見に使用される大広間・書院と、日常諸役人や勤番士《きんばんし》が詰めて執務や警備を行う座敷などからなり、幕府の中央政庁にあたる。「奥」は、将軍が日常生活し、また政務をみる場所であり、将軍の公邸・官邸にあたる。「大奥」は、将軍の正妻である御台所《みだいどころ》や側室、将軍生母、奥女中などの生活の場で、将軍の私邸にあたる（深井『江戸城―本丸御殿と幕府政治―』〈中公新書、二〇〇八年〉）。

義淳が面会した場所は、将軍の生活空間＝「奥」に接する黒書院《くろしょいん》である。黒書院は、上段（一八畳）・下段（一八畳）・囲炉裏《いろり》の間（一五畳）・西湖《せいこ》の間（一五畳）の四室、周囲を入側（縁頬《えんがわ》）で囲まれ、溜《たまり》の間（松溜ともいう、二四畳）が付属していた。入側にも畳が敷いてあり、約一九〇畳の広さである（図7「黒書院の図」参照）。

図8「徳川義淳家督相続御礼のとき御目見えの図」は、「元文四未年正月廿八日徳川但馬守殿相続御礼之節御黒書院絵図」（「御本丸古格席図　二」所収）を基に作成したものである。

「有徳院《ゆうとくいん》殿御実紀」巻四九によると、義淳は当日、「儀刀《ぎとう》」（「作《つく》り御太刀《おんたち》」＝木製の飾太刀《かざりたち》）一口、銀一〇〇枚、綿五〇把、縮緬《ちりめん》二〇巻、馬二疋、備前《びぜん》国則成の刀を将軍に献上している。図によれば、刀は下段上から四畳目、銀は五畳目、縮緬は六畳目、綿は入側上から一畳目に置かれ、義淳本人（但馬守《たじまのかみ》）は、下段六畳目（▲印）、つまり下段の一番下に座って将軍に謁見した。献上品のうち、刀が最も上段に近い所、つまり将軍に近い所に置かれていることからも、格の高い献上品であることがうかがえる。義淳を将軍に披露する月番《つきばん》老中松平伊豆守《まつだいらいずのかみ》（信祝《のぶとき》）の席は、入側上から二畳目、他の老中の席は、入側の左端一畳目である。したがって、下段のうちに入れるのは義淳のみとなる。

また当日は、尾張家の主だった家臣たちも将軍に御目見《おめみ》えした。彼らは、作り太刀と巻物（反物）を献上した。そ

図 7　黒書院の図

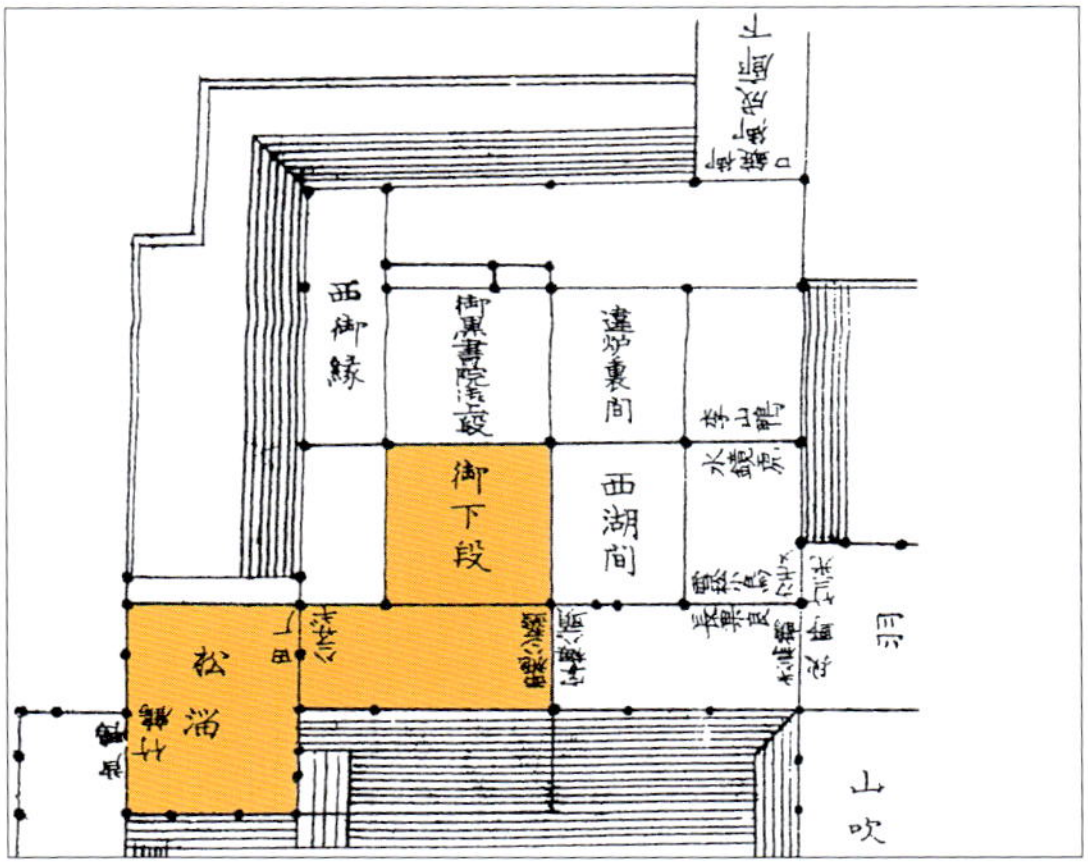

註　「御本丸表向御座敷絵図」(『徳川礼典録附図』所収) より作成.

図 8　徳川義淳家督相続御礼のとき御目見えの図

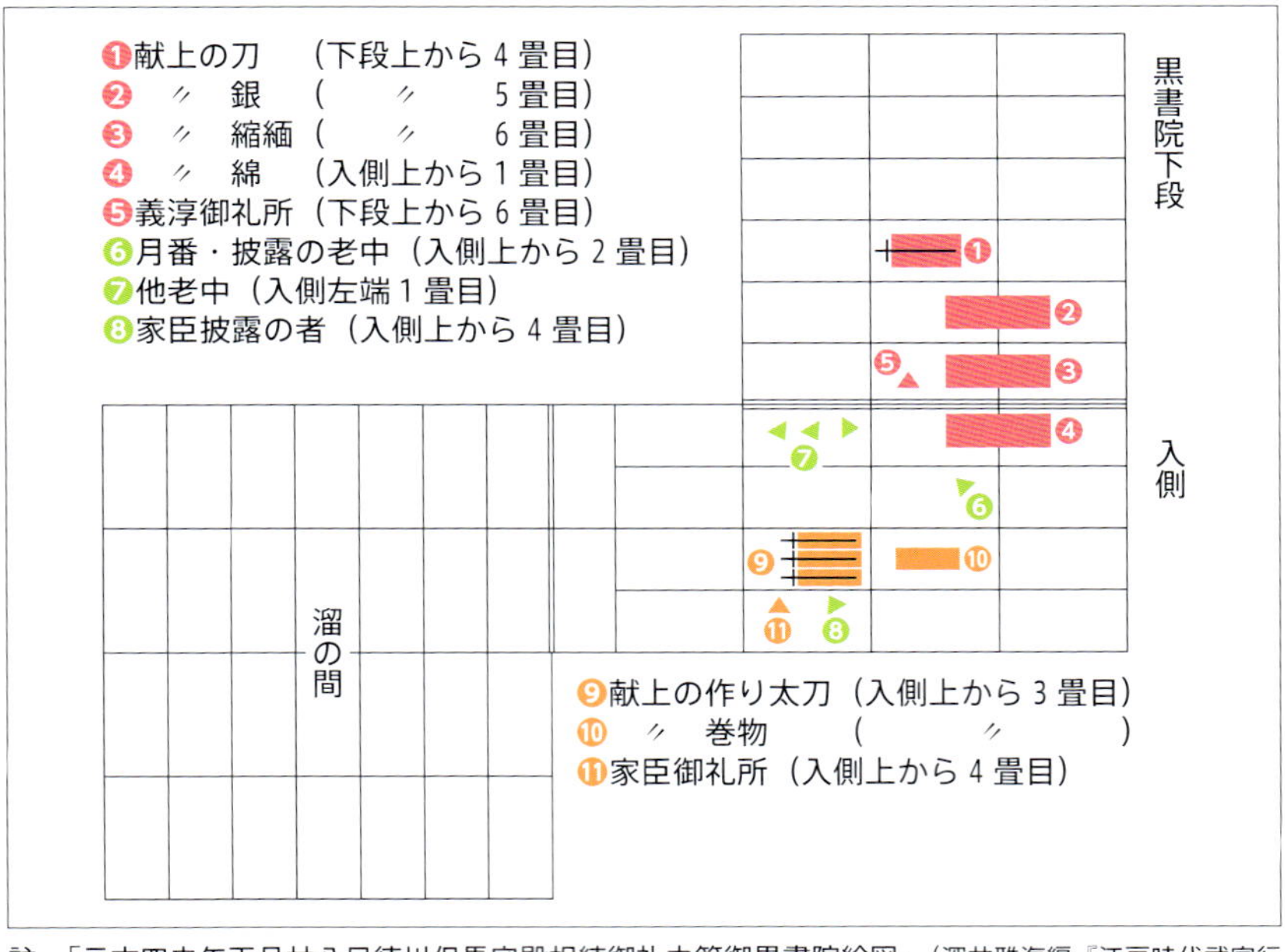

註　「元文四未年正月廿八日徳川但馬守殿相続御礼之節御黒書院絵図」(深井雅海編『江戸時代武家行事儀礼図譜』1 巻〈東洋書林, 2001年〉266・267頁) を基に作成.

の置所は、入側上から三畳目である。なかでも、作り太刀については、竹腰志摩守《たけのこししまのかみ》・成瀬《なるせ》隼人正《はやとのかみ》の両付《つけ》家老、他の家老、それ以外の家来の三段階に細かく分けられているのは興味深い。格式社会をよく物語るものといえよう。本人たちの御目見え席は、入側上から四畳目、一番下である。

ついで、義淳は二月三日にも登城し、従三位《じゆさんみ》に叙され、近衛中将《このえちゆうじよう》と宰相《さいしよう》（参議《さんぎ》）を兼官することになった。さらに、将軍吉宗の「宗」の字を賜り、諱《いみな》を宗勝と改めた。このとき、将軍より山城国行《やましろくにゆき》の刀を下賜され、宗勝からは備前吉《よし》家《いえ》の刀を献上した（「有徳院殿御実紀」巻四九）。重要な場面において、刀剣の贈答が行われることがよくわかる。

将軍からかけられた言葉

なお、義淳（宗勝）の息子、尾張家九代目の宗睦《むねちか》が、宝暦《ほうれき》一一年（一七六一）八月一九日、家督相続御礼のとき登城した際、一〇代将軍家治《いえはる》からかけられた言葉が「御意之振《ぎよいのふり》」という史料によりわかるので、紹介しておこう（深井「将軍の言葉に見る格式」〈『金鯱叢書』四三、徳川黎明会、二〇一六年〉）。

御黒書院

進物出《しんもついで》候て出座さる

尾張宰相殿

右御太刀目録御年寄共披露、御下段にて御礼、則ち退座され、進物これを引く

献上の御刀出し置き、出座さる

尾張宰相殿

右出座され、御敷居の内にて御礼、御刀差し上げらる旨御年寄共言上、御下段御右の方に着座さる、献上の
御刀引き候て、家督の御礼御取り合わせ申し上げる
○目出たい義で　熨斗《のし》を
御熨斗蚫《あわび》　御前へこれを備える
○御手づからこれを遣さる
復座、御礼御取り合わせ申し上げる
○万事政務に念を入らるる様に
御取り合わせ申し上げ退座さる

右の史料によると、まず作り太刀と他の進物が出されて御礼をしたあと、献上する刀が出されている。そして、年寄（老中）が「御刀差し上げらる」旨を言上し、その刀が持ち去られたのち、家督御礼の取り合わせが行われた。将軍は、「目出たい義で、熨斗を」と述べて、手ずから熨斗蚫をわたし、「万事政務に念を入らるる様に」と敬語を使っている（行頭に○が振られているのが将軍の言動）。真の刀を献上することが、家督相続の要件になっているといえよう。

刀剣下賜の実例

刀剣下賜は、黒書院溜の間（松溜ともいう）と白《しろ》書院下段入側（縁頬）での行事を紹介したい。文化《ぶんか》四年（一八〇七）四月九日、讃岐《さぬき》高松城主（一二万石）松平讃岐守（頼儀《よりのり》）は、昨年一二月に上納金を納めた功により、御座の間で将軍に御目見えしたのち、溜の間において刀（来国長《らいくになが》・代金三〇枚）と鞍《くら》・鐙《あぶみ》（足踏）を下賜された（「江戸幕

府日記」同日条）。そのときの状況を図10「溜の間での刀下賜の状況」によってみよう。

この図は、献上・下賜品を行事の場に出し入れする進物番《しんもつばん》の勤め方絵図である。まず、羽目の間に刀と鞍・鐙が持ち出された。側に腰物奉行が控えている。老中たち（▲印）が溜の間に着座したのち、目付の合図により刀と鞍・鐙がその前に置かれた。刀は、老中との間を一尺五寸程（約四五チセン）あけて置かれたという。拝領人（松平讃岐守、▲印）は、溜の間の隅に座っている。こうして、行事が挙行された。

図9　黒書院付近の図

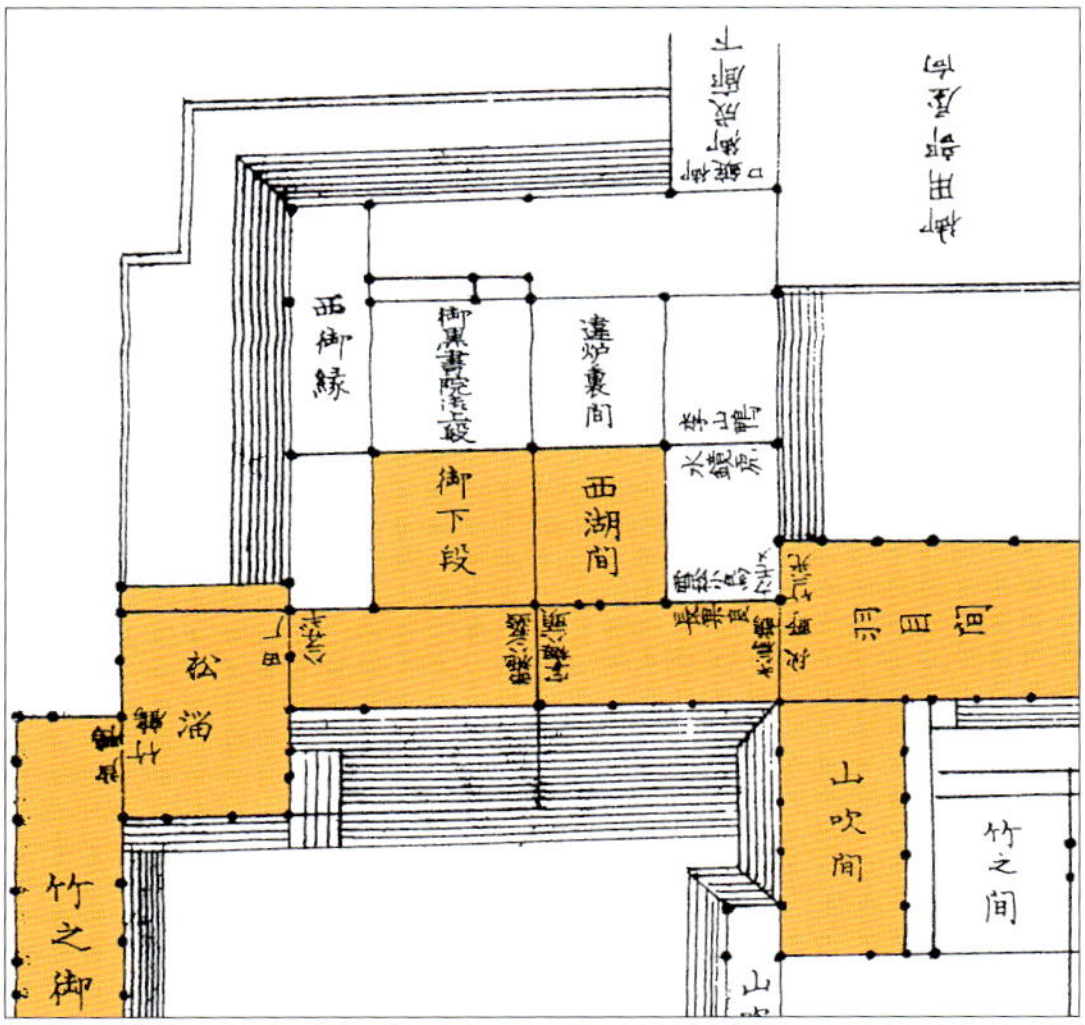

註　「御本丸表向御座敷絵図」（『徳川礼典録附図』所収）より作成.

図10　溜の間（松溜）での刀下賜の状況

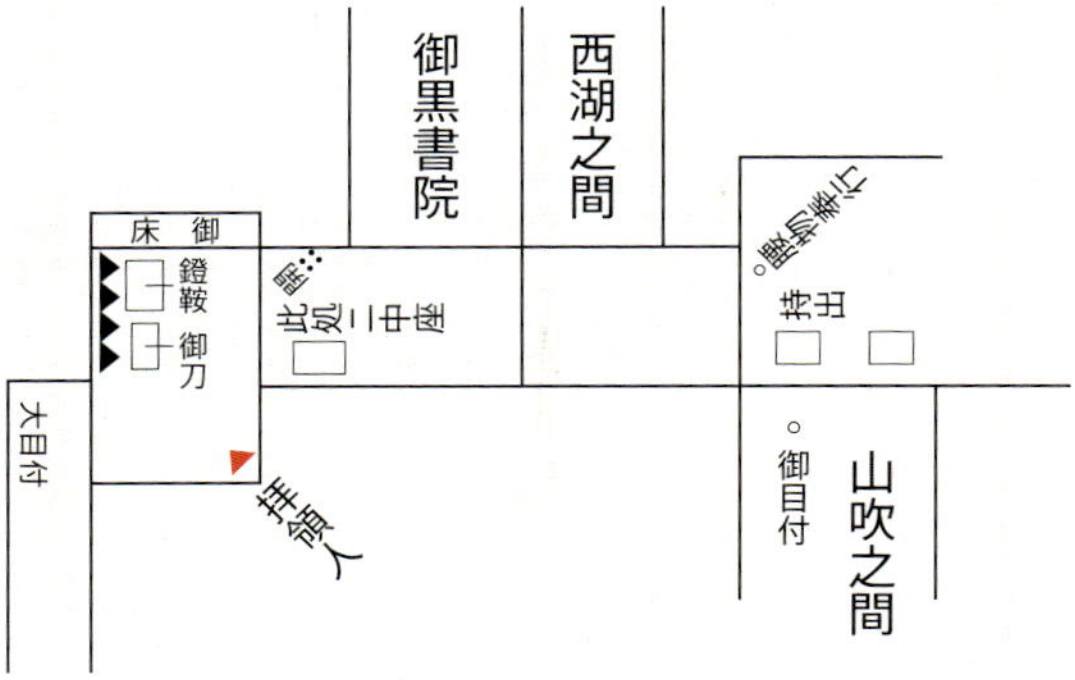

註　「進物番書留」（東京国立博物館蔵）より作成.

つぎに、白書院での下賜をみよう。図12「白書院下段・入側での刀下賜の状況」は、寛政《かんせい》七年（一七九五）三月一五日、肥前《ひぜん》平戸城主（六万一五〇〇石）松浦《まつら》壱岐守《いきのかみ》（清）が、聖堂再建の手伝普請《てつだいぶしん》を務めたため、刀一腰、銀三〇〇枚、時服三〇を下賜されたときの状況を示す（ただし、この記事は「江戸幕府日記」に記載されていない）。

下賜品は、帝鑑《ていかん》の間から持ち出された。隅に納戸頭《なんどかしら》が座っている。銀は一〇〇枚ずつ、時服《じふく》は一〇着ずつに分けて、台の上に載せ、白書院下段に置かれている。一方、刀は、その入側隅に着座する老中たち（△印）の前に置かれた。このときには、三尺程（約九〇チセン）あけたという。拝領人（松浦壱岐守、▲印）は、そこから二畳半離れて座っている。両図とも、刀下賜の状況が具体的にわかる図といえよう。

贈答品を管理する役職

では、こうした献上品や下賜品は、どこで保管されていたのであろうか。金・銀・時服・綿・縮緬などは納戸方、刀剣は腰物方で管理していた。つまり、将軍家の衣服や調度類の調達、大名・諸役人などへ下賜する金銀・衣服・その他の物品を司るのが納戸方であり、慶安《けいあん》元年（一六四八）九月から寛政《かんせい》四年（一七九二）閏《うるう》二月までは「元方」と「払方」とに分かれていた。元方は将軍家の衣服や調度類、払方は大名・諸役人などへの下賜品を取り扱ったという。

納戸方役所の頭《かしら》を納戸頭といい、享保《きょうほう》八年（一七二三）六月以降役高《やくだか》（年俸）七〇〇石、人員は元方・払方の統一後（以下同じ）二人役となった。その配下に、組頭―組衆―同心がいた。納戸組頭は享保一九年九月以降役高四〇〇俵、人員は四人、納戸（組衆）は役高二〇〇俵、人員は二〇人、その後増員された。以上は御目見え以上＝旗本の役職であるが、別に御目見え以下＝御家人役の同心（持高勤め）四〇人が付属していた。

一方、腰物方は、将軍家所有の刀剣類の研《とぎ》・拵《こしらえ》・手入、さらには新刀《しんとう》の作成、および、将軍家へ献上されたり、大

図11　白書院付近の図

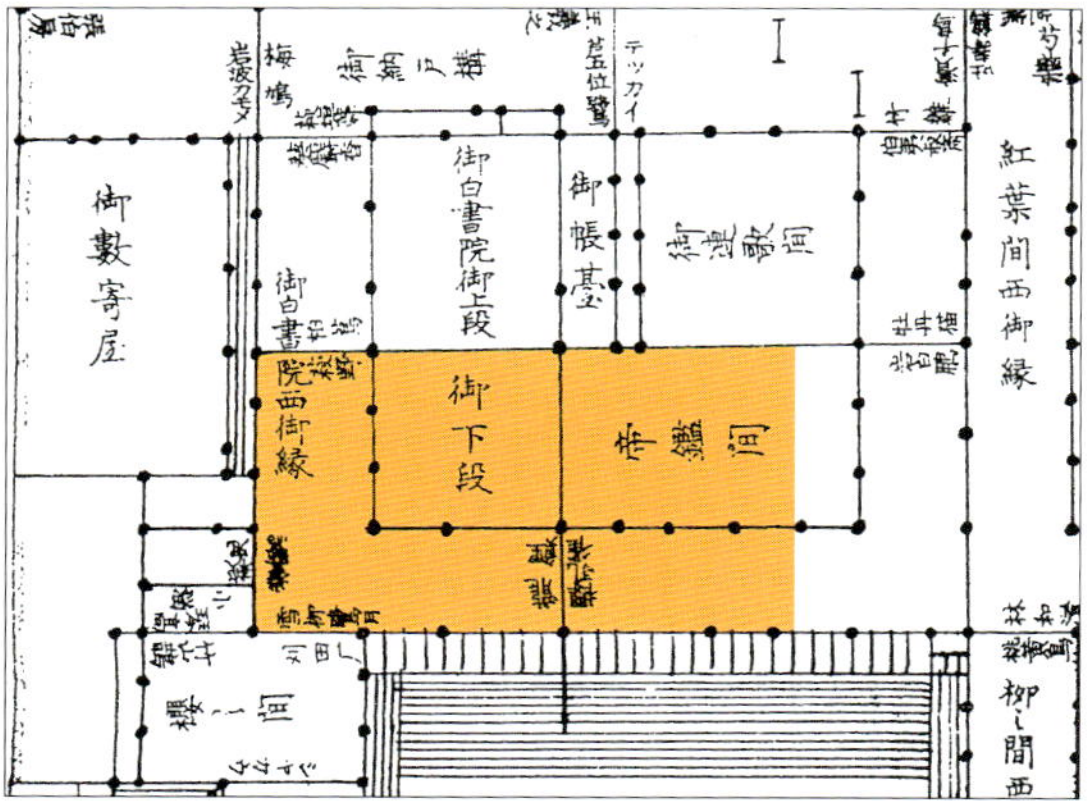

註　「御本丸表向御座敷絵図」（『徳川礼典録附図』所収）より作成.

図12　白書院下段・入側での刀下賜の状況

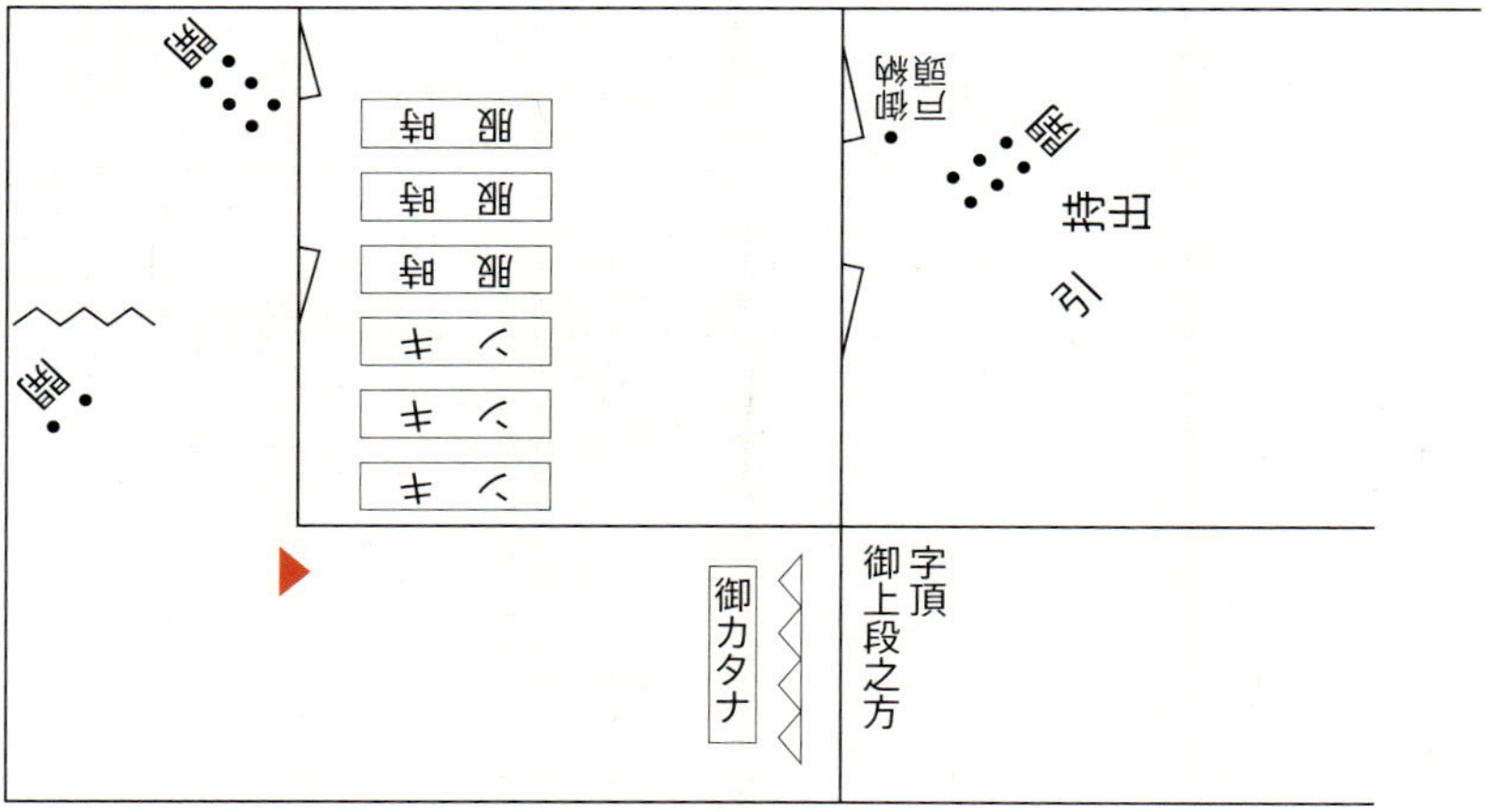

註　「進物番書留」（東京国立博物館蔵）より作成.

図13　納戸方・腰物方組織図

納戸頭――納戸組頭――納戸――同心
腰物奉行――腰物方――同心

名などへ下賜する刀剣など、刀剣に関する一切のことを司った。腰物方役所の頭は腰物奉行（はじめ腰物頭）と称し、役高七〇〇石、人員は二人である。配下に、腰物方―同心がいた。腰物方は、はじめ腰物奉行といい、役高二〇〇俵、人員は一五〜一六人、ここまでが旗本役である。同心は御家人役で持高持扶持（家録のまま）勤め、人員は一〇人であった。なかでも、腰物方のうち三〜四人は「御差方」といい、将軍の佩刀《はいとう》（身に帯びた刀剣）を取り扱ったという。

これら納戸方・腰物方の役所は、本丸御殿「表」の中心部に設けられ、かなり広い区域を占めていた（図14「納戸方・腰物方役所付近図」参照）。これは、贈答行為が、将軍家と大名家との間で繁雑に行われ、幕藩関係の維持に大きな役割を果たしていたことを示すものといえよう。その役所の左側には、進物番所と目付部屋が見える。進物番は、奏者番《そうじゃばん》や目付の指示をうけて、納戸・腰物方から下賜品を受け取り、溜の間や白書院下段・入側などで行われる贈答儀礼の場に持ち出すのが役目である。図をみると、その仕組みがよくわかる。

腰物方に所属する職人たち

なお腰物方には、刀剣の鑑定を職とする本阿弥《ほんあみ》家のほか、さまざまな職人が所属していた。萩野由之・増田于信編纂『江戸幕府職官考』四（文化図書、二〇一〇年）巻一三「近習二」腰物奉行の項には、つぎのように記載されている。

凡《およそ》刀剣ノ装飾・修繕ハ、各其職ヲシテ事ニ従ハシム、打物鍛冶数人、大刀金具師一人、腰物金具師四人、研師

図14　納戸方・腰物方役所付近図

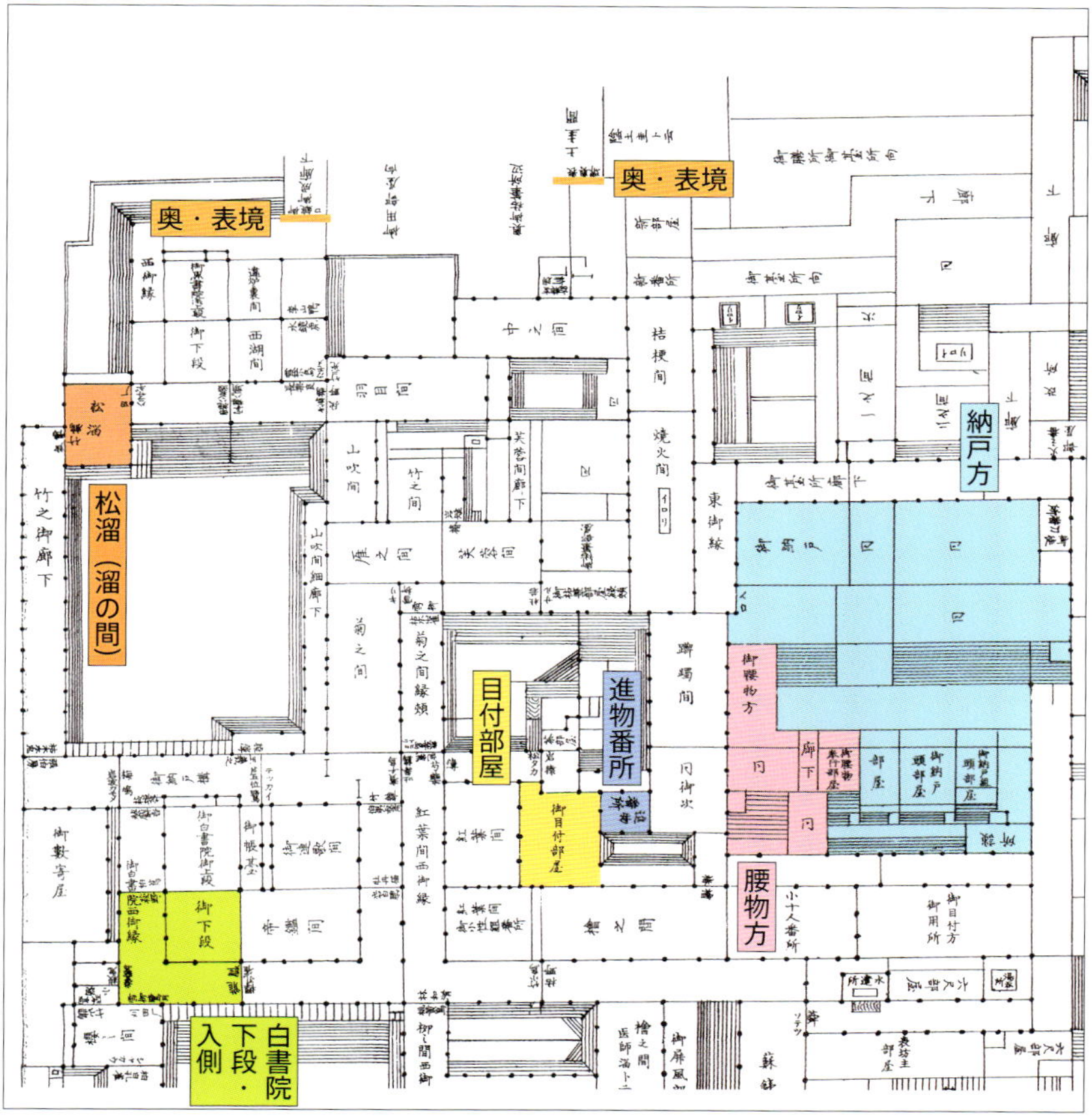

註　「御本丸表向御座敷絵図」（『徳川礼典録附図』所収）より作成.

九人、彫物師三人、柄巻《つかまき》師三人、鞘《さや》師・鞘塗師各二人、鍛冶師三人、鮹洗師・柄系下緒《さげお》師各一人、其他上リ太刀師二人、関八州鍛冶頭一人、鍛冶師三人、小細工二人、打物鍛冶二人、鍔《つば》師一人、関八州研頭一人、研頭一人、錺師《かざりし》棟梁《とうりょう》三人、錺師二人

これら職人の名前は、各年の「武鑑《ぶかん》」によって知ることができる。たとえば、享保四年（一七一九）の「武鑑」によれば、「御刀鍛冶師」として、土橋伯耆守金義・国康・下坂市之丞・法城寺《ほうじょうじ》次郎左衛門《ろうざえもん》・常陸《ひたち》兼房《かねふさ》の五人の名前が掲載されている。

さらに、刀剣の切れ味を試す据物師《すえものし》も腰物方に付属していた。有名なのは、山田浅右衛門である。この山田家については、氏家幹人《うじいえみきと》『大江戸死体考―人斬り浅右衛門の時代―』（平凡社、一九九九年）に詳しい。同書によると、山田浅右衛門が「家の芸」として将軍家御様《おためし》御用を独占する体制が確立したのは、二代吉時《よしとき》のとき、八代将軍吉宗時代後期の元文元年（一七三六）一〇月一五日のことという。以後、七代吉利《よしとし》が明治二年（一八六九）に隠居するまで、その御用は続いた。身分は浪人のままであった。「御様御用」は、伝馬《てんま》町の牢屋敷内の「御様場」、将軍家の刀剣を試すために特別に設けられた場所で、腰物奉行や腰物方も出席して行われたという。

4　将軍綱吉と尾張徳川家および側用人柳沢吉保との贈答

刀剣の献上・下賜《かし》とも、大名邸への御成《おな》りを理由とする場合は、五代将軍綱吉《つなよし》時代に際立って多いのが特徴である

（表7・11参照）。綱吉は、生母桂昌院《けいしょういん》と世子《せいし》家宣《いえのぶ》邸への御成を除くと、将軍在任中に一四六回の武家屋敷御成を行っている（表13「将軍綱吉の武家御成先と回数」参照）。その内訳をみると、牧野《まきの》成貞《なりさだ》・柳沢《やなぎさわ》保明《やすあきら》（吉保《よしやす》）・松平《まつだいら》輝貞《てるさだ》の三側用人《そばようにん》がとくに多く一一二回（七六・七％）を占め、ほかは甲府綱豊《つなとよ》（のちの家宣）家・御三家・老中・本庄氏（桂昌院の実家）などである。

ここでは、尾張家と柳沢保明（吉保）邸に対する御成をみよう。

尾張徳川家への御成

図15　徳川綱吉像（複製）

徳川記念財団蔵

尾張家については佐藤豊三氏の研究（「将軍家「御成」について（八）」〈『金鯱叢書』一一輯、一九七七年〉）と御成御殿図によりみてみよう。尾張家に対する御成は、元《げん》禄《ろく》一一年（一六九八）三月一八日に行われた。御成場所は尾張家の麹町《こうじまち》屋敷であったが、御成に先立ち、尾張家は幕府から屋敷の北に添地を拝領し、都合一万七八七〇坪余となる。そして、その南約七〇〇〇坪に御成御殿を造営して綱吉を迎えたのである。造営にあたっては、幕府小普請《こぶしん》奉行組頭（のちの小普請奉行）が御殿の作事《さくじ》小普請奉行に任命され、完成後には老中・側用人・若年寄などの検分が行われた。

表13　将軍綱吉の武家御成先と回数

年次＼氏名	牧野成貞	柳沢保明（吉保）	本庄宗資	大久保忠朝	阿部正武	戸田忠昌	土屋政直	松平輝貞	紀伊光貞	甲府綱豊	尾張綱誠	水戸綱條	紀伊綱教	前田綱紀	本庄資俊	松平忠周	黒田直邦	三間政房	藤沢次政	桂昌院	計
貞享5（元禄元）	4																				4
元禄2	5																			1	6
3	7																				7
4	5	5																			10
5	4	4	1																		9
6	1	4	2																		7
7	1	3	1	1	1	1	1														9
8	1	4	2	1	1	1	1	1													12
9		3	2					2													7
10		6	2					2	1	1							2	1			15
11		2	1					1			1								1		6
12		4						2													6
13		2						2				1									5
14		5						4					1				2		1		13
15		4						3						1	1						9
16	1	2						2													5
宝永元																					0
2		4						3		1											8
3		3						1													4
4		1						1													2
5		2						1								1					4
計	29	58	11	2	2	2	2	25	1	2	1	1	1	1	1	1	4	1	2	1	148

註　佐藤豊三「将軍家「御成」について（八）」（『金鯱叢書』11輯，1977年）の第2表より引用．

図16「五代将軍綱吉の御成御殿図」（八六・八七頁）は、そのときの御成御殿の平面図である。図上（西）側に、玄関・表小座敷・湯殿《ゆどの》・能舞台・表書院・奥小座敷・御成書院・休息之間・奥座敷・「三家衆居所」・「大納言様（尾張前藩主徳川光友《みつとも》）居所」など、さまざまな座敷が設けられている。この区域が御殿の中枢部分であり、左（南）側が表向、休息之間などがある右（北側）が奥に該当する部分と思われる。その下（東）側

には、六つの「御用部屋」と「祐筆部屋《ゆうひつ》」、左（南）に老中・若年寄の下部屋がみえる。「御用部屋」は、側用人・老中・若年寄などの詰所と考えられる。さらにその下（東）側には、小性・小納戸・近習番・次番・桐之間番・廊下番・奥医師など、綱吉側近の控室が設けられていたのである。

一八日当日には、老中阿部正武《あべまさたけ》・戸田忠昌《とだただまさ》、側用人柳沢保明・松平輝貞、若年寄秋元喬知《あきもとたかとも》以下諸役人が先に出向き、尾張綱誠《つななり》・吉通《よしみち》父子、紀伊光貞《みつさだ》・綱教《つなのり》父子、水戸綱條《つなえだ》の御三家当主・世子および御三家の家門とともに、綱吉を出迎えた。綱吉は、辰の后刻（午前九時頃）に、老中小笠原長重《おがさわらながしげ》、若年寄加藤明英《かとうあきひで》・本多正永《ほんだまさなが》以下側近・諸役人、諸大名などを従えて御成御殿に到着した。ついで、御成書院・表書院・奥座敷などにおいて、尾張家とのあいだで贈答のやりとりを行ったのち、綱吉は御成書院で「論語」を講義、さらに表書院で能楽を観覧、申の刻（午後四時頃）すぎに御殿を出て帰城したのである。

格調高い贈答品の数々

では、どのような贈答品がやりとりされたのであろうか。佐藤論文（史料は「綱吉公綱誠卿麹町亭　御成略記」〈徳川林政史研究所蔵〉）により、関係部分を引用してみよう。

○御成書院上段に着座。
　綱誠より熨斗《のし》を奉る。賜物あり。
　　綱誠へ
　　　長光太刀《ながみつたち》・白銀《しろがね》三十枚・時服《じふく》百領・繻珍《しちん》百巻・縮緬《ちりめん》百巻。

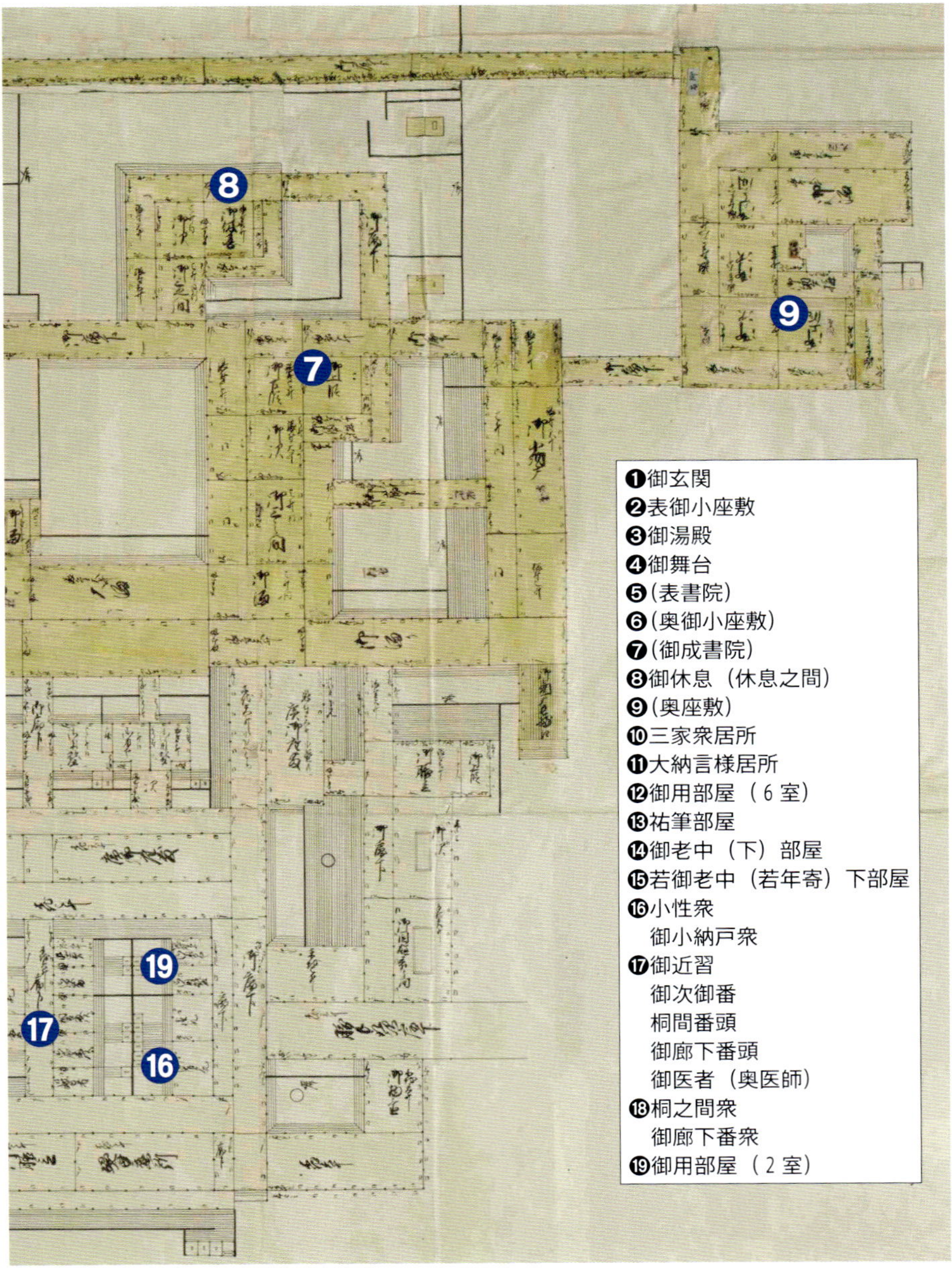
8
7
9
19
17
16
❶御玄関
❷表御小座敷
❸御湯殿
❹御舞台
❺（表書院）
❻（奥御小座敷）
❼（御成書院）
❽御休息（休息之間）
❾（奥座敷）
❿三家衆居所
⓫大納言様居所
⓬御用部屋（6室）
⓭祐筆部屋
⓮御老中（下）部屋
⓯若御老中（若年寄）下部屋
⓰小性衆
御小納戸衆
⓱御近習
御次御番
桐間番頭
御廊下番頭
御医者（奥医師）
⓲桐之間衆
御廊下番衆
⓳御用部屋（2室）

図16　5代将軍綱吉の御成御殿図

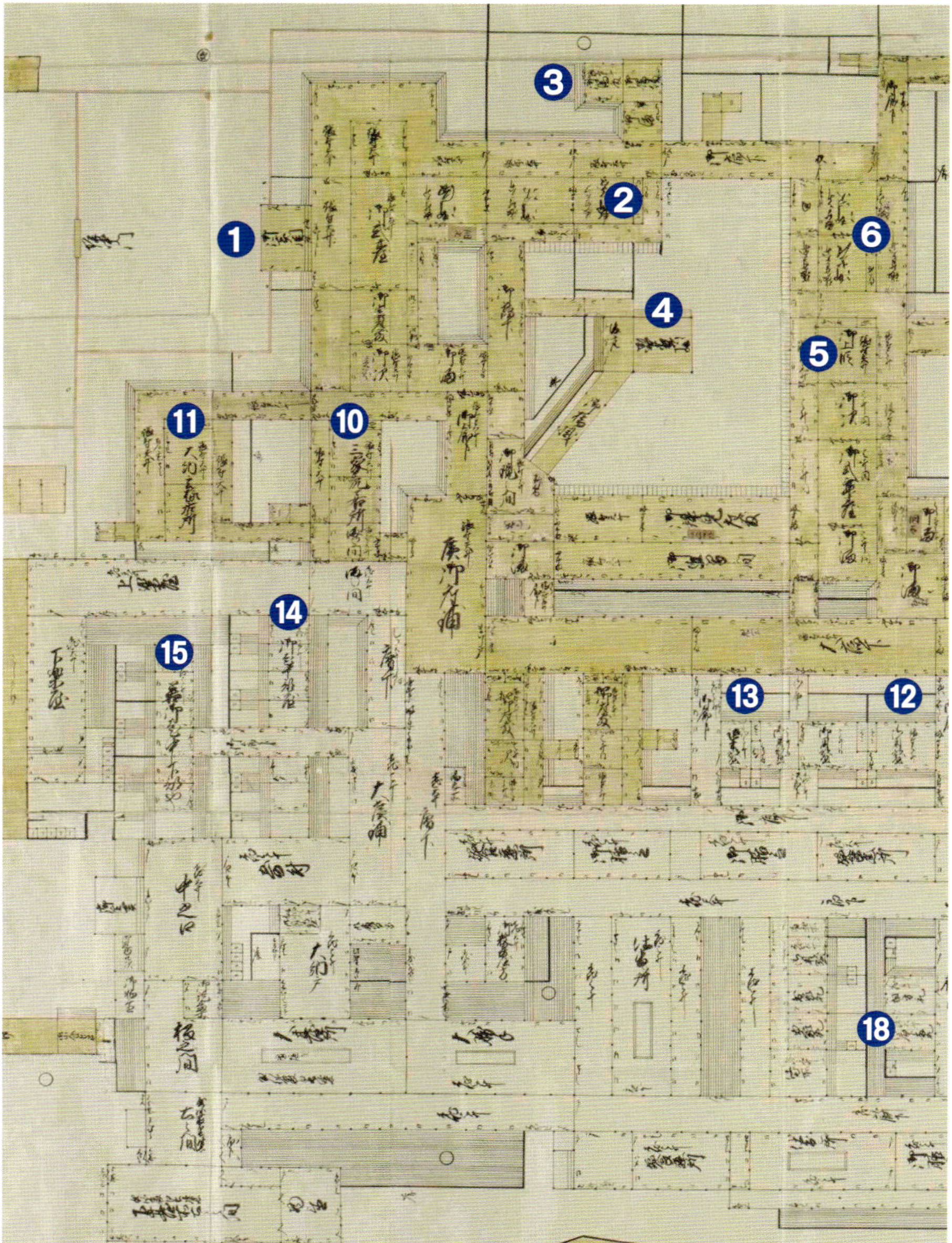

「御成御殿御指図」（部分，東京都立中央図書館特別文庫室蔵）

吉通へ
信国《のぶくに》太刀・白銀千枚・時服五十領。
光友《みつとも》（綱誠実父、尾張徳川二代）へ
黄金五拾枚・時服二十領。

○表書院へ出御。
尾張家一門及び家臣より献上品あり。

綱誠献上品
国行《くにゆき》太刀・黄金三百枚・純子《じゆんし》三拾巻・紗綾《さや》百巻・時服百領・綿五百把・色糸百斤・鞍《くら》置馬一疋。
吉通献上品
青江《あおえ》太刀・白銀三百枚・縮緬百巻。
光友献上品
備前守家《びぜんもりいえ》太刀・白銀二百枚・綿三百把。
千代姫《ちよひめ》（光友正室、家光長女）献上品
縮緬百巻・檜重・三種二荷。

○御成書院へ出御。
・三献の儀が行われる。
・賜物献物の授受が行われる。
綱吉より綱誠へ　光忠《みつただ》刀・吉光《よしみつ》小《こ》脇指《わきざし》。

表14　将軍綱吉と尾張徳川家との贈答（刀剣）

献上品				下賜品			
差出人	刀剣			受取人	刀剣		
	形状	銘	格付け		形状	銘	格付け
徳川綱誠	太刀	国行	真上・1,500貫	徳川綱誠	太刀	長光	行上・900貫
吉通	〃	青江		吉通	〃	信国	上之上・500貫
光友	〃	備前守家	上之下・300貫				
徳川綱誠	刀	亀甲貞宗	四分金200枚	徳川綱誠	刀	光忠	行上・900貫
〃	小脇指	宗瑞正宗	3000貫	〃	小脇指	吉光	無上別・3,000貫
吉通	刀	国綱	行中・750貫	吉通	刀	粟田口国安	草下・350貫
光友	刀	来国次	無上・2,000貫	光友	刀	一文字	

註　佐藤論文と「諸国鍛冶代目録」より作成．ただし，亀甲貞宗と宗瑞正宗の格付けは「享保名物帳」による．

綱誠より綱吉へ　名物亀甲貞宗《きっこうさだむね》刀・名物宗瑞《そうずい》
正宗《まさむね》小脇指。
綱吉より吉通へ　粟田口国安《あわたぐちくにやす》刀。
吉通より綱吉へ　国綱《くにつな》刀。
綱吉より光友へ　一文字《いちもんじ》刀。

・七五三の膳部《ぜんぶ》が出される。

○千代姫対面のため奥へ入御。
千代姫と賜物・献物の授受のほか、綱誠以下との内証の賜物・献物の授受あり。綱誠へ名物繁雪肩《はんせつかた》衝《つき》茶入、光友へ名物牧谿《もっけい》筆柳燕図《りゅうえんず》などを賜る。

○休息之間へ入御。
綱誠及び一門より献物あり。綱誠より名物大隅《おおすみ》肩衝茶入、光友より来国次《らいくにつぐ》刀など。長上下より半上下にお召替え。

贈答品には、刀剣・白銀・黄金・時服などさまざまな品物が選ばれている。なかでも刀剣は、尾張徳川家から七口が将軍綱吉に献上され、六口が将軍から尾張家に下賜されている（表14「将軍綱吉と尾張徳川家との贈答」参照）。すなわち、国行・青江・守家の太刀、貞宗・国綱・国次の刀、正宗の小脇指が将軍へ献上され、長光・信国の太刀、光忠・国安・一文字の刀、吉光の小脇指が将軍から下賜されている。最初に、太刀の交換が行われていることから、その格の高さをうかがうことができる。しかし、注目されるのは、後の御成書院での刀剣授受である。ここで、尾張家当主綱誠から、名物亀甲貞宗《きっこうさだむね》（三九頁掲載）の刀と、名物宗瑞正宗《そうずいまさむね》（四四頁掲載）の小脇指が献上された。「享保名物帳《きょうほうめいぶつちょう》」によると、亀甲貞宗は四分金二〇〇枚、宗瑞正宗は三〇〇〇貫の代付けがなされている。他の刀剣と比べても、出色といえよう。しかし、両刀は尾張家に伝来したものではなく、亀甲貞宗は陸奥《むつ》盛岡の南部《なんぶ》家から、宗瑞正宗は越前《えちぜん》福井の松平家から、わざわざ入手して献上したものという。山本泰一氏は、尾張徳川家では、初代義直《よしなお》以来伝えられた名刀は、将軍家といえども献上しないということが、寛永《かんえい》末年頃より決められていたのではないかと推測している。実際、義直時代の贈答刀剣についての記録「御腰物請取払方帳」によると、七〇〇〇口以上の刀剣のうち、五〇〇〇口以上が購入品という（「尾張徳川家と将軍家の贈答について―献上および拝領の大名道具―」〈徳川美術館・蓬左文庫開館75周年記念　秋季特別展図録『尾張徳川家の名宝―里帰りの名品を含めて―』徳川美術館、二〇一〇年〉）。

現在、亀甲貞宗は国宝に指定され、東京国立博物館（東京都台東区）、宗瑞正宗は宮内庁（東京都千代田区。「御物」は指定対象外）に所蔵されている。

柳沢吉保邸への御成

ついで、綱吉寵臣《ちょうしん》の柳沢保明（のち吉保）邸に対する御成をみよう。綱吉が行った御成のなかでは、柳沢邸への御成がとくに多く、五八回（全体の約四〇％）に達する（表13）。元禄《げんろく》四年（一六九一）から宝永《ほうえい》五年（一七〇八）まで

吉川弘文館　新刊ご案内

〒113-0033・東京都文京区本郷7丁目2番8号　振替 00100-5-244（表示価格は税別です）
電話 03-3813-9151（代表）　ＦＡＸ 03-3812-3544　http://www.yoshikawa-k.co.jp/

2018年4月

源氏将軍から摂家将軍、親王将軍へ――。鎌倉幕府の本質に迫る！

将軍・執権・連署
鎌倉幕府権力を考える

日本史史料研究会編

四六判・一九二頁／二〇〇〇円

源頼朝が創始した鎌倉幕府のしくみは、どう理解すべきか。将軍が唯一の首長であるにもかかわらず、執権・連署を掌る北条氏が権力を握っていく。さまざまな切り口を示し、鎌倉将軍権力の実像を明らかにする道標となる書。

『内容案内』送呈

鎌倉将軍・執権・連署列伝

日本史史料研究会監修
細川重男編

Ａ５判・二七二頁
二五〇〇円

鎌倉幕府政治の中心にあった将軍、そしてその補佐・後見役であった執権・連署、三十五人の人物そのものに焦点を絞り、それぞれの立場での行動や事績を解説する。巻末には詳細な経歴表を付し、履歴を具体的に示す。

『内容案内』送呈

考える江戸の人々
自立する生き方をさぐる

柴田　純著

四六判・二五六頁
二五〇〇円

戦や災害などの苦難に対し神仏の加護頼みであった中世から、人の力で問題を解決すべきとした江戸時代へ。大名の責任意識から庶民の寺子屋教育まで、考え、工夫して行動することが積極的に肯定されていく過程を描く。

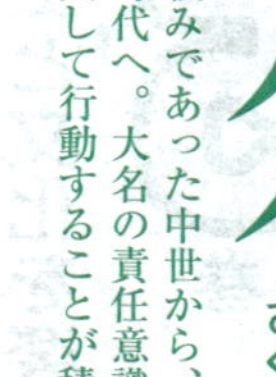

博物館《ミュージアム》が本になった！

わくわく！探検《たんけん》 れきはく日本の歴史 全5巻

小中学生から大人まで、日本の歴史と文化を楽しく学べる！

好評刊行中！

国立歴史民俗博物館編

「れきはく」で知られる国立歴史民俗博物館が確かな内容をやさしく解説。展示をもとにしたストーリー性重視の構成で読みやすく、ジオラマや復元模型、さまざまな道具など、各時代の人びとが身近に感じられる図版も満載。展示ガイドにも最適な、子どもから大人まで楽しめる「紙上博物館」！

＊第2回配本

⑤民俗

わたしたちは、どのようなくらしをしてきたのかな？
昔のくらしと今のくらしの同じところ、変わったところはどこかな？
みなさんが、なにげなく過ごしている「ふだんのくらし」を見つめなおしてみましょう。

B5判・並製
各八六頁
オールカラー
各一〇〇〇円
『内容案内』送呈

【既刊】

③近世

見て、読んで、体験する江戸時代。

【続刊書目】

①原始・古代

②中世

④近代・現代

三つのコンセプトで読み解く、新たな〝東京〟ヒストリー

みる
よむ
あるく

東京の歴史

全10巻 刊行中

池　享
櫻井良樹
陣内秀信
西木浩一
吉田伸之　編

巨大都市《メガロポリス》東京は、どんな歴史を歩み現在に至ったのでしょうか。史料を窓口に「**みる**」ことから始め、これを深く「**よむ**」ことで過去の事実に迫り、その痕跡を「**あるく**」道筋を案内。個性溢れる東京の歴史を描きます。

B5判・平均一六〇頁／各二八〇〇円　『内容案内』送呈

既刊の3冊

通史編（通巻1〜3）

1 先史時代〜戦国時代
2 江戸時代
3 明治時代〜現代

●続刊

地帯編（通巻4〜10）

1 千代田区・港区・新宿区・文京区
2 中央区・台東区・墨田区・江東区
3 品川区・大田区・目黒区・世田谷区
4 渋谷区・杉並区・練馬区・中野区・板橋区・豊島区・北区
5 足立区・葛飾区・荒川区・江戸川区
6 多摩Ⅰ
7 多摩Ⅱ・島嶼

歴史文化ライブラリー

●18年2月～4月発売の5冊

四六判・平均二二〇頁　全冊書下ろし

人類誕生から現代まで／忘れられた歴史の発掘／常識への挑戦／学問の成果を誰にもわかりやすく／ハンディな造本と読みやすい活字／個性あふれる装幀

462 龍馬暗殺【2刷】

桐野作人著

龍馬はなぜ殺されたのか。襲撃者の供述を再検討し、薩長土や会桑勢力の動向から、京都政局の対立軸を明らかにし、事件の真因を究明。事件後の政情や、衰えない〈薩摩〉説の起源と誤謬も解き明かし、暗殺の深層に迫る。

二七二頁／一八〇〇円

463 近世の巨大地震

矢田俊文著

近世社会を何度も襲った巨大地震。幕府への被害報告や人々の日記から、津波や家屋倒壊の被害状況、死亡者数などを復元。俳句や紀行文などにまで「地震史料」の枠を広げ、歴史災害から未来への備えを拓くことに挑む。

二五六頁／一八〇〇円

464 墓石が語る江戸時代 大名・庶民の墓事情

関根達人著

自らの想いや願いを石に刻むことが流行した江戸時代。当時の墓石《はかいし》からは、いかなる社会が見えてくるのか。歴史災害、大名家の見栄と建前、海運によるヒト・モノ・情報の交流に迫り、墓石文化の重要性を改めて考える。

二五六頁／一八〇〇円

465 埋葬からみた古墳時代
女性・親族・王権

清家 章著

数多くの古墳群の発掘成果（埋葬施設・副葬品・人骨の性別）から埋葬のルール（埋葬原理）を抽出。古墳時代の親族・女性首長たちの活躍や王位継承のあり方を分析する。「王朝交替論」についても一石を投じる注目の書。

二八四頁／一八〇〇円

466 陸軍中野学校と沖縄戦
知られざる少年兵「護郷隊」

川満 彰著

激戦地沖縄に潜伏した四二名の陸軍中野学校出身者。そのもとに集められた「護郷隊《ごきょうたい》」の少年兵や住民は、どのように戦争に巻き込まれたのか。元兵士の聞き取りなどから、陸軍中野学校がいかに沖縄戦に関与したかを描く。

二四〇頁／一七〇〇円

【好評既刊】

458 渤海国とは何か　古畑 徹著　二四〇頁／一七〇〇円

459 幕末の海軍　明治維新への航跡　神谷大介著　二八八頁／一八〇〇円

460 畜生・餓鬼・地獄の中世仏教史　因果応報と悪道　生駒哲郎著　【2刷】二四〇頁／一七〇〇円

461 中世の喫茶文化　儀礼の茶から「茶の湯」へ　橋本素子著　二二四頁／一七〇〇円

歴史文化ライブラリー オンデマンド版 販売開始のお知らせ

一九九六年に創刊し、現在通巻四五〇を超えた歴史文化ライブラリーの中から、永らく品切れとなっている一〇一冊をオンデマンド版にて復刊いたしました。昨年十月より販売を開始したタイトルなど、詳しくは『出版図書目録』またはホームページをご覧下さい。

オンデマンド版とは？

書籍の内容をデジタルデータで保存し、ご注文を戴いた時点で製作するシステムです。ご注文をお受けするたびに、一冊ずつ製作いたしますので、お届けできるまで二週間程度かかります。なお、受注製作となりますのでキャンセル・返品はお受けできません。あらかじめご了承下さい。

摂関政治最盛期の「賢人右府」藤原実資《さねすけ》が綴った日記を現代語訳化！

現代語訳 小右記

全16巻 刊行中

四六判 平均二八〇頁 『内容案内』送呈

＊半年ごとに一冊ずつ、巻数順に配本中

倉本一宏編

⑥三条天皇の信任

長和二年（一〇一三）七月～長和三年（一〇一四）一二月

【第6回配本】 三六八頁 三〇〇〇円

眼病を発《おこ》した三条天皇に対し、道長をはじめとする公卿層は退位を要求。天皇は実資を頼みとするが、養子資平の任官も考えなければならない実資にとっては悩みの種であった。日記にも緊迫した情勢が記される。

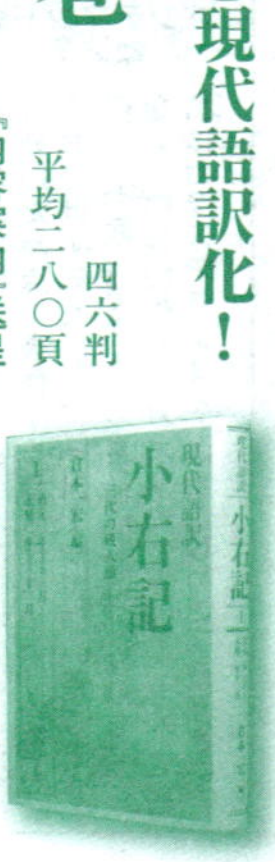

【既刊】 各二八〇〇円

- ①三代の蔵人頭《くろうどのとう》
- ②道長政権の成立
- ③長徳の変
- ④敦成《あつひら》親王誕生
- ⑤紫式部との交流

読みなおす日本史

毎月１冊ずつ刊行中 四六判

日本の参謀本部

大江志乃夫著

二四〇頁／二二〇〇円（解説＝纐纈 厚）

日本陸軍とその中枢であった参謀本部はドイツを手本に作られたが、政略・戦略を欠いていた。また政府の指図を嫌い、独断専行で戦争に突き進み、責任の所在が曖昧なために引き返せなかった。軍部の構造の欠陥に迫る。

宝塚戦略 小林一三の生活文化論

津金澤聰廣著

一九八頁／二二〇〇円（補論＝津金澤聰廣）

阪急・東宝グループの創立者小林一三は、沿線の住宅地開発やターミナル・デパートの創設など、鉄道以外の分野にも進出。最大の功績は宝塚少女歌劇に代表される文化活動にある。時代を先取りした理想と戦略に迫る。

観音・地蔵・不動

速水 侑著

二〇四頁／二二〇〇円（解説＝小原 仁）

日本人が親しみを感じ守り本尊などにしているのは、如来でなく観音・地蔵・不動である。なぜこの三尊は願いにもっとも応えることができたのか。いかなる動機で信仰が始まり、救いや現世利益を求めて広まったのかを探る。

木・漆・土・金属…。モノと技術の発展をテーマごとに解説。〈日本のモノ作り〉をあらためて見直す。

モノと技術の古代史 全4冊 刊行中！

木器編

宇野隆夫編　本文二八八頁

「木の文化」が発達した日本列島では、多種多様な森林資源を様々な道具に作り変え、日常生活で巧みに使い分けてきた。単なる用途論から脱して、木器研究を考古学の技術史研究の立場から検討し、新たな地平を開く。

既刊
金属編 村上恭通編
陶芸編 小林正史編

【続刊】**漆工編** 永嶋正春編

A5判 平均三〇〇頁 原色口絵四頁 各六〇〇〇円 『内容案内』送呈

戦後の歴史研究に輝かしい業績を遺した「角田史学」の全容！

角田文衞の古代学 全4巻

公益財団法人古代学協会編　A5判／各五〇〇〇円

❶後宮と女性

〈第2回配本〉四〇〇頁

政略と愛憎に彩られた王朝政治、千年の古典となりゆく貴族文化――後宮はすべての淵藪であり、個性的な女性たちがその活動を担った。角田文衞の独壇場と言うべき後宮史・人物史をテーマに、遺された珠玉の論考を集成。

〈既刊〉❹**角田文衞自叙伝** 生粋の歴史学者九十五年の生涯。

〈続刊〉❷王朝の余芳 ❸ヨーロッパ古代史の再構成　『内容案内』送呈

歴史研究と〈総合資料学〉

国立歴史民俗博物館編　A5判・二〇八頁／三二〇〇円

歴史資料を多面的に検証し、その情報を蓄積・発信・還元することをめざす〈総合資料学〉。古文書や絵画資料、刀剣、貨幣などを題材とする、分野を超えた共同研究から得られる多彩な成果が、歴史研究にもたらす可能性とは。

景観史と歴史地理学

金田章裕編　A5判・四二二頁／一一〇〇〇円

「景観史」とは、ものいわぬ景観がもつ機能や役割をすくい取り、織り込まれた社会秩序や歴史の重みに留意して、歴史的空間を描く学問的営みである。編者に賛同する研究者が、様々なテーマから歴史地理学の可能性に挑む。

古墳時代の国家形成

下垣仁志著

日本列島の古代国家はいかにして誕生したのか。権力資源モデル・威信財論・首長墓系譜論・畿内形成論・保有論・時空観論などの多彩な視点と考古資料を駆使して、古墳時代における国家形成プロセスにせまる意欲作。

A5判・三〇二頁／六八〇〇円

佐藤　信編

A5判／各一三〇〇〇円

史料・史跡と古代社会

五六四頁

日本各地に残された史料・史跡などを分析し、古代の国家と社会の実態を独自の角度から考察する論集。「古代の史料」『史跡と都城』『地方支配と社会』をテーマに、最新の論考二十一編を収め、古代史の新知見を提示する。

律令制と古代国家

五一二頁

律令制と古代王権の展開を、独自の角度から考察する論集。「律令制の成立」「律令法の展開」「王権の展開と貴族社会」「アジアのなかの律令法と史料」をテーマに、最新の論考二十編を収め、古代史の新たな視点を示す。

*

古代宮都と関連遺跡の研究

小澤　毅著

A5判・三三六頁／九〇〇〇円

邪馬台国から藤原京・平城京まで、古代宮都に関わる事項を中心に、考古資料と文献史料から明快に論じる。古代都市と道路・古墳、飛鳥の朝廷と寺院、百済・新羅王京との関係、条里、重閣門など、多彩な問題を追究する。

正倉院宝物と東大寺献物帳

米田雄介著

A5判・四二八頁・原色口絵八頁／一〇〇〇〇円

聖武天皇遺愛の品々であり、東大寺盧舎那仏に献納された正倉院宝物。その目録である『国家珍宝帳』など五通の献物帳を紹介し、多種に及ぶ宝物の性格を捉え直す。また、長い間伝来してきた歴史的意義についても論じる。

鷹狩と王朝文学

三保忠夫著

A5判・五九二頁／一二〇〇〇円

日本の鷹狩とはいかなるもので、何時、どこで、どのように行なわれたのか。六国史、その他を通じて鷹狩と天皇権力との関係を究明。また、王朝文学作品における鷹狩関連部分の、代表的な注釈書の諸説を批判的に再検討する。

中世の荘園経営と惣村

似鳥雄一著

A5判・三九〇頁／一一〇〇〇円

室町期の荘園制は遠隔地からの支配という課題に直面していた。土地の収益や金銭・物資の出納など、膨大な帳簿データから経営実態に迫る一方、荘園・惣村の地理・領域的な構造を解明。中世の社会構造の変容を究明する。

戦国期の村落と領主権力

銭静怡著

Ａ５判・二三二頁／八五〇〇円

領域支配を目指す戦国大名と、自立志向を強める村落との関係は重要な課題である。二項対立図式ではなく双方向的回路の視角から、北条氏の郷村支配と浅井氏支配下の菅浦を題材に、大名権力と村落構造の実態に迫る。

十七世紀日本の秩序形成

木村直樹・牧原成征編

Ａ５判・二九四頁／九〇〇〇円

十六世紀末に成立した近世社会は、どのようにして、平和と安定の江戸時代になったのか。新しい秩序の形成と定着の過程を、政治・対外関係・社会史の観点から追究。斬新な史料の活用によって、十七世紀史を刷新する。

近世の摂家と朝幕関係

長坂良宏著

Ａ５判・二六六頁／八〇〇〇円

近世中後期の朝幕関係をいかに捉えるか。幕府の朝廷統制の要とされ、公家社会を統括する立場にあった摂家に着目し、天皇・院・堂上公家・幕府それぞれとの関係を解明。朝廷内部の動向と朝幕交渉を結びつけて追究する。

〈近代都市〉広島の形成

布川弘著

Ａ５判・二九四頁／一〇〇〇〇円

山陽道の要衝に位置し、浅野家の城下町として栄えた広島は、いかにして〈近代都市〉となったのか。軍都という歴史的現実を受け入れつつ自らの暮らしを創意工夫し、喜怒哀楽を享受していた人々の視線に立って考察。

近代日本の歴史意識

羽賀祥二編

Ａ５判／各一一〇〇〇円

三三〇頁

日常のわずかな出来事が記憶され、時には掘り起こされる。こうした記憶と「記念」に関する問題、歴史意識や郷土意識を論じた十二論考を「史家と歴史イメージ」『由緒と顕彰』に編成。「歴史」が果たした役割を考察する。

近代日本の地域と文化

二九六頁

幕末維新期に実施された諸改革は、以後の日本社会に大きな社会変動をもたらした。近代日本の地域と文化に関する諸問題を論じた論考十一本を「学術と宗教」と「地域社会と都市」の二部に編成。諸相を浮き彫りにする。

＊

現代民俗学のフィールド

古家信平編

Ａ５判・三六八頁／一〇〇〇〇円

新たな理論の構築、他分野との協業、国際化の推進を図る現代民俗学。気鋭の研究者が集い、「先鋭化」「実質化」「国際化」をキーワードに、民俗学の現在と課題を論じる。論考二〇編を収め、新たな民俗学の地平を開く。

鎌倉遺文研究 第41号

鎌倉遺文研究会編集——Ａ５判・一四二頁／二〇〇〇円

戦国史研究 第75号

戦国史研究会編集——Ａ５判・五二頁／六四九円

政治、宗教、そして造形
天皇の力のありようを美術作品から照らし出す。

天皇の美術史 全6巻 完結

各三五〇〇円　A5判・平均二五〇頁・原色口絵四頁／『内容案内』送呈

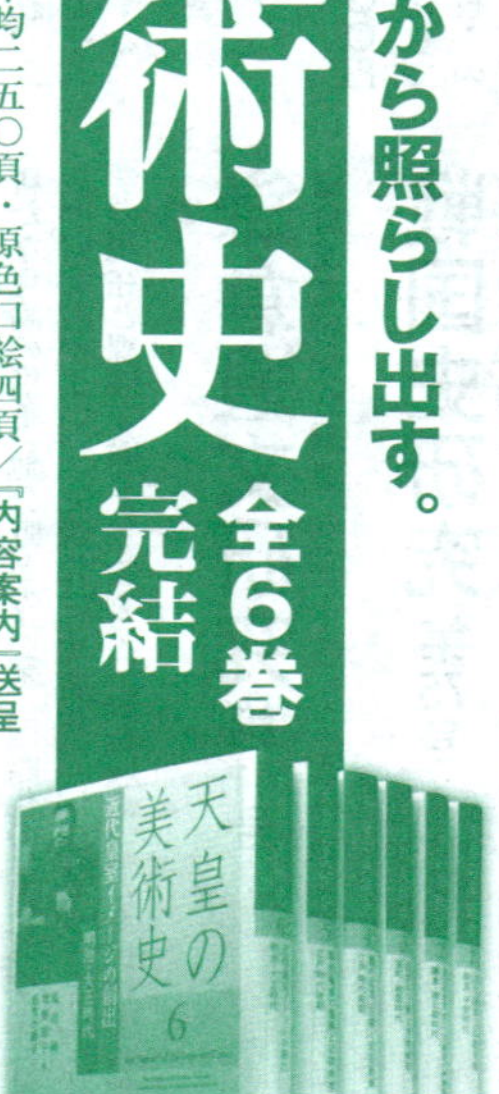

❶古代国家と仏教美術　奈良・平安時代
増記隆介・皿井 舞・佐々木守俊著

❷治天のまなざし、王朝美の再構築　鎌倉・南北朝時代
伊藤大輔・加須屋 誠著

❸乱世の王権と美術戦略　室町・戦国時代
髙岸 輝・黒田 智著

❹雅の近世、花開く宮廷絵画　江戸時代前期
野口 剛・五十嵐公一・門脇むつみ著

❺朝廷権威の復興と京都画壇　江戸時代後期
五十嵐公一・武田庸二郎・江口恒明著

❻近代皇室イメージの創出　明治・大正時代
塩谷 純・増野恵子・恵美千鶴子著
【第29回倫雅美術奨励賞受賞】

古代国家の土地計画　条里プランを読み解く

金田章裕著

四六判・二六四頁／二八〇〇円

方格状の都市計画と「条里」と呼ばれる農地管理を特徴とする古代の土地制度。一町四方の地割と位置を示す条里呼称を合わせた「条里プラン」の成立と展開・改変過程を探り、壮大な古代の土地プランの実態に迫る。

甲信越の名城を歩く　全3冊

長野編…中澤克昭・河西克造編

山梨編…山下孝司・平山　優編

新潟編…福原圭一・水澤幸一編

最新の発掘成果もふまえて解説を加えた、城探訪に最適なシリーズ。A5判・平均二八四頁・原色口絵四頁　各二五〇〇円

戦争とトラウマ　不可視化された日本兵の戦争神経症

中村江里著

〈3刷〉A5判・三三〇頁／四六〇〇円

アジア・太平洋戦争期に軍部の注目を集めた戦争神経症は、なぜ戦後長らく忘却されてきたのか。さまざまな医療アーカイブズや医師への聞き取りから忘却されたトラウマを浮かび上がらせ、現代的課題の視座も示す。

花押・印章図典

瀬野精一郎監修・吉川弘文館編集部編

B５横判・二七〇頁　〈2刷〉三三〇〇円

日本史上の人物が使用した花押《かおう》約二〇〇〇と印章約四〇〇を収録し、各人物の基本情報（武家・公家等の別、生没年、別名、主な官職名、法名）も掲載。用語解説や参考図書、没年順索引を収め、古文書を学ぶ上で座右必備の書。

秘録 維新七十年図鑑（新装版）

東京日日新聞社・大阪毎日新聞社編

菊倍判・二八六頁　〈僅少〉一〇〇〇〇円

昭和十二年に開催された、明治政府発足七十年と大日本帝国憲法発布五十年を記念する政治博覧会の展示品をまとめた図鑑。政治の発達・変遷を中心に、現在失われた古文書や実物資料を豊富に掲載した稀覯本を新装復刊。

日本メディア史年表

土屋礼子編

菊判・三六六頁・原色口絵四頁／六五〇〇円

メディアの発達と普及とともに、社会は大きく変容した。一八三七年の電信機発明から現代まで、マスコミ関連会社の発足やメディアをめぐる事件、技術革新、映画・文学作品を年表で掲載。メディアと社会の関係がわかる。

国史大辞典 全15巻（17冊）
国史大辞典編集委員会編
本文編（第1巻～第14巻）＝各一八〇〇〇円
索引編（第15巻上中下）＝各一五〇〇〇円
四六倍判・平均一一五〇頁
全17冊揃価
二九七〇〇〇円

明治時代史大辞典 全4巻
宮地正人・佐藤能丸・櫻井良樹編
第1巻～第3巻＝各二八〇〇〇円
第4巻（補遺・付録・索引）＝二〇〇〇〇円
四六倍判・平均一〇一〇頁
全4巻揃価
一〇四〇〇〇円

アジア・太平洋戦争辞典
吉田　裕・森　武麿・伊香俊哉・高岡裕之編
四六倍
八五八頁
二七〇〇〇円

日本歴史災害事典
北原糸子・松浦律子・木村玲欧編
菊判・八九二頁
一五〇〇〇円

歴史考古学大辞典
小野正敏・佐藤　信・舘野和己・田辺征夫編
四六倍判
一三九二頁
三二〇〇〇円

歴代天皇・年号事典
米田雄介編
四六判・四四八頁／一九〇〇円

源平合戦事典
福田豊彦・関　幸彦編
菊判・三六二頁／七〇〇〇円

戦国人名辞典〈僅少〉
戦国人名辞典編集委員会編
菊判・一一八四頁／一八〇〇〇円

戦国武将・合戦事典
峰岸純夫・片桐昭彦編
菊判・一〇二八頁／八〇〇〇円

織田信長家臣人名辞典 第2版
谷口克広著
菊判・五六六頁／七五〇〇円

日本古代中世人名辞典
平野邦雄・瀬野精一郎編
四六倍判・一二二二頁／二〇〇〇〇円

日本近世人名辞典
竹内　誠・深井雅海編
四六倍判・一三二八頁／二〇〇〇〇円

日本近現代人名辞典
臼井勝美・高村直助・鳥海　靖・由井正臣編
四六倍判
一三九二頁
二〇〇〇〇円

歴代内閣・首相事典
鳥海 靖編
菊判・八三二頁／九五〇〇円

〈華族爵位〉請願人名辞典
松田敬之著
菊判・九二八頁／一五〇〇〇円

日本女性史大辞典
金子幸子・黒田弘子・菅野則子・義江明子編
二八〇〇〇円
四六倍判
九六八頁

日本仏教史辞典
今泉淑夫編
四六倍判・一三〇六頁／二〇〇〇〇円

神道史大辞典
薗田 稔・橋本政宣編
四六倍判・一四〇八頁／二八〇〇〇円

日本民俗大辞典 上・下（全2冊）
福田アジオ・神田より子・新谷尚紀・中込睦子・湯川洋司・渡邊欣雄編
四六倍判
上＝一〇八八頁・下＝一一九八頁／揃価四〇〇〇〇円（各二〇〇〇〇円）

精選 日本民俗辞典
菊判・七〇四頁
六〇〇〇円

沖縄民俗辞典
渡邊欣雄・岡野宣勝・佐藤壮広・塩月亮子・宮下克也編
菊判・六七二頁
八〇〇〇円

有識故実大辞典
鈴木敬三編
四六倍判・九一六頁／一八〇〇〇円

年中行事大辞典
加藤友康・高埜利彦・長沢利明・山田邦明編
四六倍判・八七二頁
二八〇〇〇円

日本生活史辞典
木村茂光・安田常雄・白川部達夫・宮瀧交二編
四六倍判・八六二頁
二七〇〇〇円

徳川歴代将軍事典
菊判・八八二頁／一三〇〇〇円

江戸幕府大事典
大石 学編
菊判・一一六八頁／一八〇〇〇円

近世藩制・藩校大事典
菊判・一一六八頁／一〇〇〇〇円

吉川弘文館編集部編

奈良古社寺辞典
四六判・三六〇頁・原色口絵八頁／二八〇〇円

京都古社寺辞典
四六判・四五六頁・原色口絵八頁／三〇〇〇円

鎌倉古社寺辞典
四六判・二九六頁・原色口絵八頁／二七〇〇円

飛鳥史跡事典
木下正史編

四六判・三三六頁／二七〇〇円

日本仏像事典
真鍋俊照編

四六判・四四八頁／二五〇〇円

世界の文字の図典【普及版】
世界の文字研究会編

菊判・六四〇頁／四八〇〇円

日本史年表・地図
年表部分が読みやすくなりました

児玉幸多編

B5判・一三八頁／一三〇〇円

日本の食文化史年表
江原絢子・東四柳祥子編

菊判・四一八頁／五〇〇〇円

日本史総合年表 第二版
加藤友康・瀬野精一郎・鳥海 靖・丸山雍成編

四六倍判・一一八二頁／一四〇〇〇円

日本軍事史年表 昭和・平成
吉川弘文館編集部編

菊判・五一八頁／六〇〇〇円

誰でも読める【ふりがな付き】日本史年表 全5冊
吉川弘文館編集部編

菊判・平均五二〇頁

古代編 五七〇〇円

中世編 四八〇〇円

近世編 四六〇〇円

近代編 四二〇〇円

現代編 四二〇〇円

全5冊揃価＝二三五〇〇円

第11回学校図書館出版賞受賞

世界史年表・地図
亀井高孝・三上次男・林 健太郎・堀米庸三編

B5判 二〇六頁 一四〇〇円

●近刊

※書名は仮題のものもあります。

日本古代木簡論
馬場　基著
A5判／九五〇〇円

古代国府の成立と国郡制
大橋泰夫著
A5判／価格は未定

古代の神社と神職 神をまつる人びと（歴史文化ライブラリー467）
加瀬直弥著
四六判／一七〇〇円

帰化人と古代国家（新装版）
平野邦雄著
四六判／二三〇〇円

日本中世国制史論
佐々木宗雄著
A5判／一一〇〇〇円

飢餓と戦争の戦国を行く（読みなおす日本史）
藤木久志著
四六判／二二〇〇円

近世武家社会の奥向構造 江戸城・大名武家屋敷の女性と職制
福田千鶴著
A5判／価格は未定

絵図と徳川社会 岡山藩池田家文庫絵図をよむ
倉地克直著
A5判／四五〇〇円

刀剣と格付け 徳川将軍家と名工たち
深井雅海著
A5判／一八〇〇円

皇后四代の歴史 昭憲皇太后から美智子皇后まで
森　暢平・河西秀哉編
A5判／二二〇〇円

帝国日本の外交と民主主義
酒井一臣著
A5判／七五〇〇円

沖縄からの本土爆撃 米軍出撃基地の誕生（歴史文化ライブラリー468）
林　博史著
四六判／一八〇〇円

アジア・太平洋戦争と石油 戦備・戦略・対外政策
岩間　敏著
A5判／三〇〇〇円

交通史研究 第92号
交通史学会編集
A5判／価格は未定

日本考古学年報69（2016年度版）
日本考古学協会編集
B5判／価格は未定

日本考古学 第45号
日本考古学協会編集
A4判／価格は未定

戦争勃発から一五〇年、今までにない視点から新しい戦争像に迫る！

戊辰戦争の新視点 全2冊

奈倉哲三・保谷　徹・箱石　大編

五一八日間にわたり繰り広げられた戊辰戦争。京都新政府を全国的権力へと押し上げた、激烈な内戦下における政治・経済・社会・生活・思想の変化を、国内外の新たな一次史料を分析して解明。戊辰戦争研究の最前線へと誘う。

各二二〇〇円

A５判・平均二一四頁・原色口絵四頁／『内容案内』送呈

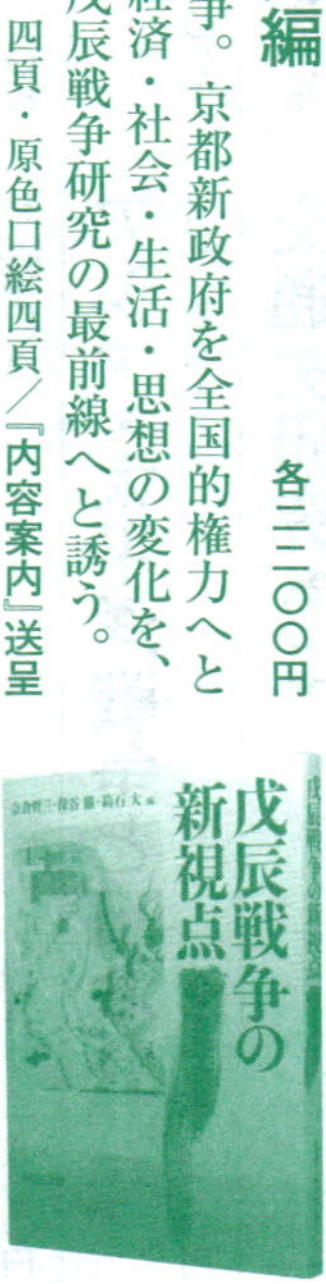

上 世界・政治

権力抗争の坩堝と化した日本。条約諸国は内戦の行方と権力の変遷をどのように注視し関わったのか。国際法に従った戦争遂行や政治秩序の再編、大奥の対応、キリスト教政策など、国際的状況下の内戦の姿を照射する。

下 軍事・民衆

内戦遂行のなかで、幕末に導入した西洋式兵学がついに実地に移された。戦争の現場ではいったいなにがおこっていたのか。陸戦の軍備や編制、海軍力、戦費調達、民衆の支援や反発、宗教政策など、新視点で実態に迫る。

戊辰戦争関連図書

戊辰戦争（戦争の日本史）
保谷　徹著
四六判・三二四頁／二五〇〇円

戊辰戦争論（歴史文化セレクション）
石井　孝著
四六判・三七八頁／二九〇〇円

箱館戦争と榎本武揚（敗者の日本史）
樋口雄彦著
四六判・二八八頁／二六〇〇円

五稜郭の戦い 蝦夷地の終焉（歴史文化ライブラリー）
菊池勇夫著
四六判・二五六頁／一八〇〇円

図17　将軍綱吉の柳沢邸への御成御殿図

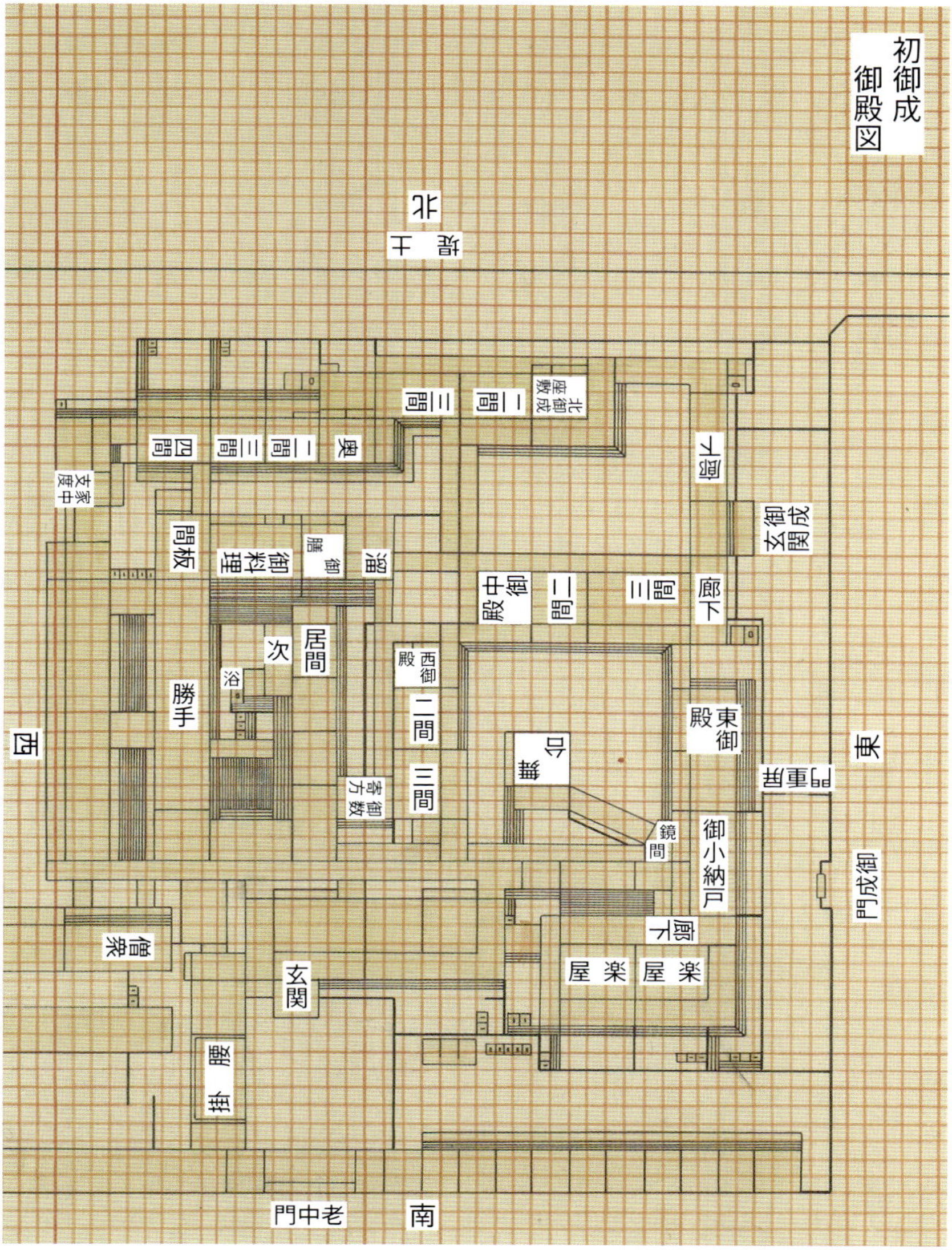

註　『楽只堂年録附図　御成御殿図』（公益財団法人郡山城史跡・柳沢文庫保存会蔵）より，絵図内のくずし字を翻刻.

のほぼ毎年、綱吉は複数回御成しており、柳沢への信頼を物語る。

では、柳沢邸への御成の状況をみてみよう。綱吉が初めて御成したのは、元禄四年三月二二日である。柳沢は、御成御殿を造営して綱吉を迎えた。図17「将軍綱吉の柳沢邸への御成御殿図」は、その御殿図である。この御殿図と柳沢の日記『楽只《らくし》堂年録《どうねんろく》』などにより、御成の様子をみよう。綱吉は、午前九時すぎ、若年寄の内藤正親《ないとうまさちか》・加藤明英《かとうあきひで》などを従え、御成御殿に着いた。柳沢は、熨斗目《のしめ》・長袴を着用し、老中の大久保《おおくぼ》忠朝《ただとも》・阿部正武・戸田忠昌・土屋政直《つちやまさなお》、側用人牧野成貞とともに、御成門の外で出迎えた。老中たちは、熨斗目・半袴である。綱吉は御成玄関より入り、中御殿の上段に着座した。まず熨斗の授受があり、のち柳沢は拝領物を下賜された。そのとき、老中と牧野は三之間に列座して挨拶をした。柳沢の母・妻・娘・家臣などへの賜り物は、御次（二之間）にて、老中戸田忠昌が柳沢へ申し渡し、終わってのち、柳沢が将軍の御前に出て御礼を申し述べた。

ついで、綱吉は西の御成座敷（西御殿）へ移った。柳沢からの献上品は、三之間に並べられた。綱吉が上段に出御した際、柳沢は御礼を申し述べ、奏者番の朽木稙昌《くつきたねまさ》が献上品の披露を行った。柳沢の母・妻・娘などからの献上品も披露された。つぎに、曾禰《そね》権大夫《ごんだゆう》など家臣三人の御目見えが、奏者番朽木の披露により行われた。献上品が下げられたのち、ふたたび綱吉は上段に出御し、雑煮と吸物が出された。柳沢が相伴をして、盃を下賜された。肴《さかな》の替えのとき、綱吉は手ずから、差していた伯耆安綱《ほうきやすつな》の刀を柳沢へ与えた。柳沢は来国光《らいくにみつ》の刀と茶壺を献上した。披露は、側用人の牧野が行った。綱吉は、盃を長男安暉《やすてる》（五歳、のちの吉里《よしさと》）に下賜し、さらに、手ずから来国俊《らいくにとし》の脇指《わきざし》を与えた。

つぎに、綱吉は北の御成座敷へ移動した。そこで、柳沢の母と妻・二人の娘が謁見した。また、次男の俊親《としちか》も召し出され、これも手ずから青江直次《あおえなおつぐ》の脇指を下賜された。それより綱吉は、西御殿の上段に座り、「大学」の三綱領の一節を講釈した。聴講したのは、老中四人・側用人二人・若年寄三人・側衆・柳沢の一族六人・知足院《ちそくいん》（のちの護持《ごじ》院《いん》）隆光《りゅうこう》などの僧侶七人である。柳沢やその家臣七人も、綱吉の上意により講釈を行った。

　これが終わると、綱吉は東の御成座敷（東御殿）に入り、舞台で能が催された。綱吉自ら、難波《なにわ》・橋弁慶《はしべんけい》・羽衣《はごろも》・是界《ぜがい》・乱を舞ったという。拝見したのは、老中・側用人・知足院隆光・林大学頭《はやしだいがくのかみ》・柳沢の一族・家臣などである。終了後、綱吉は西の御成座敷（西御殿）に移り、三汁一菜の料理を食した。このときも、柳沢や母・妻・子供にさまざまな品物を下賜した。ついで、綱吉は数寄屋《すきや》（数寄方）に入り、手前の茶を柳沢に与えた。そして、日が暮れる前に機嫌よく本丸御殿に還御《かんぎょ》したという（『楽只堂年録』元禄四年三月二二日条、『徳川実紀』同日条）。

新興大名柳沢への寵愛

尾張徳川家と柳沢家への御成を比べてみると、まず御成御殿の規模が異なる。これは、徳川一門で領知高約六二万石の尾張家と、新興大名で領知高わずか約三万二〇〇〇石の柳沢家とでは、その差は当然であろう。刀剣の贈答をみても、尾張家では六口の下賜、七口の献上が行われているのに対し、柳沢家では三口の下賜、一口の献上が行われているにすぎない。しかも、既述したように、尾張家では二口の名物刀剣を献上しているが、柳沢が献上したのは来国光の刀である。

表15「将軍家より柳沢家に対する刀剣下賜一覧」は、将軍綱吉および世子家宣が柳沢家に対し、さまざまな理由で下賜した刀剣一覧である。実に、七二口に達する。これに対し、柳沢家が将軍家に献上した刀剣は、判明したかぎりでは一二口である。これがすべてであるかどうかは不明であるが、その差は歴然としている。

　とくに特徴的なのは、刀剣下賜が保明（吉保）本人だけでなく、その子供たちにも及んでいたことである。なかでも、長男吉里への下賜は一七口（綱吉一五口、世子家宣二口）に及ぶ。刀剣の面からみても、綱吉の柳沢一家に対する

表15　将軍家より柳沢家に対する刀剣下賜一覧

番号	年・月・日	下賜された刀剣			下賜の理由
		形状	銘	格付け	
1	元禄元・11・12	刀	青江次吉		側用人任命
2	4・3・22	刀	伯耆安綱	草下・350貫	初御成，御料の刀
3		脇指	来国俊	行中・750貫	長男吉里に下賜
4		〃	青江直次		次男長暢に下賜
5	4・12・11	〃	三池		御成
6	5・9・26	〃	高木貞宗		御成，長男吉里に下賜
7		〃	左行弘		御成，三男安基に下賜
8	6・3・2	刀	来国光	真下・700貫	長男吉里，初めて登城
9	8・2・23	〃	備前元重	上之下・300貫	四男経隆，初御目見え
10	8・11・15	〃	来国光	真下・700貫	長男吉里，初めて大学の句読授与さる
11	9・9・19	〃	大和有俊		五男時睦，初御目見え
12	10・正・18	脇指	一文字		吉保の40歳の祝
13	10・3・11	刀	則重	真上・1,500貫	御成
14		〃	貞宗	無上・2,000貫	長男吉里へ下賜，御料の刀
15		〃	菊の刀		四男経隆へ下賜
16		〃	助真	真中・1,000貫	五男時睦へ下賜
17	11・8・2	〃	正宗	無上別・3,000貫	寛永寺中堂落成
18	11・9・27	脇指	備前助真	真中・1,000貫	中堂本尊正遷座のとき不断の燈を掲ぐ
19	12・12・3	刀	来国光	真下・700貫	御成
20		〃	一文字		長男吉里へ下賜
21	13・9・6	〃	国光	真上・1,500貫	御成
22		脇指	志津	真下・700貫	
23		〃	信国	上之上・500貫	長男吉里へ下賜
24	13・11・21	刀	備前国宗	行中・750貫	周易講義終了の竟宴陪席
25		〃	貞宗	無上・2,000貫	同上，長男吉里へ下賜
26	14・正・15	短刀	来倫国		四男経隆，初めて登城
27	14・2・9	刀	来国光	真下・700貫	御成
28		〃	則重	真上・1,500貫	長男吉里へ半元服のため下賜
29		脇指	行光		
30	14・11・15	刀	吉岡一文字		長男吉里元服のため登城
31		脇指	粟田口吉光	無上別・3,000貫	
32		刀	来国俊	行中・750貫	吉里へ元服のため下賜
33		脇指	相州広光		
34	14・12・3	刀	山城国行	上之上・500貫	御成，諱の一字と松平の称号下賜
35	14・12・3	脇指	粟田口国吉	無上別・3,000貫	
36		刀	青江助吉		長男吉里へも諱の一字と松平の称号下賜

37	14・12・3	脇指	左安吉	行上・900貫	
38		短刀	来国光	真下・700貫	四男経隆へ下賜
39		脇指	左安吉	行上・900貫	五男時睦へ下賜
40	15・3・29	短刀	備前政光		五男時睦，初めて登城
41	15・9・21	刀	来国光	真下・700貫	御成
42		脇指	来倫国		
43		刀	来国光	真下・700貫	長男吉里へ下賜
44		〃	二字国俊		四男経隆へ下賜
45		〃	備前兼光	上之中・400貫	五男時睦へ下賜
46	15・9・21	刀	備前恒次		家臣平岡資因へ下賜（営作，御旨にかなう）
47	15・12・5	〃	来国次	無上・2,000貫	御成
48		〃	志津	真下・700貫	長男吉里，侍従任官を賀せらる
49		脇指	貞宗	無上・2,000貫	
50	宝永 2・2・5	刀	備前則房	草下・350貫	御成
51		〃	一文字		長男吉里へ下賜
52		〃	備前宗吉	行下・600貫	四男経隆へ下賜
53		〃	備前助真	真中・1,000貫	五男時睦へ下賜
54	2・3・18	〃	備前光忠	行上・900貫	世子家宣，旧冬以来の勲労を賞す
55	3・2・11	〃	包平	上之上・500貫	世子家宣，初めての御成
56		脇指	当麻		
57		刀	国宗	行中・750貫	長男吉里へ下賜
58		脇指	正宗	無上別・3,000貫	
59		刀	備前守家	行中・750貫	四男経隆へ下賜
60		〃	備前是介	上之下・300貫	五男時睦へ下賜
61	3・12・7	〃	包永	行上・900貫	世子家宣，御成
62		脇指	来国次	無上・2,000貫	
63		刀	来国光	真下・700貫	長男吉里へ下賜
64		〃	備前行光		四男経隆へ下賜
65		〃	備前兼光	上之中・400貫	五男時睦へ下賜
66	4・正・18	〃	兼永		50歳を賀せらる
67		〃	家守		世子家宣より下賜
68	4・7・11	刀	延寿		家千代生誕により世子家宣より下賜
69	4・7・18	〃	正恒	上之上・500貫	家千代七度嘉儀の使により下賜
70		〃	則重	真上・1,500貫	同上により家宣より下賜
71		脇指	国弘		
72	5・7・26	刀	宗吉	行下・600貫	

註　『寛政重修諸家譜』・「諸国鍛冶代目録」より作成.

寵愛をよく表すものといえよう。ただし、下賜された刀剣は、刀・脇指・短刀であり、太刀は一口もみあたらない。この点からみても、柳沢邸への御成は、尾張家とは異なり、内輪的なものといえるのではなかろうか。

III

八代将軍吉宗の刀剣改革

1　享保四年の刀工調査

大名へ刀工調査を指示

図18　徳川吉宗像

徳川記念財団蔵

八代将軍徳川吉宗《よしむね》は、享保《きょうほう》四年（一七一九）、本阿弥《ほんあみ》家から「名物」刀剣に関する帳面＝「享保名物帳」を提出させて、名刀の把握に努める一方で、大名に命じ、現代刀＝新刀《しんとう》を作成する刀工の調査を行っている。この吉宗による刀工調査については、佐藤幸彦《ゆきひこ》氏の詳細な研究（『日本刀研究―佐藤幸彦刀剣論文集―』〈私家版、二〇〇七年〉）がある。また、川見典久氏も、論文「「享保名物帳」の意義と八代将軍徳川吉宗による刀剣調査」のなかで、この点について論述している。本節は、両氏の研究成果を基に叙述していきたい。

享保四年一一月三日、将軍吉宗の命により、老中久世《くぜ》大和守《やまとのかみ》重《しげ》之《ゆき》の役宅に大名家の家臣が呼び出され、領内に住む刀工の調査を仰せ渡された。その内容はつぎのとおりである。

一　領分にいる刀鍛冶《かじ》全員の名を書き上げて提出すること。そのうち、とくにすぐれた者は注記すること。
一　右の鍛冶のうち、現在はあまり作刀はしていなくても、古くからの刀工の家筋で、今も家業を継いで刀を打つものは、是又注記すること。

ついで、翌五年三月二五日には、同じ久世の役宅において、つぎのとおり仰せ渡された。

一　前に提出した書付のなかで、上手だと思う鍛冶が打った刀・脇指《わきざし》のうち一腰を提出すること。
一　上手だと思う鍛冶が二人いて、差別をつけることができない場合は、一腰ずつ、合計二腰提出すること。
一　右の件は、現在鍛冶業をしている者の、すでに打ってあった刀のことである。鍛冶の手元にそのような刀がないときは、以前打ったものを工面して提出すること。新たに製作するには及ばない。

加賀前田家の調査結果

享保四年の仰せ渡しにより、大名七〇家から二七七人の刀工名簿が集まったという。そのうち、加賀《かが》金沢前田家が幕府に届け出た内容を、『加賀藩史料』（六編、石黒文吉、一九三三年）によりみてみよう。前田家の「領国中刀鍛冶人別書付」は、享保五年二月一〇日に金沢から江戸屋敷に届き、藩主が検分したのち、ただちに提出された。

加賀国金沢に居住致し打物仕り候鍛冶

陀羅尼《だらに》橘勝国　善三郎

二代目将監《しょうげん》家次流にて、先祖勝家《かついえ》より当勝国《かつくに》まで六代家業相続致し候。今以て打物細工仕り候。当時打物宜しく仕り候。

兼《かね》若《わか》　甚太夫

志津《しづ》三郎兼氏《かねうじ》流にて、先祖兼若より当兼若まで六代家業相続致し、今以て打物細工仕り候。当時打物宜しく仕り候。

（一四名略）

右加賀守領分に罷り在り候鍛冶、斯の如くに御座候。この外打物仕り候鍛冶御座無く候。以上。

二月十日

前田家では、右にみたように、善三郎勝国以下一六名の刀工を届け出た。そして、そのうち上手な刀工が打った刀剣を提出するようにとの指示により、前田家は、翌享保六年に、善三郎勝国と甚太夫兼若の作刀を幕府に献上した。この献上については、前田家家老（知行一万四〇〇〇石）今枝直方《いまえだなおかた》著「壬寅妄志《じんいんぼうし》」によって、その内情がわかる。幕府の指示は、すでに出来ている刀剣を献上するようにとのことであったので、藩内で検討した結果、兼若・勝国の作刀が候補にあがった。当時、勝国作のうち出来の良いのは奥村内記《おくむらないき》（家老）所持の道具である、とのことでこれに決まった。兼若のものは、自分（今枝直方）のところで造らせておいたのが上々作ということで、無銘であったが、急いで銘などを切り付けて出したという。献上は、一度でなく、二度行われた。二度目には、欠陥があっても構わない、丈夫なものを、ということで前田近江守《おうみのかみ》（年寄）所持、絹川源左衛門《きぬがわげんざえもん》所持の道具も献上し、合計四腰を上覧に供

（ご注意）

・この用紙は、機械で処理しますので、金額を記入する際は、枠内にはっきりと記入してください。また、本票を汚したり、折り曲げたりしないでください。

・この用紙は、ゆうちょ銀行又は郵便局の払込機能付きＡＴＭでもご利用いただけます。

・この払込書を、ゆうちょ銀行又は郵便局の渉外員にお預けになるときは、引換えに預り証を必ずお受け取りください。

・ご依頼人様からご提出いただきました払込書に記載されたおところ、おなまえ等は、加入者様に通知されます。

・この受領証は、払込みの証拠となるものですから大切に保管してください。

収入印紙
課税相当額以上
貼　付

印

この用紙で「本郷」年間購読のお申し込みができます。

◆この申込票に必要事項をご記入の上、記載金額を添えて郵便局でお払込み下さい。

◆「本郷」のご送金は、４年分までとさせて頂きます。

この用紙で書籍のご注文ができます。

◆この申込票の通信欄にご注文の書籍をご記入の上、書籍代金（本体価格＋消費税）に荷造送料を加えた金額をお払込み下さい。

◆荷造送料は、ご注文１回の配送につき420円です。

◆入金確認まで約７日かかります。ご諒承下さい。

振替払込料は弊社が負担いたしますから無料です。

※領収証は改めてお送りいたしませんので、予めご諒承下さい。

お問い合わせ　〒113-0033・東京都文京区本郷７－２－８
吉川弘文館　営業部
電話03-3813-9151　FAX03-3812-3544

この場所には、何も記載しないでください。

各票の※印欄は、ご依頼人において記載してください。

02 東京

払込取扱票

通常払込料金加入者負担

口座記号番号 00100-5-244

金額 千 百 十 万 千 百 十 円 ※

加入者名 株式会社 吉川弘文館

料金

備考

ご依頼人・通信欄

フリガナ
※お名前

郵便番号　電話

※ご住所

※

◆「本郷」購読を希望します

購読開始　号 より

1年 1000円 (6冊)　3年 2800円 (18冊)
2年 2000円 (12冊)　4年 3600円 (24冊)
(ご希望の購読期間に○印をお付け下さい)

日附印

裏面の注意事項をお読みください。(ゆうちょ銀行)(承認番号東第53889号)

これより下部には何も記入しないでください。

切り取らないでお出しください。

記載事項を訂正した場合は、その箇所に訂正印を押してください。

振替払込請求書兼受領証

口座記号番号 00100-5 244　通常払込料金加入者負担

加入者名 株式会社 吉川弘文館

金額 千 百 十 万 千 百 十 円 ※

ご依頼人 おなまえ ※ 様

料金

日附印

備考

この受領証は、大切に保管してください。

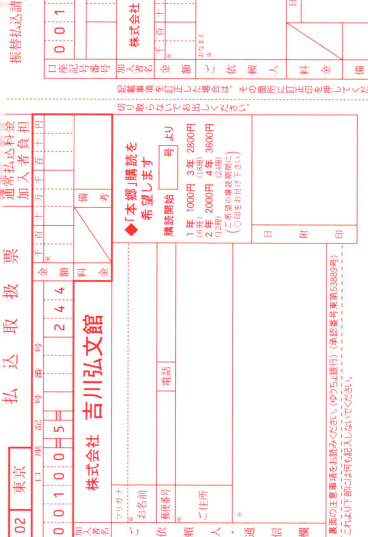

料金受取人払郵便

本郷局承認

2263

差出有効期間
平成32年1月
31日まで

郵便はがき

113-8790

251

東京都文京区本郷7丁目2番8号

吉川弘文館 行

愛読者カード

本書をお買い上げいただきましてまことにありがとうございました。このハガキを、小社へのご意見またはご注文にご利用下さい。

お買上**書名**

＊本書に関するご感想、ご批判をお聞かせ下さい。

＊出版を希望するテーマ・執筆者名をお聞かせ下さい。

お買上書店名　　区市町　　書店

◆新刊情報はホームページで　http://www.yoshikawa-k.co.jp/

◆ご注文、ご意見については　E-mail:sales@yoshikawa-k.co.jp

ご氏名《ふりがな》	年齢　　歳　　男・女
〒 □□□-□□□□ ご住所	電話
ご職業	所属学会等
ご購読新聞名	ご購読雑誌名

今後、吉川弘文館の「新刊案内」等をお送りいたします(年に数回を予定)。
ご承諾いただける方は右の□の中に✓をご記入ください。 □

注 文 書

月　　日

書　　名	定　価	部　数
	円	部
	円	部
	円	部
	円	部
	円	部

配本は、○印を付けた方法にして下さい。

イ．下記書店へ配本して下さい。
（直接書店にお渡し下さい）

（書店・取次帖合印）

書店様へ＝書店帖合印を捺印下さい。

ロ．直接送本して下さい。

代金（書籍代＋送料・手数料）は、お届けの際に現品と引換えにお支払下さい。送料・手数料は、書籍代計 1,500 円未満 530 円、1,500 円以上 230 円です（いずれも税込）。

＊お急ぎのご注文には電話、FAXもご利用ください。
電話 03－3813－9151（代）
FAX 03－3812－3544

したという。

全国の刀工たち

かくして、各大名家では、良工が作った刀剣を幕府に献上した。この刀工名については、「有徳院《ゆうとくいん》殿御実紀付録」巻一二に、四〇口の大名家分（ただし刀工名は四二）が記載されている。しかし、実際に刀剣を献上した大名家は、それに止まらなかった。佐藤幸彦氏が、国立公文書館蔵「享保諸国鍛冶御改」や国立国会図書館蔵「新刃論」などによって整理をしているので、それを紹介したい。上段が大名家、（　）内はその領知高、下段は刀工名を示す。

肥前《ひぜん》小城《おぎ》鍋島《なべしま》家（七万四〇〇〇石）	播磨《はりま》忠国《ただくに》
豊前《ぶぜん》小倉《こくら》小笠原《おがさわら》家（一五万石）	高田政平
出羽《でわ》新庄戸沢家（六万八二〇〇石）	羽州長恒
丹波《たんば》篠山《ささやま》松平家（五万石）	利重
越中《えっちゅう》富山前田家（一〇万石）	越中清光《きよみつ》
豊後《ぶんご》日出《ひじ》木下家（二万五〇〇〇石）	豊州住量行
奥州《おうしゅう》中村相馬家（六万石）	伏見広近
奥州二本松丹羽家（一〇万七〇〇〇石）	法心重通
奥州岩城《いわき》内藤家（七万石）	鈴木貞則
下野《しもつけ》皆川米倉家（一万五〇〇〇石）	小笠原長宗

信濃《しなの》松本水野家（七万石）
近江彦根井伊家（三五万石）
伊勢《いせ》安濃津《あのつ》藤堂家（三二万三四〇〇石）
越後《えちご》新発田《しばた》溝口家（五万石）
美作《みまさか》津山松平家（一〇万石）
備中《びっちゅう》　新見《にいみ》関家（一万八〇〇〇石）
備前《びぜん》岡山池田家（三一万五二〇〇石）
備後《びんご》福山阿部家（一〇万石）
越前《えちぜん》松岡松平家（五万石）
下野宇都宮戸田家（七万八〇〇〇石）
上野厩橋《うまやばし》酒井家（一五万石）
長門《ながと》清末《きよすえ》毛利家（一万石）
伊予《いよ》松山松平家（一五万石）
上野館林《たてばやし》　松平家（五万五〇〇〇石）
備中《びっちゅう》　松山石川家（六万石）
但馬《たじま》出石《いずし》仙石家（五万八〇〇〇石）
筑後《ちくご》柳河《やながわ》立花家（一一万九六〇〇石）
肥前唐津土井家（七万石）

島田助宗
下総《しもうさ》兼正
陸奥《むつ》歳長《としなが》
小林正永
濃州兼景《かねかげ》
備中住国重《くにしげ》
上野《こうずけ》祐定《すけさだ》・大和大掾《だいじょう》　祐定
島田《しまだ》義助《ぎすけ》
伊勢国次《くにつぐ》
法成寺正次
関吉門
玉井清盈
和泉《いずみ》国輝《くにてる》・予州住宗貞《むねさだ》
下坂《しもさか》継正《つぐまさ》
水田《みずた》国重《くにしげ》
関兼先《かねさき》
下坂親信《ちかのぶ》
高田本行《もとゆき》

奥州弘前津軽家（四万七〇〇〇石）	橘森宗
甲斐府中柳沢家（一五万二八〇〇石）	後藤盛長
大和郡山《やまとこおりやま》本多家（一二万石）	大和国武
美濃大垣戸田家（一〇万石）	志津兼氏《かねうじ》
豊後杵築《きつき》松平家（三万三〇〇〇石）	高田正行
奥州会津松平家（二三万石）	若狭《わかさ》道辰
肥後熊本細川家（五四万五〇〇〇石）	大和忠行《ただゆき》
尾張名古屋徳川家（六一万九〇〇〇石）	伯耆守《ほうきのかみ》信高・寿命
若狭小浜《おばま》酒井家（一二万三〇〇〇石）	若狭冬広《ふゆひろ》
肥前佐賀鍋島家（三五万七〇〇〇石）	近江大掾忠吉《ただよし》
紀伊和歌山徳川家（五五万五〇〇〇石）	直茂・直勝
加賀金沢前田家（一〇二万二七〇〇石）	陀羅尼橘勝国・加州住兼若
下総佐倉稲葉家（一〇万三〇〇〇石）	藤原清平
奥州森岡南部家（一〇万石）	奥州住義国
常陸《ひたち》水戸徳川家（三五万石）	富士太郎則利
薩摩鹿児島島津家（七七万八〇〇〇石）	薩州一平安代《いちのひらやすよ》・同正清《まさきよ》
奥州仙台伊達家（六二万石）	奥州住安倫
越前福井松平家（二五万石）	播磨大掾重高《しげたか》

因幡《いなば》鳥取池田家（三二万五〇〇〇石）
出雲《いずも》松江松平家（一八万六〇〇〇石）
阿波《あわ》徳島蜂須賀《はちすか》家（二五万七五〇〇石）
出羽米沢上杉家（一五万石）
長門萩毛利家（三六万九〇〇〇石）
安芸広島浅野家（四二万六〇〇〇石）
筑後久留米有馬家（二一万石）
土佐高知山内家（二四万二〇〇〇石）
筑前福岡黒田家（五二万石）
播磨姫路榊原家（一五万石）
播磨明石松平家（六万石）
伊予宇和島伊達家（一〇万石）
摂津《せっつ》尼崎松平家（四万石）
豊後岡中川家（七万四〇〇〇石）
肥前平戸松浦家（六万三〇〇〇石）
日向《ひゅうが》飫肥《おび》伊東家（五万一〇〇〇石）
石見《いわみ》津和野亀井家（四万三〇〇〇石）
周防《すおう》徳山毛利家（三万石）

信濃大掾忠国《ただくに》
大明京《だいみんきょう》国重《くにしげ》
山城守歳長
羽州住高広、ただし、「上杉家御年譜」によると、小林孫六行広
長州住二王正清
芸州住国佐
越後守清修《きよなが》
上野守久国
信国重包《のぶくにしげかね》
播州住金行
播州住国重
筑後守国房
摂州住兼光
豊州住国正
土肥《ど》真了《いしんりょう》
和泉守国義
石州住弘道
正重

常陸土浦土屋家（九万五〇〇〇石）　河内守包定

遠江《とおとうみ》掛川小笠原家（六万五〇〇〇石）　盛広

右にみたように、刀剣を献上した大名家は六六家に及ぶ。刀工名簿を提出して、刀剣を献上しなかったのは、出羽秋田佐竹家（二〇万五〇〇〇石）・伊勢桑名松平家（一〇万石）・長門長府毛利家（五万石）・美濃高須松平家（三万石）の四家となる。

新刀奨励のための良品選定

大名家のほか、幕府領の京・武蔵多摩郡・河内河内《かわち》郡などからも、刀剣が献上された。したがって、七〇〜八〇口ぐらいの刀剣が幕府に集まったものと思われる。この中から、将軍吉宗の好みなどにより、良品一〇口が選ばれた。その一〇口は、筑前福岡黒田家の**信国重包**、薩摩鹿児島島津家の**安代・正清**、加賀金沢前田家の**勝国《かつくに》・兼若《かねわか》**（ただし、兼若は当初選ばれていなかった）、長門萩毛利家の**二王《におう》正清**、肥前佐賀鍋島家の**近江大掾忠吉**、奥州会津松平家の**若狭道辰**、そして、京の**近江守久道**、**和泉守金道**が作刀した刀剣という。さらにその中で、本阿弥家の人々によって順位がつけられた。

その内幕が、先述の前田家家老今枝直方著「壬寅妄志」に記載されている。前田家で一五〇石を給している本阿弥十郎右衛門から、今枝に宛てた七月九日付の密書によると、状況はつぎのとおりであった。江戸城に召し出されたのは、本家の三郎兵衛のほか、四郎三郎・光通《こうつう》・六郎右衛門、それに十郎右衛門などである。刀剣を鑑定した場所は、本丸御殿白書院《しろしょいん》の上段の下であったという。白書院は、上段（二八畳）・下段（二四畳半）・連歌《れんが》の間（二八畳）・帝鑑《ていかん》の間（三八畳半）の四室に分かれ、入側（縁頬）で囲まれていた。入側にも畳が敷かれ、小溜《こだまり》（八畳）も含めると、約三〇〇畳の広さになる（図19「本丸御殿白書院付近の図」参照）。

「上段の下」というと、下段のことを指すものと思われる。しかし、下段は格式の高い部屋である。たとえば、年始御礼や月次《つきなみ》（毎月一・一五・二八日）御礼のとき、一門大名や有力外様大名が上段に座る将軍に謁見する席である。こうした席に、町人身分の本阿弥家の人々が出入りすることには疑問が残る。入側か板縁の辺りを使用したのであろうか。いずれにしても、「白書院より大広間への道」＝松の大廊下の辺りは表方の者は一人も近付けないような状態にして、鑑定が行われたという。

鑑定は、本阿弥家の人々が一人ずつ召し出されて行った。その際、鞘《さや》が紙で覆われ、柄《つか》も抜くことができなかったため、一〇口の刀剣がどこの国の誰の作かわからないままで、一、二、三の順位をつけるよう命じられた。鑑定はほとんど違いはなく、皆最上としたのは、筑前福岡黒田家から進上された刀剣（信国重包）であった。信国重包については、本阿弥光通は黒田家に出入りしていたため見知っていたが、ほかの本阿弥家の人々は一人も知らなかったという。二位・三位の刀剣は、「壬寅妄志」に記されていないが、後述するように、のちに将軍から江戸で作刀を命ぜられたのが、**信国重包**のほかは、薩摩鹿児島島津家の**安代**・**正清**の二人であるので、彼らの可能性が高い。

なお、一〇口の刀剣の中に、当初、前田家の**勝国**は入ったが、**兼若**は入っていなかった。これは、将軍吉宗の、厚みがあり、身幅も広く、丈夫で見栄えする「大出来」が良いとする、好みに合わなかったのではないかと推測し、本阿弥家の人々は、将軍が気に入るような造りを今枝に提案している。このことが、前田家の二度に及ぶ献上につながったものと思われる。

図19　本丸御殿白書院付近の図

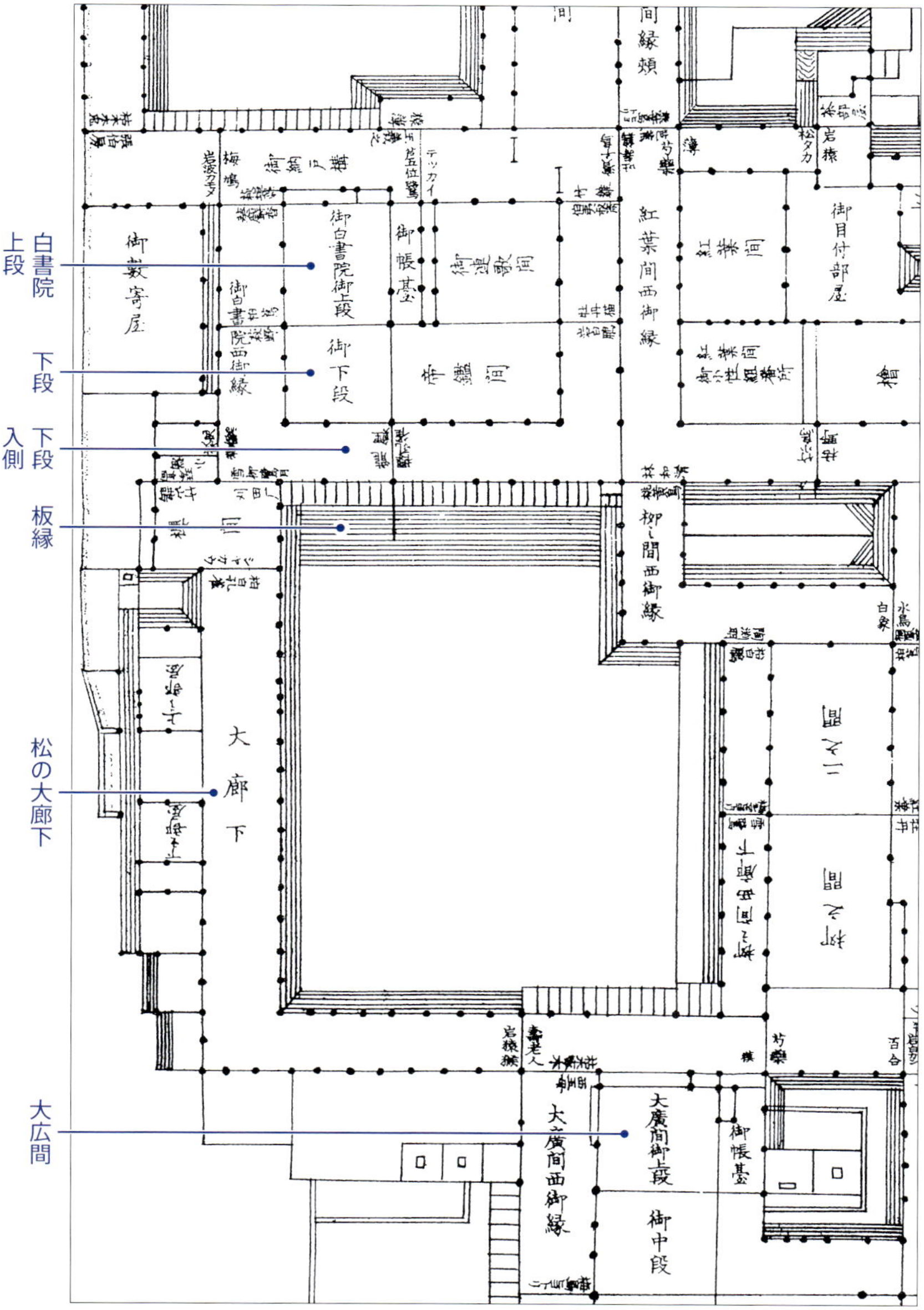

註　「御本丸表向御座敷絵図」（『徳川礼典録附図』所収）より作成.

浜御殿での作刀実演

そして将軍吉宗は、上位三名の優工を江戸に呼び寄せて、浜御殿で作刀させている。川見氏の研究によりその経緯をみてみよう。まず享保五年（一七二〇）の冬、薩摩の玉置《たまき》小市《こいち》安代・宮原正清両名が江戸城に召し出されて、幕府の腰物奉行に会い、宝刀四口（正宗二口・貞宗一口・郷則重《ごうののりしげ》一口）を見せられた。二人は、四度江戸城に登城したという。その後、将軍の命により、浜御殿において、実際に刀を造って献上した。将軍はこれを賞し、正清を主水正《もんどのかみ》、安代を主馬首《しゅめのかみ》に任じ、製作した刀剣への葵紋の刻銘を許した。五四頁に掲載した、享保六年二月作刀の正清の刀は、そのとき将軍に献上された一刀である可能性が高い。そしてこの刀は、吉宗の四男一橋宗尹《ひとつばしむねただ》に形見分けとして贈られたものという（茨城県立歴史館編『一橋徳川家の二〇〇年　一橋徳川家記念室開設三十周年記念 平成二九年度特別展』二〇一八年）。

ついで、享保六年には、筑前の信国重包も、浜御殿において作刀を命じられた。こちらについては、「黒田新続家譜」の「継高記《つぐたかき》二」により詳しい状況がわかる。享保五年九月二八日、老中戸田山城守から黒田家に、信国重包を江戸へ呼び寄せるよう指示があった。その指示に従い、信国重包は一二月一七日に筑前を出立し、翌享保六年正月二八日に江戸へ致着した。二月一〇日、彼は黒田家の留守居《るすい》である長岡七郎太夫に伴われて江戸城へ登城したところ、腰物奉行三宅弥市郎により腰物役所へ呼ばれた。そこへ、将軍側近役の小性《こしょう》田沼《たぬま》仙《せん》（専）左衛門《ざえもん》・小納戸《こなんど》桑原《くわはら》（のち石谷）権左衛門《ごんざえもん》両名も出席し、信国重包に先祖や刀剣のことについて質問した。

このように将軍側近役が関わっていることは、この件が吉宗主導により実施されたことをよく物語っているといえよう。田沼・桑原両名は、ともに吉宗の将軍就任にあたって、紀州から随従してきた家臣であり、田沼は、後年の老中田沼意次《おきつぐ》の父である。

翌二月一一日、留守居の長岡は、ふたたび腰物役所に呼び出された。そこで腰物奉行の三宅は、将軍の側衆からの仰せ聞かせとして、信国重包が召し出された理由についてつぎのように話し、このことを信国重包にも伝えるよう命じた。

> 信国名人に極り候と、上にも思召れ候、（中略）然れバ、か様の名人を其儘《そのまま》にさしをかれなバ、其名外にも聞ゆまじ、当地に召れ候らへバ、其身の誉れ諸国打物鍛冶の規模にもなり、脇々の励にもなるためと思召る丶事ニ候、

すなわち、将軍吉宗の考えは、以下のとおりである。将軍も、信国重包が名人であると思われた。そうであれば、このような名人をそのままにしておいても、その名前はほかには伝わらない。江戸に召し出せば、その身の名誉は、各地の刀鍛冶の励みにもなると考えられた。

まさに、新刀の鍛冶を奨励しようとした吉宗の意図が明らかである。

信国重包の作刀と報奨

その後、江戸城に召し出された信国重包は、将軍側近の田沼・桑原両名、および腰物奉行の三宅から、幕府秘蔵の道具である正宗の刀、名物**二ツ**《ふたつ》**銘則宗**《めいのりむね》の太刀、**不**《ふ》**動国行**《どうくにゆき》の脇指を見せられ、正宗を模して作刀すること、**不動国行**のように彫刻をほどこすことを求められる。これに対して信国重包は、正宗の刀身の形は真似できるが、地《じ》鉄《がね》の色は難しいこと、彫刻は可能であると答えた。この問答ののち、二尺五寸（約七五・八センチ）の刀と一尺八寸（約五四・五センチ）の脇指を作刀することになった。

図20 浜御殿図に見える「鍛冶小屋」

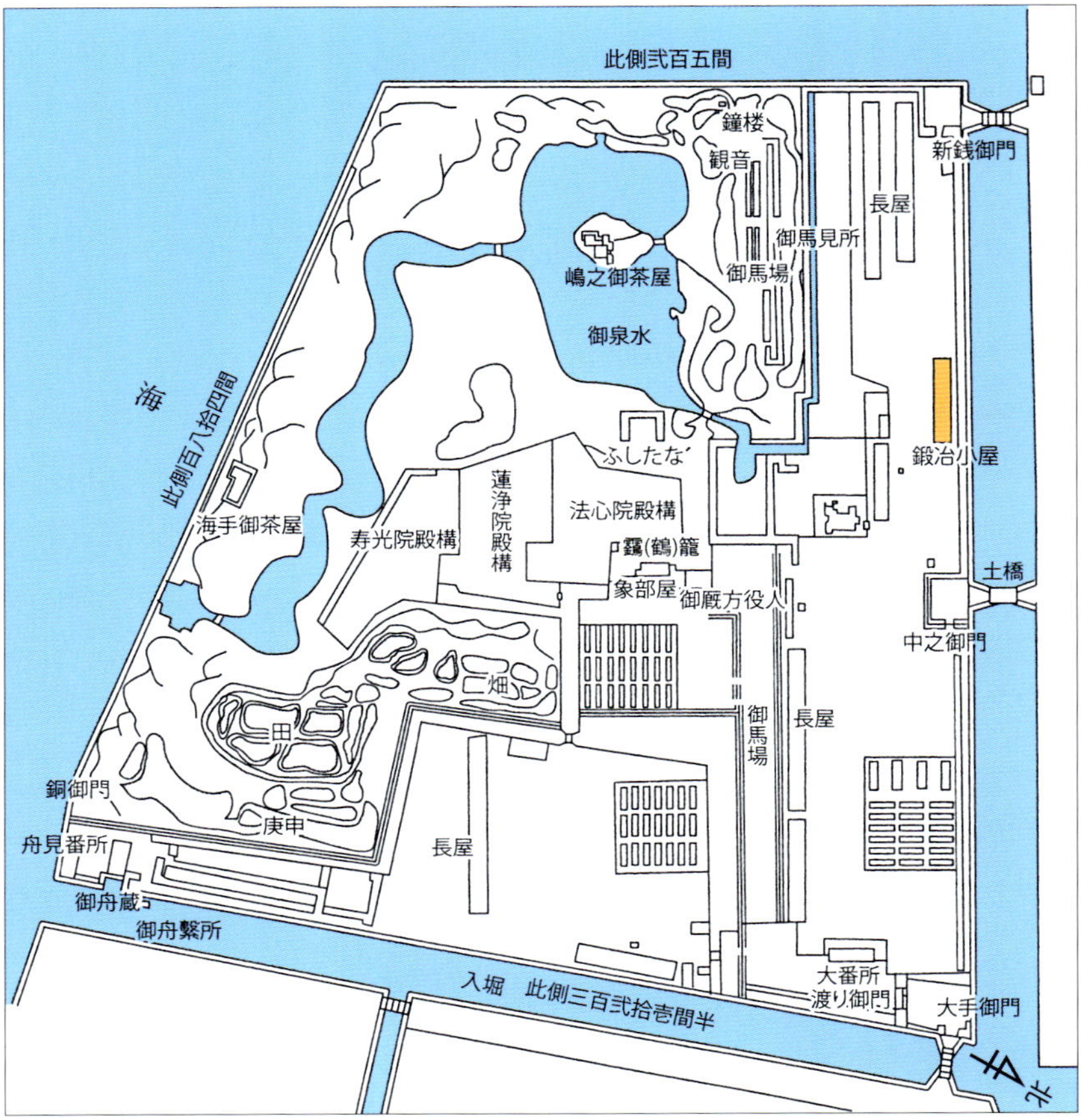

註 竹内誠ほか編『徳川「大奥」事典』(東京堂出版, 2015年) を一部改変.

三月一五日から、浜御殿にある「鍛冶小屋」（図20「浜御殿図に見える「鍛冶小屋」」参照）において鍛刀を始めた。信国重包は素袍《すおう》、相槌《あいづち》の者は麻上下《あさかみしも》（のち唐人装束）を着して鍛えたという。その場には、先述の田沼・桑原・三宅のほか、腰物方の飯室宇《いいむろう》（卯）右衛門《えもん》、本阿弥家の三郎兵衛と又三郎、研師《とぎし》の木屋常三が列席し、いずれも目を驚かして称賛したという。四月二一日には、刀三口の焼き入れが行われた。翌二二日、腰物方の神尾《かんお》五郎三郎《ごろうさぶろう》が小屋に来て、鍛え立てた刀を、小性の田沼に見せるためと称して持ち出した。実は、このとき将軍に見せるために持ち出したのだという。夜には、神尾がその刀を小屋に持参した。二八日にはふたたび神尾がやって来て、別に名物の若狭正宗（四六頁掲載）に似せた刀と来太郎国行《らいたろうくにゆき》に似せた脇指を一口ずつ焼き入れすることを命じた。五月一日、脇指四口と刀一口の焼き入れを行い、翌日にはそのうち刀一口、脇指三口を神尾が江戸城へ持参した。

六月二六日、腰物奉行三宅の呼び出しにより、黒田家留守居の長岡七郎太夫が信国重包を連れて、江戸城腰物部屋へ出向いたところ、小性の田沼、小納戸の桑原、本阿弥家の三郎兵衛・六郎左衛門・四郎三郎が来ており、信国重包が鍛えた刀剣の研ぎも出来ていた。そして、その中から、相談して良品を選ぶようにとのことであったので、刀三口と脇指二口を選び出した。

それから約半年後の一二月二日、留守居の疋田《ひきた》与《よ》一左《いちざ》衛門《えもん》は、老中の戸田山城守から、信国重包が幕府の御用を務めたためとして、一通の書付と葵一葉の絵形を渡された。その書付には、以後出来の良い刀剣には鎺下《はばきした》に絵形のとおり葵紋を彫刻すること、白銀一〇枚を下賜することが記されていた。黒田家では、信国重包が将軍家の御用を務めたため、一二月二五日城代組に加えた。また、彼が翌年の春に筑前へ帰着すると五人扶持《ふち》を与え、さらに享保八年（一七二三）には切米《きりまい》一五石を加増したという。

なお、葵紋の刻銘を許された信国重包、安代、正清の作品を五三～五六頁に掲載した。

2　享保七年の法令とその後の献上・下賜

華美な贈答を禁じる

将軍吉宗は、新刀奨励を行ったあと、享保《きょうほう》七年（一七二二）に献上品の簡素化を打ち出した。これについては、近年、髙橋聖子氏が「大名家の献上品にみる幕藩関係―家督御礼を中心に―」という論文で指摘しているので、同論文を基に叙述したい。

まず、享保七年三月に、近年礼物などが莫大となり、実義を失っているので減少することを命じた法令（『御触書《おふれがき》寛保集成《かんぽうしゅうせい》』二九三一号）が発令された。そのときの「減少之覚大概」によると、たとえば今まで金一〇〇枚以上の礼物はこの度より一〇枚に、銀一〇〇〇枚以上の礼物は一〇〇枚に、時服《じふく》一〇〇以上の礼物は縮緬《ちりめん》・紗綾《さや》のうち三〇巻に、と具体的な指示が出されている。そして、同法令の中に、「隠居幷遺物御道具類献上相止候事」の一条があり、これまで大名が「隠居御礼」や「遺物御礼」として名刀などを献上していたことを基本的に禁止したのである。

さらに、四ヵ月後の同年七月には、大名に対して、「家督御礼申し上げられ候節の覚」（『御触書寛保集成』一八三三号）が発令された。この法令での主な指示は、つぎのとおりである。

一　家督御礼のとき真の太刀を差し上げていた者は、今より作り太刀と馬（ただし、馬は五万石以上）を差し上げ、また、刀を献上すること。

一　格別重い祝儀御礼事があるときは、真の太刀を差し上げること。このときは馬（鞍置《くらおき》）も献上すること。

一　今まで一同の御礼があったときは、真の太刀を差し上げたけれども、これからは作り太刀と馬を献上すること。

一　今後、太刀や刀を差し上げるときは、代金二〇枚までのものを献上すること。ただし、目貫《めぬき》や小柄は新古の差別なく、有り合わせを用うべきこと。

一　年始・八朔《はっさく》の太刀は、万石以上の者は当地のものを献上すること。

右の法令によって、大名の家督相続の際は、作り太刀・刀・馬（馬は五万石以上）を献ずることになった。ただし、刀を献上できる者は、御三家・溜詰《たまりづめ》・国持《くにもち》などの特別な大名に限定されていたものと思われる（「礼献式」〈『丹鶴城旧蔵幕府史料』一一巻、学習院大学蔵、ゆまに書房、二〇〇八年〉参照）。一般的な大名は、作り太刀に金・銀・絹布・綿などを添えて献じていたのである。また、年中行事の年始・八朔（八月一日）のときの太刀献上も、「当地」＝江戸で作成された作り太刀でよいことになった。したがって、将軍への太刀献上は、享保七年を境に、その多くが作り太刀で代用されたといえよう。

大名の家格については、一般的に親藩《しんぱん》・譜代・外様の三分類が知られる。しかし、江戸時代においては、大名たちが江戸城本丸御殿へ登城したときの控えの部屋＝殿席により区別されていた。この殿席は、大廊下席・溜《たまり》之間詰（溜詰）・大広間席・帝鑑《ていかん》之間席・雁《がん》之間席・柳之間席・菊之間縁頬《えんがわ》詰の七つあり、二六〇前後いる大名は、そのいずれかに所属していた（松尾美恵子「大名の殿席と家格」〈『徳川林政史研究所研究紀要』昭和五五年度、一九八一年〉）。うち、前者三つは家格の高い大名であり、後者四つが一般的な大名である。尾張・紀伊・水戸の御三家や加賀金沢前田家などは大廊下席、近江彦根井伊家・陸奥《むつ》会津松平家・讃岐《さぬき》高松松平家などは溜詰に属していた。また国持大名は、一国以上を領するなど、領知高の多い大名を示す。国持一八家と称し、前田（一〇二万石余）・島津（七七万石余）・伊達（六二万石余）・細川（五四万石）・黒田（五二万石）・浅野（四二万石余）・毛利（三六万石余）などの有力外様大名がこれに該当し、殿席は大半大広間席であった。

作り太刀のリサイクル

この作り太刀とは、木製の飾太刀のことである。図21「作り太刀の図」に見えるように、すべて木製、黒塗で、長さは二尺くらい（約六〇・六センチ）、柄《つか》糸は紫、鍔《つば》の副輪《ふくりん》・縁《ふち》・頭《かしら》・鐺《こじり》などは真鍮《しんちゅう》であった。大名たちも、江戸市中の「見参屋《けんざんや》」（献残屋）で購入して献じたという。

「献残屋」とは、幕府などから献上物の残りや払い下げ品を引き取り、販売に供したり、再生する商売のことである。江戸時代の風俗を考証した喜田川守貞《きたがわもりさだ》が著した随筆『守貞漫稿《もりさだまんこう》』には、「江戸城辺ニ数多《あまた》在レ之」とある。上《のぼ》り太刀＝作り太刀は、献残屋が引き取ってふたたび献上品を調進する御用達《ごようたし》に転売されたという（西山松之助ほか編『江戸学事典』〈弘文堂、一九九四年〉「献残屋」の項）。たとえば、文政《ぶんせい》五年（一八二二）の「文政武鑑《ぶかん》」の御用達町人の項には、「御上り太刀師」二人の名前が記されているので、そこで再生されて新品となり、ふたたび販売されたのであろう。要するに、リサイクルされていたことになる。

吉宗が法令を発した意図

かくして、享保七年七月以降、真の太刀の献上は、「格別重い祝儀」などの際に限られることになった。この祝儀がどのような行事をさすのか不明であるが、将軍宣下＝将軍の就任式などのときであろうか。今後の検証が必要である。いずれにしても、この改革によって、真の太刀や刀を献ずる機会がかなり減ったことは確かである。しかも、献

図21　作り太刀（木製の飾太刀）の図

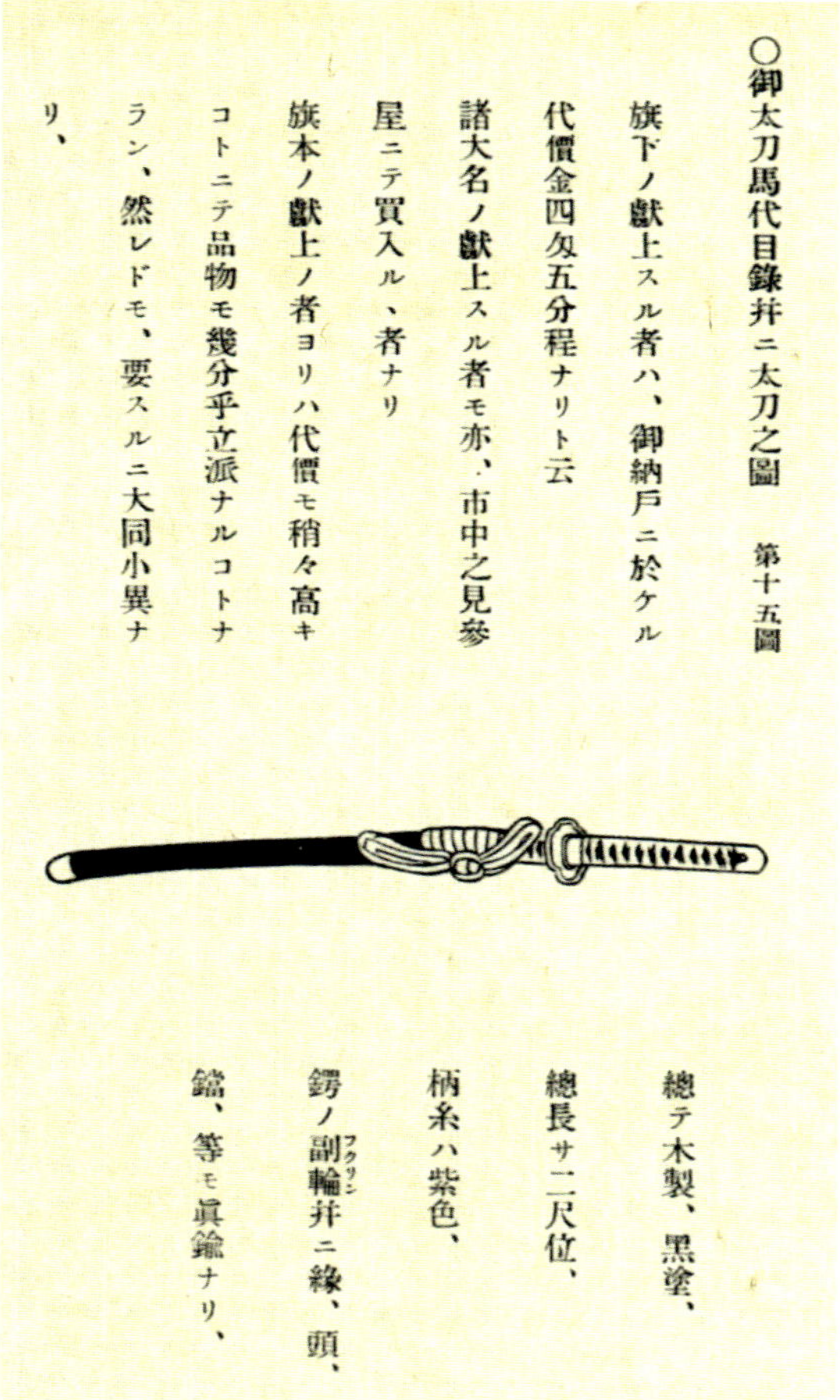
○御太刀馬代目録幷ニ太刀之圖　第十五圖

旗下ノ献上スル者ハ、御納戸ニ於ケル代價金四匁五分程ナリト云

諸大名ノ献上スル者モ亦、市中之見參屋ニテ買入ル、者ナリ

旗本ノ献上ノ者ヨリハ代價モ稍々高キコトニテ品物モ幾分乎立派ナルコトナラン、然レドモ、要スルニ大同小異ナリ、

總テ木製、黒塗、

總長サ二尺位、

柄糸ハ紫色、

鍔ノ副輪《フクリン》幷ニ緣、頭、

鐺、等モ眞鍮ナリ、

註　小野清『徳川制度史料』（1927年）199頁より．

上する太刀や刀は、代金二〇枚までのものに限定された。つまり吉宗は、真の太刀や刀を献上する機会を減らしただけでなく、格付けの低い刀剣を献ずることを求めたのである。

では、この改革に対して、大名はどのように対応したのであろうか。比較の意味で、Ⅱ章2節で紹介した毛利家と島津家の、享保期以降の刀剣贈答の状況をみてみよう。

毛利家の贈答の変化

まず、毛利家の場合をみよう（『寛政譜』一〇巻二四八〜二五一頁）。

五代吉元

(1)享保三年（一七一八）四月十五日有徳院《ゆうとくいん》殿（八代吉宗）御代はじめて領知に行《ゆく》の暇《いとま》をたまひ、来国光《らいくにみつ》の御脇指《おんわきざし》を恩賜せらる。

六代宗広《むねひろ》

(2)享保十五年（一七三〇）十二月二十八日御前にをいて元服《げんぷく》し、御諱字《おんいみなじ》をたまはり宗広と名乗、備前国守《びぜんくにもり》の御刀を拝賜し、従四位下《じゅしいのげ》大膳大夫《だいぜんのだいぶ》に叙任す。

(3)享保十七年（一七三二）四月十八日はじめて入国の暇申のとき、備前包長《かねなが》の御刀を賜ふ。

七代重就《しげなり》

(4)宝暦《ほうれき》元年（一七五一）六月十三日御前にをいて御諱字をたまはり重就と名乗、備前盛光《もりみつ》の御刀をたまひ、是月従四位下侍従《じじゅう》に昇進し大膳大夫と称す。

(5)宝暦二年（一七五二）四月十五日はじめて入国の暇申の時康光《やすみつ》の御刀をたまはる。

八代治親《はるちか》

(6)明和《めいわ》五年（一七六八）三月十九日御前にをいて元服し、御諱字を賜はりて治元《はるなが》とめされ、石州正喜の御刀を拝賜し、従四位下壱岐守《いきのかみ》に叙任す。

(7)天明《てんめい》三年（一七八三）四月二十二日はじめて入国の暇をたまはり、正真《しょうしん》の御刀をたまふ。

九代斉房《なりふさ》

(8)寛政七年（一七九五）八月十一日御前にをいて元服し、御一字をたまはり斉房と名乗り、正盛の御刀をたまはり、従四位下侍従に叙任し、大膳大夫と称す。

(9)寛政八年（一七九六）四月十八日はじめて入国の暇賜ふのとき、長船清光《おさふねきよみつ》の御刀を拝賜す。

御前での元服祝い（(2)宗広・(6)治親・(8)斉房）、偏諱《へんき》を賜る（(2)宗広・(4)重就・(6)治親・(8)斉房）、暇乞（(1)吉元・(3)宗広・(5)重就・(7)治親・(9)斉房）の際に、将軍から国光・国守・包長・盛光・康光・正喜・正真・正盛・清光の刀剣を下賜されている。

島津家の贈答の変化

ついで、島津家の場合をみよう（『寛政譜』二巻三四九～三五三頁）。

四代吉貴《よしたか》

①享保二年（一七一七）六月十一日有徳院殿（八代吉宗）御代はじめて封国にゆくの暇たまはり、来国光の御刀を恩賜せらる。

②享保六年（一七二一）六月九日致仕《ちし》し、十一日上総介《かずさのすけ》にあらたむ。二十八日得物正宗《まさむね》の刀を献じ、（以下、竹姫《たけひめ》入輿の際の刀剣贈答は省略）。

五代継豊《つぐとよ》

（竹姫入輿のときの刀剣贈答、吉宗の将軍辞職、死亡のときの刀剣下賜《かし》、九代家重《いえしげ》の将軍辞職のときの下賜については省略）。

六代宗信《むねのぶ》

（竹姫入輿の際の刀剣下賜は省略）。

③元文《げんぶん》四年（一七三九）十二月十一日御前にをいて元服し、御諱字をたまひ宗信とあらため、従四位下侍従に叙任し、薩摩守と称す。このとき大和志津《しづ》の御刀をたまふ。

（吉宗の将軍辞職のときの刀剣下賜は省略）

④延享《えんきょう》四年（一七四七）四月十九日はじめて入国のいとま申のとき、信国《のぶくに》の御刀をたまひ、（以下略）。

七代重年《しげとし》

⑤寛延《かんえん》二年（一七四九）十一月二十八日御前にをいて御諱字をたまはり重年と名のり、従四位下少将に叙任し、薩摩守と称す。このとき弘利《ひろとし》の御刀をたまふ。

⑥宝暦元年（一七五一）四月十三日はじめて入国のいとまをたまはり、来国真《らいくにざね》の御刀を恩賜せられ、（以下略）。

（吉宗死亡のときの刀剣下賜は省略）

八代重豪《しげひで》

⑦宝暦八年（一七五八）六月十三日御前にをいて元服し、御諱字をたまひ重豪とあらため、従四位下少将に叙任し、薩摩守と称す。このとき信国の御刀をたまはり、（以下略）。

⑧宝暦十一年（一七六一）四月十八日はじめて入国のいとま申のとき、阿波氏吉の御刀をたまひ、（以下略）。

（家治死亡のときの刀剣下賜は省略）

九代斉宣《なりのぶ》

⑨天明《てんめい》六年（一七八六）十二月七日将軍家（家斉）の御前にをいて元服し、御一字をたまひ斉宣とあらため、従四位下侍従に叙任し豊後守と称す。このとき一文字《いちもんじ》の御刀を拝賜す。

⑩寛政元年（一七八九）四月二十一日はじめて入国の暇申のとき、備前師景《びぜんもろかげ》の御刀をたまふ。

⑪寛政四年（一七九二）十一月十一日、さきに禁裏造営のことをたすけしにより青江貞次《あおえさだつぐ》の御刀をよび時服五十領をたまひ、家臣等にもものをたまふ。

島津家の場合も、御前での元服祝い（③宗信・⑦重豪・⑨斉宣）、偏諱を賜る（③宗信・⑤重年・⑦重豪・⑨斉宣）、暇乞（①吉貴・④宗信・⑥重年・⑧重豪・⑩斉宣）のときに、将軍から国光・志津・信国・弘利・国真・氏吉・一文字・師景の刀剣を下賜された。異なるのは、隠居（②吉貴）の際に正宗の刀を献上し、手伝普請《てつだいぶしん》（⑪斉宣）のとき貞次の刀を賜ったことである。

右の史料によると、代替わりのときの刀剣献上は、島津家四代吉貴が享保六年に隠居した際、正宗の刀を献上したのを最後にみられなくなる。

表16　7代家継以前と8代吉宗以降に下賜された刀剣の格付け
（毛利家と島津家への下賜）

7代家継以前に下賜された刀剣		8代吉宗以降に下賜された刀剣	
刀　剣　銘	格　付　け	刀　剣　銘	格　付　け
越中則重	真ノ上・1,500貫	来国光	真ノ下・700貫
備前助真	真ノ中・1,000貫	備前国守	下ノ中・125貫
備前長光	行上・900貫	来国真	下ノ下・100貫
吉房	行中・750貫	備前盛光	外中ノ上・60貫
来国光	真ノ下・700貫	阿波氏吉	外下ノ上・45貫
（山城ヵ）信国	上ノ上・500貫	康光	外下ノ中・40貫
三条吉家	上ノ上・500貫	正真	用ノ上・15貫
延寿国時	下ノ中・125貫	長船清光	用ノ中・10貫

註　『寛政重修諸家譜』・「諸国鍛冶代目録」より作成.

禁令のもとでの刀剣贈答

しかし、「隠居御礼」や「遺物御礼」は行われなくなるものの、家督御礼のときの刀献上は、前述のように、国持など特定の大名に限り行われていた。ただ、法令によって制定されたため、『寛政譜』に記載されなくなっただけである。

たとえば、国持大名の一人佐竹義真《よしまさ》（出羽《でわ》久保田城主）は、寛延二年（一七四九）に家督を相続した際、将軍家重に、作り太刀・刀（価値金一五枚）・馬一疋・黄金五枚・綿五〇把を献上している。ことに刀は、金一五枚の格付けのものであり、二〇枚の枠内に収まっている。先々代の義格《よしただ》が、父の遺物として金一五〇枚の来国光の刀を奉呈したのとは大きな違いである（髙橋論文）。まさに、享保七年七月の法令で定められたとおりの品物を献じたことがわかる。

その他の刀剣贈答では、七代家継時代以前と同じく、暇乞や元服祝いのときの刀剣下賜がほとんどである。しかし、下賜された刀剣の格付けは異なる。表16「七代家継以前と八代吉宗以降に下賜された刀剣の格付け」にみえるとおり、家継以前に下賜された刀剣は、おおむね五〇〇貫以上のものが用いられているが、吉宗以降の下賜品は一〇〇貫以下のものが大半である（なお、吉宗最初の下賜品来国光は、享保七年の法制定以前の品である）。下賜品についても、代金二〇枚までのものとい

表17　大名家から将軍家への刀剣献上の理由と件数

理由／時期	家督相続御礼	致仕御礼	大名邸への御成り	七夜・元服・誕生御祝	御膳・点茶献上、猿楽台覧、饗宴に召される	将軍家との姻戚関係	その他	計
8代吉宗	34	14	1	4	0	9	19	81
9代家重	2	2	0	3	0	4	2	13
10代家治	0	1	0	7	0	0	1	9
11代家斉	0	0	0	3	0	0	0	3
計	36	17	1	17	0	13	22	106

註　野田論文の表2より作成.

表18　将軍家から大名家への刀剣下賜の理由と件数

理由／時期	暇乞	褒美	大名邸への御成り	御前での元服祝い	行事（誕生・七夜・婚礼の儀）での役付	将軍家との姻戚関係	臨時の役職へ任命	御膳・点茶献上、猿楽台覧、饗宴に召される	将軍の遺物分け	その他	計
8代吉宗	65	13	2	17	12	11	0	0	1	23	144
9代家重	29	5	0	17	8	1	2	0	0	12	74
10代家治	30	14	4	12	18	6	7	0	1	14	106
11代家斉	15	4	0	9	6	0	1	0	0	8	43
計	139	36	6	55	44	18	10	0	2	57	367

註　野田論文の表5より作成.

う法令が適用されていることがうかがえる。

　ただし、享保期以降においても、特別な行事のときの贈答には、格付けの高い刀剣が使われた。島津家五代継豊《つぐとよ》は、享保一四年（一七二九）一二月一五日、五代将軍綱吉の養女竹姫と結婚し、将軍家の縁戚となった。そのため、婚約が調ったときは貞宗（無上二〇〇〇貫）の刀、結婚したときは正宗（無上別三〇〇〇貫）の刀、来国行（上之上五〇〇貫）の脇指を、吉宗から下賜された。その後も、本人だけでなく、六代宗信《むねのぶ》、七代重年《しげとし》、八代重豪《しげひで》に至るまで、

表19 8代吉宗以降に贈答に使われた主な刀剣の格付け

刀 剣 銘	格 付 け
中堂来光包	真下・700貫
備前包平	行下・600貫
山城国行	上之上・500貫
備前助秀	上之中・400貫
備前則成	草下・350貫
備前雲次	上之下・300貫
備前元重	〃
和州包利	〃
三原正家	中之上・250貫
青江直次	中之中・200貫
備前倫光	下之上・150貫
青江成次	下之中・125貫
来国長	〃
青江延次	下之中・125貫
備前近景	〃
備前近恒	下之下・100貫
備前真長	〃
備前国宗	〃
備前助国	〃
来国真	〃
石州直綱	〃
延寿国吉	〃
大和則長	〃
藤島友重	外上ノ中・80貫
備前長守	〃
備前光弘	外上ノ下・70貫
備前正光	〃
備前盛光	外中ノ上・60貫
備前恒弘	外中ノ中・55貫
備前守綱	外中ノ下・50貫
備前秀光	〃
石見貞綱	外下ノ中・40貫
備前康光	〃
山州久信	〃
備前盛景	出来ノ上・30貫
平安城長吉	出来ノ中・25貫
備前長吉	〃
三原正広	〃

註 野田ゆりえ作成「刀剣贈答リスト」・「諸国鍛冶代目録」より作成.

将軍が辞職したときや没した際に、刀剣を与えられている。

禁令が与えた影響

つぎに、表17「大名家から将軍家への刀剣献上の理由と件数」と表18「将軍家から大名家への刀剣下賜の理由と件数」により、八代吉宗以降の刀剣贈答の全体的な状況についてみよう。七代家継以前と比べると、とくに献上件数の減少が目につく。これは、すでに指摘したように、隠居・遺物献上が廃止され、家督御礼の際の特定大名の刀献上も、『寛政譜』に記載されなくなったためである。一方、下賜については、将軍ごとにそう大きな変化はみられない。また、その理由に関しては、暇乞・褒美・将軍の御前での元服祝いのときに比較的多いことも、家継時代以前と同じである。しかし、刀剣献上は代金二〇枚までのものに限るとの法令が、全般的に大きな影響を与えたことは、表19「八代吉宗以降に贈答に使われた主な刀剣の格付け」にみえるように、下級の刀剣が選ばれていることからもうかがうことができる。

3 新刀番付と側近への下賜

新刀刀工の顔ぶれ

安土桃山時代末期の慶長《けいちょう》元年（一五九六）頃から宝暦《ほうれき》期（一七五一～六三年）頃までに作られた刀剣を、「新刀《しんとう》」と呼んでいる（以後、「新々刀《しんしんとう》」という）。ここでは、主な新刀の刀工とその格付けを紹介し、将軍吉宗《よしむね》がこうした新刀を側近などに下賜《かし》していた状況をみてみたい。

代表的な新刀の刀工としては、堀川国広《ほりかわくにひろ》・南紀《なんき》重国《しげくに》・井上真改《いのうえしんかい》・津田《つだ》助広《すけひろ》・長曽根《ながそね》虎徹《こてつ》（五七頁掲載）などが知られる。彼らの格付けは、江戸時代にどのようになっていたのであろうか。東京都立中央図書館に、「最上新刀競《くらべ》」・「新刀銘釼鑑《けんかがみ》」などの「新刀番付」が所蔵されている。ともに年号は記載されていないが、こうした「刀工番付」で年号を記したものは、安永《あんえい》七年（一七七八）が古く、文化《ぶんか》七年（一八一〇）、天保《てんぽう》六年（一八三五）、同一一年（一八四〇）、同一五年などのものがみられるという（『図説・日本刀大全』決定版2（名刀・拵・刀装具総覧））。

「最上新刀競」には、中央に、行事三名、世話役三名、勧進元・差添《さしぞえ》それぞれ一名の名前と金額、左右に、大関・関脇・小結・前頭に格付けされた刀工一一四名の国名・名前・金額が記されている。したがって、この資料により、

表20　「新刀番付」に見る刀工の格付け

格	国名	刀　工　名	金額	格	国名	刀　工　名	金額
行司	(山城)	藤原国広	30両	前頭	山城	東山住美平	12両
大関	大坂	津田助広	〃	行司	(播磨)	藤原右作	10両
〃	〃	井上真改	〃	〃	(山城)	大隅守正弘	〃
世話役	(摂津)	一竿子忠綱	20両	前頭	備中	水田大与五国重	〃
勧進元	(武蔵)	繁慶	〃	〃	山城	西陣住埋忠明寿	〃
差添	(武蔵)	虎徹	〃	小結	大坂	小林伊勢守国輝	9両
関脇	薩摩	主水正正清※	〃	前頭	大坂	高木近江守助直	7両2分
〃	大坂	陸奥守包保※	〃	〃	〃	河内守国助	7両
小結	〃	北窓治国	〃	〃	江戸	長曽根興正※	〃
世話役	(摂津)	井上国貞	15両	〃	肥前	土肥真了	6両3分
前頭	紀伊	南紀住重国	〃	〃	大坂	越後守包貞※	5両2分
〃	薩摩	主馬首平安代※	〃	〃	肥前	近江大掾忠広	〃
世話役	肥前	肥前国忠吉	12両	〃	大坂	大和守吉道	〃
前頭	大坂	近江守忠綱※	〃				

註　「最上新刀競」（東京都立中央図書館蔵）より作成．※印は資料から訂正したことを示す．

新刀の刀工一二二名の一応の格付けが判明する。この「最上新刀競」は、『図説・日本刀大全』決定版2（名刀・拵・刀装具総覧）に写真掲載されている安永七年の「新刀番付」と、刀工名・金額にごく一部相違がみられるものの、ほぼ同内容である。「新刀銘釼鑑」もほぼ同内容の資料であるが、刀工の人数が一二〇名で、前者より二名少ない。また、刀工の国名は記されていない（その全容は付録に掲載）。

新刀番付による格付け

表20「「新刀番付」に見る刀工の格付け」は、前者の「最上新刀競」によって、上位二七名（金額五両二分以上、五両以下省略）の格付けをみたものである。この表を基に、金額の高い順に、歴史群像編集部編『図解　日本刀事典』や常石英明『日本刀の歴史』新刀編などによって刀工の経歴などをみてみよう。

三〇両＝「信濃守藤原国広」は、江戸時代初期の刀工である。元は、日向《ひゆうが》国飫肥《おび》の伊東氏の家臣であったという。

その後刀工となり、天正《てんしよう》一八年（一五九〇）に信濃守に任命された。慶長四年（一五九九）頃から京一条堀川に定住したことから、堀川国広と称される。多くの名工を育て、新刀の開拓者と呼ばれる。慶長一九年（一六一四）没。

「**津田越前守助広**」は、江戸時代前期の刀工。助広の二代目。寛永一三年（一六三六）に生まれ、万治《まんじ》元年（一六五八）に越前守に任命された。寛文七年（一六六七）から大坂城代青山宗俊《むねとし》に仕えたという。井上真改とともに、大坂新刀の代表工といわれる。

「**井上真改**」も、江戸時代前期の刀工。国貞の二代目と同人。正保《しようほう》二年（一六四五）に一五歳で作刀し、慶安年間（一六四八～五二年）は父の代作代銘を務めたという。万治四年（一六六一）に菊紋勅許。寛文《かんぶん》一二年（一六七二）八月、熊沢蕃山《くまさわばんざん》の助言により、「真改」に改名したといわれる。

二〇両＝「**粟田口《あわたぐち》一竿子《いつかんし》忠綱《ただつな》**」は、江戸時代中期の刀工。忠綱の二代目。大坂常磐《ときわ》町に居住。

「**繁慶《はんけい》**」は、江戸時代前期の刀工。元は鉄砲工で、初銘は清尭《きよたか》。慶長年間（一五九六～一六一五年）に大御所《おおごしよ》徳川家康に仕えて、駿府《すんぷ》で鉄砲を鍛造し、のち刀工に転じて繁慶と名乗ったという。

「**虎徹《こてつ》**」は、江戸時代前期の刀工で興里《おきさと》と同人。銘は、「長曽祢《ながそね》興里」「長曽祢興里入道乕徹《にゆうどうこてつ》」など。越前《えちぜん》の甲冑師《かつちゆうし》出身と伝えられ、江戸に出て刀工に転じたという。明暦《めいれき》年間（一六五五～五八年）から延宝《えんぽう》年間（一六七三～八一年）までの作があるという。試刀家山野《やまの》永久《ながひさ》・久英《ひさひで》の試し銘入りの作も多く、最上大業物《おおわざもの》に列せられる。晩年は、上野寛永《かんえい》寺付近に住んだという。延宝六年（一六七八）没。

「**主水上《もんどのかみ》（正）正清《まさきよ》**」は、江戸時代中期の刀工で、薩摩藩の抱え工。すでに1節で述べたように、享保《きようほう》四年（一七一九）の刀工調査で上位に入り、浜御殿において作刀し、一葉葵《ひとつばあおい》紋《もん》を許され、主水正に任命された。

「陸奥守包貞《かねさだ》（包保《かねやす》の誤りか）」は、江戸時代前期の刀工。初代と、その門人で、のちに養子となった二代目がいる。初代は左字に銘を切ったため「左陸奥」、二代目は右字に切ったため「右陸奥」と称される。ともに、信濃松本藩主水野忠職《ただもと》に仕えたという。二代目は、初銘を包重《かねしげ》という。

「北窓治国《ほくそうはるくに》」は、江戸時代前期の刀工。銘は、「八幡《はちまん》北窓治国」「摂州住八幡北窓治国」。井上真改の門人で、師の作刀に協力したが、壮年で没したため、遺作は少ないという。

一五両＝「井上和泉守国貞」は、国貞の二代目で、井上真改と同人。

「南紀住重国」は、江戸時代初期の刀工。重国の初代。駿府において大御所徳川家康に仕え、元和《げんな》八年（一六二二）に紀州藩の抱え工になったという。

「主馬《しゅめの》兼（首《かみ》）一平安代《いちのひらやすよ》」は、江戸時代中期の刀工。延宝八年（一六八〇）薩摩国給黎《きいれ》郡喜入郷に生まれた。主水正正清とともに、享保四年の刀工調査で上位に入り、浜御殿において作刀し、一葉葵紋を許され、主馬《しゅめの》首《かみ》に任命された。

一二両＝「肥前国忠吉《ひぜんのくにただよし》」は、江戸時代初期の刀工で、忠吉初代。京都の埋忠明寿《うめただみょうじゅ》に弟子入りし、三年間の修業ののち、慶長三年（一五九八）に肥前に帰国して佐賀鍋島《なべしま》氏に仕え、佐賀城下で製作に励んだという。元和一〇年（一六二四）にふたたび上京して武蔵大掾《だいじょう》に任命され、忠広と名を改め、忠吉の名は娘婿に譲ったという。寛永九年（一六三二）没。

「粟田口近江守忠輝」は、粟田口近江守忠綱の誤りか。江戸時代前期の刀工で、一竿子忠綱の父。寛永二一年（一六四四）から延宝四年（一六七六）までの年紀作があり、慶安元年（一六四八）頃大坂に移ったという。

「東山住美平《よしひら》」は、江戸時代前期の刀工。本名は埋忠美平、通称は埋忠伝三郎。埋忠重義《しげよし》の三男で門人という。京の西陣、のちには東山下河原町に住んだ。寛文年間から延宝年間（一六六一～八一年）の年紀作があるという。晩年には、大江慶隆と改銘。

一〇両＝「藤原右作《うさく》」は、鈴木宗栄《むねひで》のことか。江戸時代前期の刀工。姫路城下坂元に住み、姫路城主池田家に仕えていたが、のち備前岡山城主池田家の藩工となった。藩命により、池田家重宝の左文字の名刀を写したところ、その出来栄えがよかったため、左に対して「右」の字を賜り、「右作」と称したという。

「大隅守正弘」は、江戸時代初期の刀工で堀川国広の門人。国広の作刀に協力し、代作代銘を務めることが多かったが、国広没後は、故郷の日向国飫肥に帰って刀を製作したという。

「水田大与《おおよ》五《ご》国重《くにしげ》」は、江戸時代前期の刀工。姓名は大月与五郎、俗称は「大与五」。備中《びっちゅう》国阿賀郡水田《みずた》に住んだ。水田一門第一の名手という。

「西陣（陣）住埋忠明寿」は、新刀鍛冶の祖とされる。三条《さんじょう》宗近《むねちか》の末孫という。埋忠家は、代々金工技術によって室町幕府に仕え、明寿もはじめ足利義昭、のち豊臣秀吉に勤仕した。家業の装剣金工家として有名であり、刀剣は刀が相馬家に伝来する一口のみ、短刀は比較的多く現存しているという。寛永八年（一六三一）に七四歳で没した。

「最上新刀競」により、一〇両以上の価値がついた刀工一九名をみてきたが、最高額は、藤原（堀川）国広・津田助広・井上真改の三名である。「新刀銘釼鑑」と比べてみると、同資料も最高額は三〇両である。しかし、上記三名のほかに、繁慶と虎徹も三〇両に登録されている。二〇両は、井上和泉守国貞・肥前国忠吉・粟田口一竿子忠綱・主水正正清・陸奥守包保・北窓治国の六名である。表20では、井上国貞は一五両、肥前国忠吉は一二両となっている。

このように、「新刀番付」によって若干相違がみられるので、評価は、一応の目安と考えた方がよさそうである。

名物刀剣の価値

目安とはいえ、新刀の最高額は三〇両となる。一方、古刀の名物刀剣はどのくらいの価値があったのであろうか。名物刀剣については、本阿弥《ほんあみ》家によって代付けがなされているが、実際にはどのくらいの金額で取引されたのか、みてみよう。二つの例を紹介したい。一つは厚藤四郎《あつしとうしろう》（三一頁掲載）、代付けは金五〇〇枚である。この脇指は、毛利輝《てる》元《もと》の養子秀元《ひでもと》が慶長三年（一五九八）一二月に豊臣秀吉の遺物分けとして拝領したものという。その孫綱元《つなもと》（周防《すおう》山口五万石）は、寛文四年（一六六四）一二月二八日に将軍家綱に献上し、その代わりに同年三月五日金一〇〇〇枚を下賜された（「厳有院《げんゆういん》殿御実紀」巻二八）。代付けの二倍、一万両（実質は八五〇〇両）で取引されたことになる。もう一つは夫馬《ふま》正宗、代付けは金三〇〇枚である。この短刀は、豊臣秀吉の馬廻であった夫馬（間）甚次郎が所持していたという。それを前田利常《としつね》が買い求め、その後、本阿弥光甫《こうほ》を通じて売りに出した。会津若松城主加藤明成が金四〇〇枚で求めたいと申し出たところ、利常は金五〇〇枚でなければ売らないと拒否した。明成はその金額で求めたいと申し入れたが、結局、中をとって四五〇枚になったという。二つの例から、名物刀剣がいかに高額で売買されたかがわかる。新刀との差は非常に大きいといえよう。名物刀剣は美術品、新刀は実用品として扱われたということであろうか。

信国重包の位置づけ

ところで、享保四年（一七一九）の刀工調査で上位に入り、浜御殿で作刀を命ぜられた三名のうち、薩摩の主水正

表21　将軍吉宗から側近役への刀剣下賜

番号	年・月・日	刀剣銘	形状	古・新別	格付け	受取人	職名	家禄	『寛政譜』
1	享保元(1716) 9・7	法城寺正次	刀	新刀		柴田幸通	小納戸	300俵	㉒148
2	享保元(1716)	寿命	〃	古刀		小笠原信盛	〃	800石	⑲65
3	享保6(1721) 9・7	和泉大掾国輝	〃	新刀	前頭2両	奥村矩政	二丸小性	300俵	⑲197
4	9・7	二王正清	〃	古刀		高井信房	〃	〃	⑱232
5	9・7	播磨大掾忠行	脇指			菅沼定虎	小納戸	400石	⑤306
6	9・7	陀羅尼勝国	〃	新刀	3分1朱	藪勝如	二丸小性	〃	㉒146
7	9・8	久留米住清修	刀	〃		藪忠通	二丸小納戸	300石	㉒147
8	10	薩摩正清	〃	〃	関脇20両	高井清房	二丸傅役	2,000石	⑱230
9	享保8(1723)	石堂新身	短刀	〃		小笠原義峯	二丸近習番	250石	⑲63
10	享保18(1733) 正・7	石堂	刀	〃		菅沼定虎	小納戸頭取	400石	⑤306
11	4・15	石堂是一	〃	〃	前頭 1両2朱	酒依義武	小性	(300俵)	③313
12	元文4(1739) 9	加賀守貞則	脇指	〃	前頭3両	菅沼虎常	〃	(300俵)	⑤307
13	寛保2(1742) 6・2	康継	刀	〃	前頭5両	松平正寿	小納戸	500石	①93
14	6・4	石堂是一	〃	〃	前頭 1両2朱	杉浦勝春	腰物方	200石 250俵	⑨75
15	6・10	石堂	〃	〃		三枝守緜	西丸小性	6,500石	⑰385
16	6・10	国正	〃	〃		川勝広当	〃	550石	⑱159

註　『寛政重修諸家譜』より作成．格付けについては，「最上新刀競」による．

正清と主馬首一平安代《いちのひらやすよ》は、両方の番付に二〇両と一五両として登録されているが、最上位に選ばれた筑前の信国重包は収録されていない。これは、一体どうしたことであろうか。信国重包については、本阿弥家の人々でさえ、この調査が始まるまで知らなかったとのことであるので、彼が製作した刀剣は福岡藩領内でのみ使われ、他にはほとんど出回らなかったものと推測される。こうしてみると、将軍吉宗が行った新刀奨励も、一時的なものに止まったといわざるをえない。

側近への新刀下賜

しかし吉宗は、これも奨励のためか、新刀を自分や世子家重の側近に下賜しているので、そのことをみてみよう

（表21「将軍吉宗から側近役への刀剣下賜」参照）。職名のうち、二丸や西丸付きが家重側近、ほかは吉宗側近である。元文《げんぶん》四年（一七三九）までに下賜した一二名のうち、11の酒依を除く一一名は、吉宗が紀州から連れてきた幕臣である。下賜の理由は書かれていない場合がほとんどであるが、親しみのある者に下賜しようとしたのであろうか。

刀剣の格付けをみると、8の世子家重の傅《もり》役を務める高井《たかい》清房《きよふさ》に下賜した刀が最も高い。**薩摩正清**は、浜御殿で作刀を命ぜられた刀工の一人であり、そのとき製作した刀のうちの一口を下賜された可能性もある。他は、五両以下の刀剣が大半である。なかでも、石堂派の刀剣が五口を占める。**石堂是一**《いしどうこれかず》は、江戸時代前期の刀工で、江戸石堂の祖という。13の**康継**ともども良業物《わざもの》に列しており、吉宗の好みにあった刀工と思われる。

4 将軍の佩刀とその管理

「視聴草《みききぐさ》」の中に、寛政《かんせい》二年（一七九〇）三月八日から四月二四日にかけて、当時の腰物奉行より一一代将軍家斉《いえなり》に上申された、「上覧御名物御道具書留」なる史料が掲載されている（全文は付録に収録）。この史料は、歴代将軍の佩刀《はいとう》と、将軍家所有の名物刀剣の由緒がわかる好史料である。同史料により、歴代将軍が指していた佩刀についてみていきたい。

初代家康の佩刀

「上覧御名物御道具書留」の冒頭には、「御代々御譲」として、初代将軍家康《いえやす》が指していた刀剣が記されている。

一　本庄《ほんじょう》　正宗《まさむね》御刀
　　無代
一　若狭《わかさ》正宗御刀
　　代金千枚
一　長光《ながみつ》御刀（後出史料では脇指《わきざし》）
　　無代
一　来国光《らいくにみつ》御刀
　　代金拾三枚

右の四口が家康の佩刀とされているが、「東照宮《とうしょうぐう》御実紀付録」巻二三には、つぎのごとく記載されている。

御差料《おんさしりょう》の宝刀ども数多かりし中にも。宗三《そうざ》左文字《さもんじ》と名付しは。織田右府《おだうふ》（信長《のぶなが》）が桶狭間《おけはざま》にて今川義元《いまがわよしもと》を討し時。義元がはきてありしなり。長さ弐尺六寸あり。菖蒲《しょうぶ》正宗と号せしも野中何がしといふ微賤の者の献りしにて二尺三寸あり。この二振は殊に御秘愛にて。替鞘《かえさや》をあまた作らせ置て。御身さらず帯しめしなり。関原《せきがはら》のときは菖蒲。大坂には宗三をはかせられしとか。また三池の御刀も御重器にて。元和《げんな》二年薨御《こうぎょ》の前かた。都筑《つづき》久大夫景忠《かげただ》に命じ罪人をためさしめて。御遺言にて久能《くのう》の　御宮に納め置れしなり。また本庄正宗といふは。上杉謙信《うえすぎけんしん》が家臣本庄越前守繁長《しげなが》が差料なりしが。繁長窮して売物にせし時御手に入て御重愛あり。後に紀伊頼宣《よりのぶ》卿に進せられしを。また彼家より献られ。今に御宝蔵として。　歴世遷移の御ときにはまづこの御刀を進らせらるゝ事にて。三種の

神器うけわたさるゝごとく。いとおもたゞしき御先規になりしなり。（藤堂文書、武功雑記《ぶこうざつき》、坂上池院日記、武林叢話）

右の史料によると、名物の宗三左文字と菖蒲正宗が秘蔵の刀剣であり、関ヶ原の戦いのときは菖蒲正宗、大坂の陣のときは宗三左文字を指していたという。宗三左文字は三好《みよし》宗三が所持していたためこの名が付いた。その後、武田信虎《のぶとら》→今川義元にわたり、織田信長が桶狭間にて義元を討った際、義元が指していた刀剣という。のちに豊臣秀頼《ひでより》の所有となり、慶長《けいちょう》六年（一六〇一）三月、秀頼が家康に贈ったものという。菖蒲正宗は、菖蒲造の造込みから名が付き、野中某が献上したものという。

また、本庄正宗は、上杉謙信の家臣本庄越前守繁長の佩刀であったが、家康が購入し秘蔵していた。その後、形見分けとして紀伊頼宣に与えたものの、寛文《かんぶん》七年（一六六七）六月一日、頼宣隠居のとき将軍家綱《いえつな》に献上した（「厳有院《げんゆういん》殿御実紀」巻三四）。そして家綱危篤の際、弟の綱吉《つなよし》は、延宝《えんぽう》八年（一六八〇）五月七日、江戸城で家綱に対面したとき、手ずから本庄正宗の刀と来国光の脇指を贈られ、大納言に任命された（「厳有院殿御実紀」巻六〇）。正式に、綱吉が将軍継嗣《けいし》になった瞬間であった。以後、本庄正宗は、将軍家随一の重宝として、将軍継嗣に譲られる慣例となった。「本阿弥家私記《ほんあみけしき》」によると、本庄正宗は将軍宣下のときも大広間の上段に飾られ、元旦の御飾にも用いられたという。この宝刀を飾るときは、清め場を設け、四方に注連《しめ》を張り、本阿弥三郎兵衛が麻上下《あさかみしも》を着用して始終付き添っていたという。またこの刀剣は、家康が帯びたときのまま保管され、柄《つか》についた「手垢」もそのまま、鞘《さや》も古いままで、繕いなどは全くしなかったという。まさに「神器」として扱われたことがうかがえる。

もう一つの名物若狭正宗（四六頁掲載）は、若狭国において六万二〇〇〇石を領していた木下少将勝俊《かつとし》が所持していたものという。家康へ献上されたのち、慶長一七年（一六一二）九月四日、播磨《はりま》姫路城主池田輝政《てるまさ》が駿府にて拝領し、寛文一二年（一六七二）閏六月九日、その孫光政《みつまさ》（備前《びぜん》岡山三一万五〇〇〇石余）は、隠居したとき、茶入とともに将軍家綱に奉じた（「厳有院殿御実紀」巻四四）。この刀には金一〇〇〇枚の代付けがなされているが、これは最高値という。「諸家名剣集《しょけめいけんしゅう》」に、「此御刀は吉宗公より御代々御差料也、（中略）至て見事なる御刀也」とあるが、吉宗の佩刀（表24）の中にはみあたらない。

名物刀剣は、将軍家の重宝として、腰物役所で大切に保管されたものと思われる。なお、右の名物刀剣四口のうち、現在、「**若狭正宗**」は宮内庁（東京都千代田区）、「**宗三（義元）左文字**」は建勲《けんくん》神社（京都市北区）が所有し、「**本庄正宗**」と「**菖蒲正宗**」は所有者不明となっている。

四代家綱～七代家継の佩刀

二代秀忠《ひでただ》と三代家光《いえみつ》の佩刀については史料に記載されていないので、まず四代家綱～七代家継《いえつぐ》の佩刀をみよう。表22「四代家綱・五代綱吉の佩刀」は、四代家綱・五代綱吉の佩刀を示す。家綱の佩刀は、刀三口・脇指二口の五口であり、数が少ない。いずれも古刀《ことう》で、大名・旗本からの献上品である。このうち、『寛政重修諸家譜《かんせいちょうしゅうしょかふ》』により、献上の時期がわかるのは二刀のみである。一つは、松平外記《まつだいらげき》伊燿《これてる》が献じた備前雲次《うんじ》の脇指。承応《じょうおう》二年（一六五三）七月二八日に父忠実《ただざね》の遺物として献上した。もう一つは、万治《まんじ》元年（一六五八）七月二三日に一文字《いちもんじ》の脇指を奉じた堀三《ほりさん》左衛門《ざえもん》直氏。このときには、その代わりに黄金二〇枚を下賜されている。一文字脇指の代付けは金二五枚であるので、若干それを下回る黄金を与えられたことになる。

綱吉の佩刀は、太刀三口・刀六口・脇指二口・小サ刀一口・装束下三口の一五口である。不明を除き古刀で、九口

表22　４代家綱・５代綱吉の佩刀

将軍	刀剣銘	古・新別	代付け	備考
４代家綱	来国光陣刀	古刀	代金８枚	松平越中守（定重ヵ，伊勢桑名城主）献上
	雲次中脇指	〃	代金75両	松平外記（伊耀，5,500石余の旗本）献上
	青江次吉刀	〃	無代	阿部豊後守（忠秋，老中）献上
	来国光刀	〃	代金35枚	安藤右京進（重長，奏者番兼寺社奉行）献上
	一文字陣脇指	〃	代金25枚	堀三左衛門（直氏，1,500石の旗本）献上
５代綱吉	備前国助真太刀	〃	代500貫	松平因幡守（信興ヵ，大坂城代・所司代）献上
	備前国近景太刀	〃	代金20枚	山崎虎之助（治頼，讃岐丸亀城主）献上
	行光装束下	〃	代金15枚	朽木権佐（不明）献上
	信国装束下	〃	代金13枚	安部丹波守（信之，大坂定番）献上
	備前国兼光刀	〃	代700貫	板倉修山（重常，伊勢亀山城主）献上
	左弘行太刀	〃	代700貫	松平備前守（不明）献上
	来国光刀	〃	代金50枚	土屋相模守（政直，老中）献上
	一文字刀	〃	代金35枚	松平右京大夫（輝貞ヵ，側用人）献上
	行光脇指	〃	代金70枚	柳沢兵部（安貞ヵ，柳沢吉保嫡子）献上
	備前国政光刀	〃	代金７枚	神田御殿からの佩刀
	大和包永刀	〃	代金10枚	〃
	政光陣刀	〃	無代	
	賀光陣脇指		〃	
	無銘小サ刀		〃	
	信国装束下	古刀	代金５枚	神田御殿からの佩刀

が大名などからの献上品である。うち、献じた時期がわかるのは四口。山崎虎之助治《はる》頼《より》が献上した備前近景《ちかかげ》の太刀は、本人が明《めい》暦《れき》三年（一六五七）三月六日に八歳で没したため、その叔父勘解由《かげゆ》豊治《とよはる》（五〇〇〇石の旗本）は遺物として五月一五日に献じた。安部《あべ》丹波守《たんばのかみ》信之が奉じた信国《のぶくに》装束下（小脇指）は、本人が延宝《えんぽう》六年（一六七八）四月二日に隠居したため、「得物」として一一日に献上した。板倉修山（悠山）重常《しげつね》が献じた備前兼光《かねみつ》の刀は、本人が元禄《げんろく》元年（一六八八）二月一六日に隠居し、三月七日「得物」として奉じた。老中の土屋《つちや》相模《さがみの》守《かみ》政直《まさなお》が献上した来国光の刀は、綱吉が元禄七年（一六九四）四月一〇日に政直邸に御成《おなり》したとき献じている。

このように家綱や綱吉は、大名などが隠居、または没した際などに献上した刀剣の

表23　6代家宣・7代家継の佩刀

将軍	刀剣銘	古・新別	代付け	備考
6代家宣	吉光懐釼	古刀	無代	
	備前吉房陣刀	〃	代金50枚	
	備前師光刀	〃	代金7枚	買上
	雲次刀	〃	代金20枚	
	盛景脇指	〃	代金3枚，但13枚	買上
	則光刀	〃	代金5枚	〃
	相州広正刀	〃	代150貫	〃
	濃州兼定刀	〃	無代	〃
	義弘刀	〃	代金300枚	
	三条吉家刀	〃	代5,000貫	
	延寿国資脇指	〃	代500貫	買上
	左弘安陣脇指	〃	代金20枚	松平美濃守（綱吉側用人柳沢吉保）献上
	水田国重陣刀	〃	無代	
	関兼延陣刀	〃	〃	
7代家継	新藤五国小サ刀	〃	代金6枚	松平式部大輔（不明）献上
	長光小サ刀	〃	代金5枚	紀伊中将（吉宗ヵ）献上
	新藤五国光脇指	〃	代金15枚	買上
	濃州志津脇指	〃	代金20枚	松平播磨守（忠明ヵ）献上
	来国俊刀	〃	代金5枚	毛利右京大夫（吉元，長門萩城主）献上
	貞宗刀	〃	代金100枚	
	新藤五国光脇指	〃	代金50枚	
	則房太刀	〃	無代	近衛家献上
	景光刀	〃	代金10枚	買上

中から、選んで佩刀にしていたことがうかがえる。これは、将軍に、大名などの気持に答えようとする意図があったためであろうか。なお、綱吉の場合、神田《かんだ》御殿からの佩刀が三口みられるが、これは、大名時代からの佩刀であることを示す。綱吉は、将軍になる前は、上野《こうずけ》国館林《たてばやし》城主（二五万石）であった。しかし、将軍家綱の弟という特別の地位のため、館林に居住したことはなく、江戸の屋敷にあたる神田御殿で生活していた。大名時代からの三口は、代付けが金一〇枚以下と、献上品より低いのが特徴である。

つぎに、表23「六代家宣・七代家継の佩刀」により、六代家宣・

七代家継の佩刀をみよう。家宣の佩刀は、刀一〇口・脇指三口・懐剱《かいけん》一口の一四口である。いずれも古刀、うち六口が買上げである。ただし、誰から買上げたのかは記載されていない。また献上物は、綱吉の側用人柳沢吉保《そばようにんやなぎさわよしやす》からの一刀のみである。注目されるのは、義弘《よしひろ》と三条吉家《さんじょうよしいえ》の刀である。代付けが金三〇〇枚（三〇〇〇両）と五〇〇〇貫、他の刀剣と比べて、評価が際立って高い。家綱・綱吉の佩刀の中にも、これだけ評価が高い刀剣はみあたらない。何故、家宣はこの両刀を佩刀にしたのか、気になるところである。

家継の佩刀は、太刀一口・刀三口・脇指三口・小サ刀二口の九口である。いずれも古刀、大名などからの献上品が五口、買上げが二口である。このうち、献じた時期がわかるのは、毛利右京大夫吉元献上の来国俊《らいくにとし》の刀だけである。吉元は、宝永《ほうえい》四年（一七〇七）一一月二三日に家督を継いだが、翌一二月一一日、父の遺物として来国俊の脇指を奉じた。家継の佩刀の中では、金一〇〇枚の貞宗の刀が評価の高さで目立つ。しかし家継は、数え四歳で将軍家を相続し、八歳で没しているので、実際に刀剣を指したとしても、小サ刀くらいではなかろうか。佩刀は、側近や腰物方の方で選んだ可能性が高い。

八代吉宗〜一〇代家治の佩刀

ここでは、八代吉宗から一〇代家治の佩刀をみよう。表24「八代吉宗の佩刀」は、吉宗の佩刀についてみたものである。太刀四口・刀一〇口・指添刀一口・脇指五口・小サ刀二口の計二二口、四代家綱以降の将軍のなかでは最も多く、吉宗の刀剣好きを物語る。また、今までの将軍の佩刀はほとんど古刀のみであったが、新刀の奨励に努めた将軍らしく、吉宗の佩刀は新刀の方が多い。なかでも目につくのは、康継《やすつぐ》の刀剣である。太刀一口・刀三口・脇指一口の五口を占める。

表24　8代吉宗の佩刀

刀剣銘	古・新別	代付け	刀剣銘	古・新別	代付け
来国俊鞘巻太刀	古刀	代金15枚	康継作初風刀	新刀	
吉房鞘巻太刀	〃		秋広指添刀	古刀	代金３枚
康継太刀	新刀		安代刀	新刀	
国正太刀	〃		康継刀	〃	
大和守安定刀	〃		石堂脇指	〃	
安重刀			文珠脇指	〃	
粟田口広綱刀	新刀		助真小サ刀	古刀	代700貫
久光刀	古刀	代金３枚	兼元小サ刀	〃	
兼元陣刀	〃		盛光陣脇指	〃	
康継刀	新刀		康継脇指	新刀	
国正刀	〃		延寿国泰脇指	古刀	代金13枚

　初代康継は、江戸時代初期の刀工で、本国は近江国坂田郡下坂郷、下坂市左衛門と名乗った。文禄～慶長年間（一五九二～一六一五年）頃に越前国北庄《きたのしょう》城下に移り、徳川家康次男の結城《ゆうき》秀康《ひでやす》に仕えた。のち大御所家康から「康」の一字を拝領して康継と改名し、茎《なかご》に三葉葵紋を切ることを許されたという。**二代康継**は通称市之丞、二代将軍秀忠より江戸神田紺屋町に屋敷を賜り、江戸の将軍家と越前《えちぜん》の松平家に隔年奉仕していた。その没後、弟の四郎右衛門が分家して越前松平家に仕え、将軍家の方は、二代康継の子市之丞（右馬助《うまのすけ》）が三代目を継いだ（『図解　日本刀事典』）。享保期（一七一六～三六年）の「享保武鑑《ぶかん》」の「御刀鍛冶師」の項に、「神田こんや丁一丁メ　下坂市之丞」（図22「「享保武鑑」に見える幕府御用の刀鍛冶師」参照）と見えるので、その後も幕府の御用鍛冶として、康継銘は継承されたものと思われる。

　吉宗の佩刀が何代目のものかは不明であるが、初代と二代の**康継**は良業物に列している。また、享保四年の刀工調査で一葉葵紋を切ることを許された、**信国重包《のぶくにしげかね》・主水正正清《もんどのかみまさきよ》・主馬首一平安代《しゆめのかみいちのひらやすよ》**の三刀工のうち、佩刀に加えられているのは安代の刀のみである。何故ほかの二人が選ばれなかったのかは不明である。正清・安代両名は大業物に列している。

　古刀のうちでは、兼元の陣刀と小サ刀が目につく。**兼元**は室町時代後期

表25　9代家重・10代家治の佩刀

将　軍	刀　剣　銘	古・新別	代付け
9代家重	和州包利毛貫形太刀	古刀	代150貫
	助広刀		
	末左脇指	古刀	代金13枚
	重則刀		
10代家治	石州物衛府太刀	（綱吉佩刀）	代金３枚
	備前国綱毛貫形太刀	古刀	代金15枚
	備前国吉鞘巻太刀	〃	代金10枚
	備前守家鞘巻太刀	〃	代金６枚
	青江恒次郎小サ刀	〃	代金10枚
	山内助綱陣刀	〃	〃
	長光陣脇指	〃	代金７枚
	来国光脇指	〃	代3000貫
	備前是光小サ刀	〃	代金５枚
	宇津友光小サ刀	〃	〃
	信国脇指	〃	代金１枚５両
	来国長脇指	〃	代金10枚
	義景脇指	〃	〃
	来国俊脇指	〃	〃
	光長脇指	〃	代金５枚

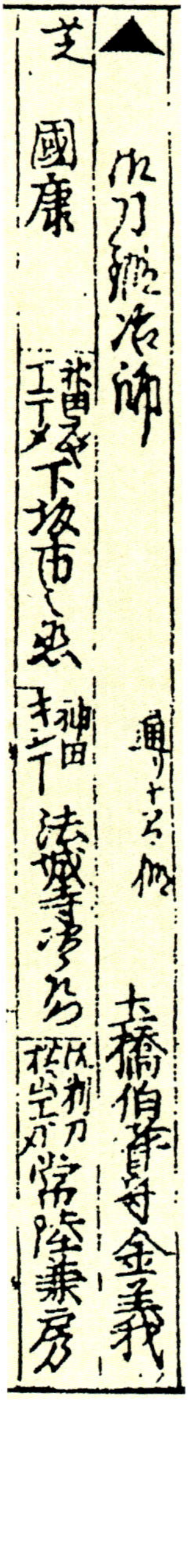

図22　「享保武鑑」（享保二年）に見える幕府御用の刀鍛冶師

の刀工で、初代と二代が知られる。ともに最上大業物に列し、とくに二代目は「関の孫六」と称されて、切れ味のよさで有名である。吉宗は、実用本意で刀剣を選んでいたということであろうか。

表25「九代家重・一〇代家治の佩刀」は、九代家重と一〇代家治の佩刀を示す。家重の佩刀は、太刀一口・刀二口・脇指一口のわずか四口にすぎない。家重は、多病ゆえか父吉宗に比べて、ほとんど刀剣に関心がなかったといえよう。

家治の佩刀は、太刀四口・刀一口・脇指七口・小サ刀三口の一五口である。ほぼ古刀で占められており、新刀はみあたらない。将軍佩刀の面からみても、新刀奨励は吉宗一代に限られるといえよう。家治佩刀の特色は、刀が一口のみであるのに対し、脇指・小サ刀は一〇口と圧倒的に多いことである。将軍が江戸城で日常的に生活する限りにおいては、脇指や小サ刀を指していれば十分であり、刀を指す機会はほとんどなかったものと思われる。この点を考えれば、家治も父同様刀剣にはあまり関心がなかったのではないかと推測される。

一一代家斉の佩刀

一一代家斉の佩刀を示したのが表26「一一代家斉の佩刀」である。家斉佩刀の特色は、歴代将軍佩刀の中から選んで、自分の佩刀にしたことである。四代家綱から三口、五代綱吉から二口、六代家宣から四口、八代吉宗から三口の計一二口である（これらの刀剣は、表22〜25には記載されていない）。このうち、新刀の来金道《らいかねみち》の刀と国正《くにまさ》の脇指は、前将軍の家治も佩刀したのちに譲られたものである。

刀剣の形状からすれば、太刀一口・刀二口・脇指七口・小サ刀二口となり、家治同様、脇指・小サ刀、とくに脇指の比率が高い。太刀や刀は、将軍が「表《おもて》」などの公的な場に出御する際に、小性が太刀・刀持ちとして持参する道具と化しているのではなかろうか。すなわち、将軍も、三代家光の頃までは、親し

表26　11代家斉の佩刀

刀剣銘	古・新別	代付け	備考
無銘小サ刀			4代家綱の佩刀
長光脇指	古刀	行上・900貫	〃
近景脇指	〃	下之中・125貫	〃
久国太刀	〃	草上・600貫	5代綱吉の佩刀
冬広脇指	〃		〃
光忠小サ刀	〃	行上・900貫	6代家宣の佩刀
来国光脇指	〃	真下・700貫	〃
義景刀	〃	下之下・100貫	〃
備前長光脇指	〃	行上・900貫	〃
来金道刀	新刀	1両1分	8代吉宗・10代家治の佩刀
国正脇指	〃		〃
盛光脇指	古刀		8代吉宗の佩刀

註　代付けは,「諸国鍛冶代目録」・「最上新刀競」により補った.

い大名と比較的濃密な人間関係を築いていたものと思われる。しかし、四代家綱・五代綱吉の頃から儀礼が重視されてくると、人間関係は希薄となり、将軍は雲上人《うんじょうびと》に祭り上げられていった。こうしてみると、将軍の佩刀が名刀である必要はない。拵《こしらえ》さえ立派であれば、刀身は中・下級品でもよいことになる。一〇代家治・一一代家斉の佩刀に上級品が少ないのは、右のような理由によるのではなかろうか。

一二代家慶《いえよし》以降の佩刀については、現在のところ、そのことを記載した史料の所在確認ができていないので、今後の課題としておきたい。

佩刀を管理する役職

すでにⅡ章3節でもみたごとく、腰物方の中に、将軍の佩刀を取り扱う「御差方」が設けられていた。この御差方は、佩刀の拵《こしらえ》などを担当したものと思われる。つまり、将軍の好みを聞き、それを金具師・鞘師《さやし》・鍔師《つばし》などの職人へ伝え、好みどおりに仕上げる監督に従事したものと推測される。

一方、日常的に将軍の佩刀の管理を行っていたのは、小性頭取《こしょうとうどり》であった。幕末期に中奥小性を務めた村山鎮《むらやままもる》は、『大奥秘記』（森銑三ほか監修『新燕石十種』八巻〈中央公論社、一九八二年〉所収）のなかでつぎのように述べている。

> 元御小姓（正しくは小性）に頭取と云ふ御役名はなく、皆御小姓であって、頭取とは仰せ付けられなかった。御腰物掛を仰せ付けられれば、即ち頭取なのです。

すなわち、将軍の身の廻りの世話をする小性に、統率する意味での頭取は設けられなかったという。腰物掛＝将軍

図23　延享３年（1746）の「延享武鑑」に見える大御所吉宗付きの扈従（小性）衆

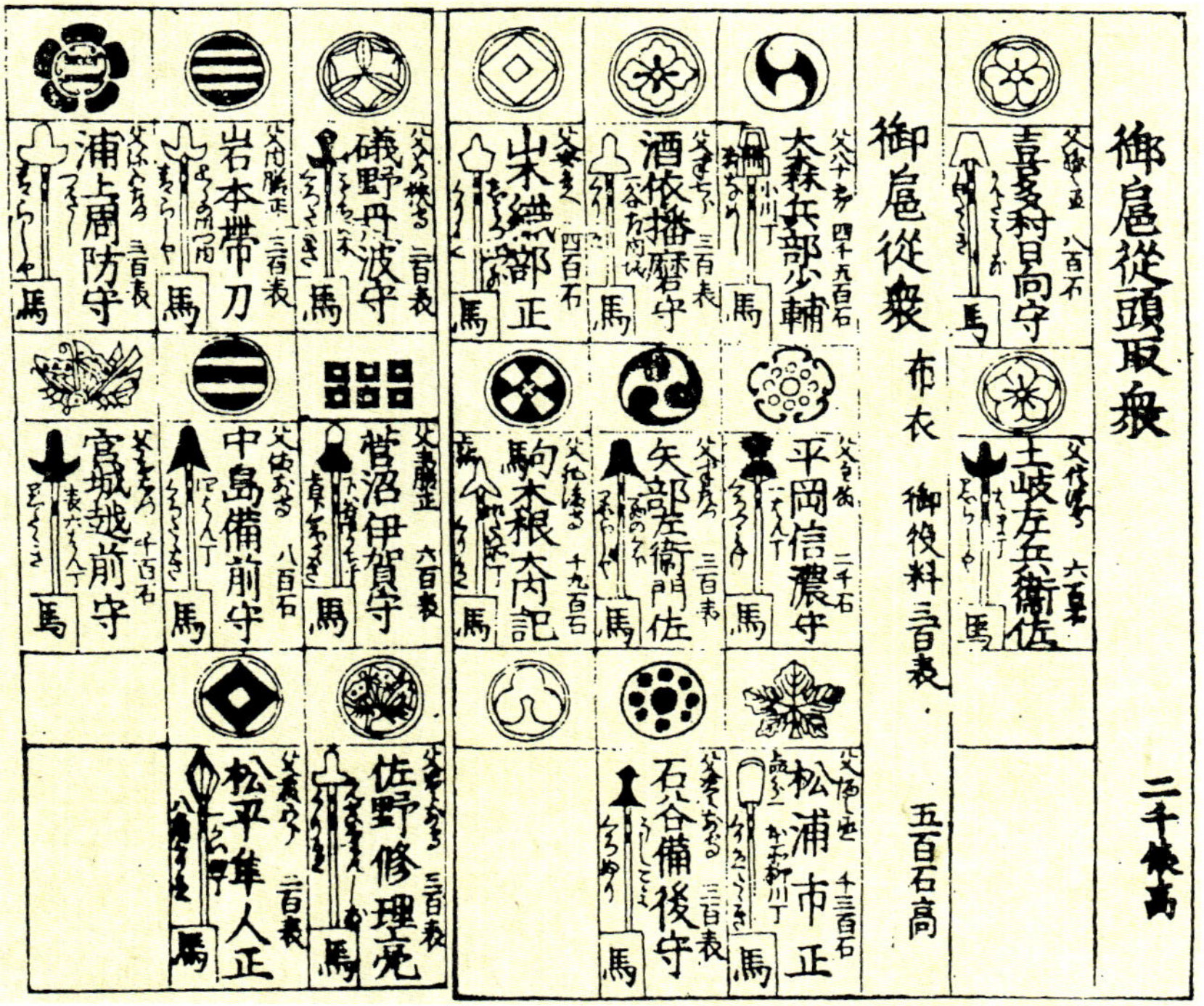

註　深井雅海・藤實久美子編『江戸幕府役職武鑑編年集成』11巻40頁を一部改変．

の佩刀を取り扱った者が、頭取と見なされたということであろう。これは、小性頭取・小性とも役高五〇〇石、役料三〇〇俵で、全く同一であることからもうかがえる。

では、小性頭取はいつ頃設置されたのであろうか。筆者が知る限り、その設置を明確にした文献はみあたらない。「武鑑」をみると、初見は延享三年（一七四六）、八代吉宗から九代家重への代替わりが行われた翌年である。将軍家重付きの小性（扈従《こじゅう》）にはその区別は見えないが、大御所吉宗付きの小性に頭取が見える（図23「延享三年の「延享武鑑」に見える大御所吉宗付きの扈従衆」参照）。喜多村日向守（正矩《まさのり》）と土岐左兵衛佐（朝直《ともなお》）が頭取であった。

図24　延享４年（1747）の「延享武鑑」に見える将軍家重付きの扈従（小性）衆

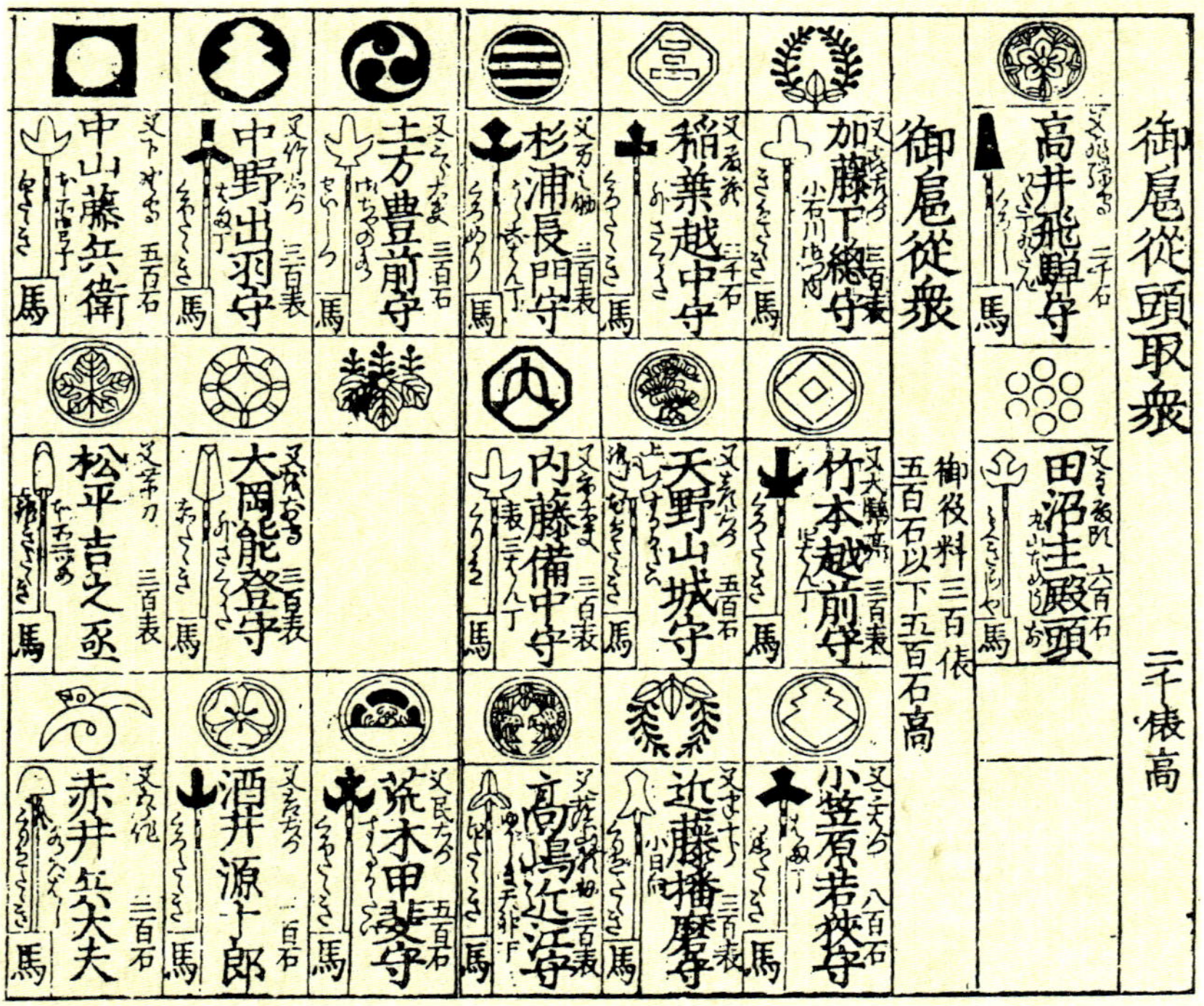

註　深井雅海・藤實久美子編『江戸幕府役職武鑑編年集成』11巻60～61頁を一部改変.

将軍家重付きは、翌延享四年から見える（図24「延享四年の「延享武鑑」に見える将軍家重付きの扈従衆」参照）。高井飛騨守《ひだのかみ》（直熙《なおひろ》）と田沼《たぬま》主殿頭《とのものかみ》（意次《おきつぐ》）が頭取であった（なお、両者とも職名の下に「二千俵高」と見えるが、これは誤りであろうか。延享五年からの「武鑑」には記載されていない）。しかし「武鑑」は、民間の出版物であるので、幕府内部の情報がきちんと伝わっていない可能性がある。時期は不明であるが、小性頭取は、刀剣好きの吉宗時代から設けられていたのではなかろうか。

刀剣の保管場所を探る

つぎに、佩刀の保管場所についてみよう。保管場所が記載されている御殿図は、筆者が知る限りあまり多くない。その内の一点は、弘化《こうか》年間（一八四四～四八年）、つまり一二代家慶時代の「〈御本丸中奥〈奥〉絵図〉」である。この御殿図の将軍の居住空間（図25「一二代家慶時代の将軍居住空間」）を紹介しながら、佩刀の保管場所をみてみよう。

　将軍の居住空間は、「奥」の西側に設けられていた。「御座之間」は奥の応接間であり、上段・下段・二ノ間（それぞれ約一八畳）・調台（納戸構）・三ノ間（約二二畳）・大溜（約三〇畳）の六間によって構成され、四方に入側がついていた。つづく「萩之御廊下」（約三〇畳）をわたって右側にみえる「御休息」（上段・下段とも約一八畳）、「御小座敷」（上段・下段とも約八畳）、および「御渡廊下」をわたって左右にみえる「楓《かえで》之間」（約八畳の二間）、「双飛亭《そうひてい》」（茶室、四畳半くらい、水屋付き）、「鷹之間」（約八畳の二間）などが居間に相当する部分である。

　「御休息」と「御小座敷」が通常の居間で、「楓之間」・「双飛亭」・「鷹之間」などは寛《くつろ》ぎの場であったという。これら寛ぎの部屋では、将軍は刀剣を指していなかったのではなかろうか。図26「「鷹之間」にて拝領の図」（一四六頁）は、奥絵師の狩野晴川院《かのうせいせんいん》が、一二代家慶から、「鷹之間」で拝領品を受け取っている図である。家慶は、「晴川院、此比内毎日出てなんだから」といいながら、八丈島《はちじょうじま》二端を下賜したという（狩野晴川院「公用日記」天保一二年〈一八四一〉一〇月一四日条）。図の奥の刀掛けには、刀剣二本（刀と脇指か）が掛けてあるのが見える。家慶は、着流し姿で、丸腰であったことがうかがえる。

　「御休息」および「鷹之間」から廊下つづきに浴室＝「御湯殿」が設けられていた。ここは上り場であり、その下の板の間が風呂場である。同所中央に、楕円形の五尺（約一・五メートル）くらいの風呂が置かれていたという。湯殿の上にみえる「囲炉裏《いろり》之間」（「お次」ともいう）は将軍の食膳を仕立てる場所であり、中央に料理を温めるための炉が切ってあった。将軍の食事は御膳所で用意したものを「御膳立（建）之間」へ運び、ここで膳奉行が毒味をしたあと、御膳

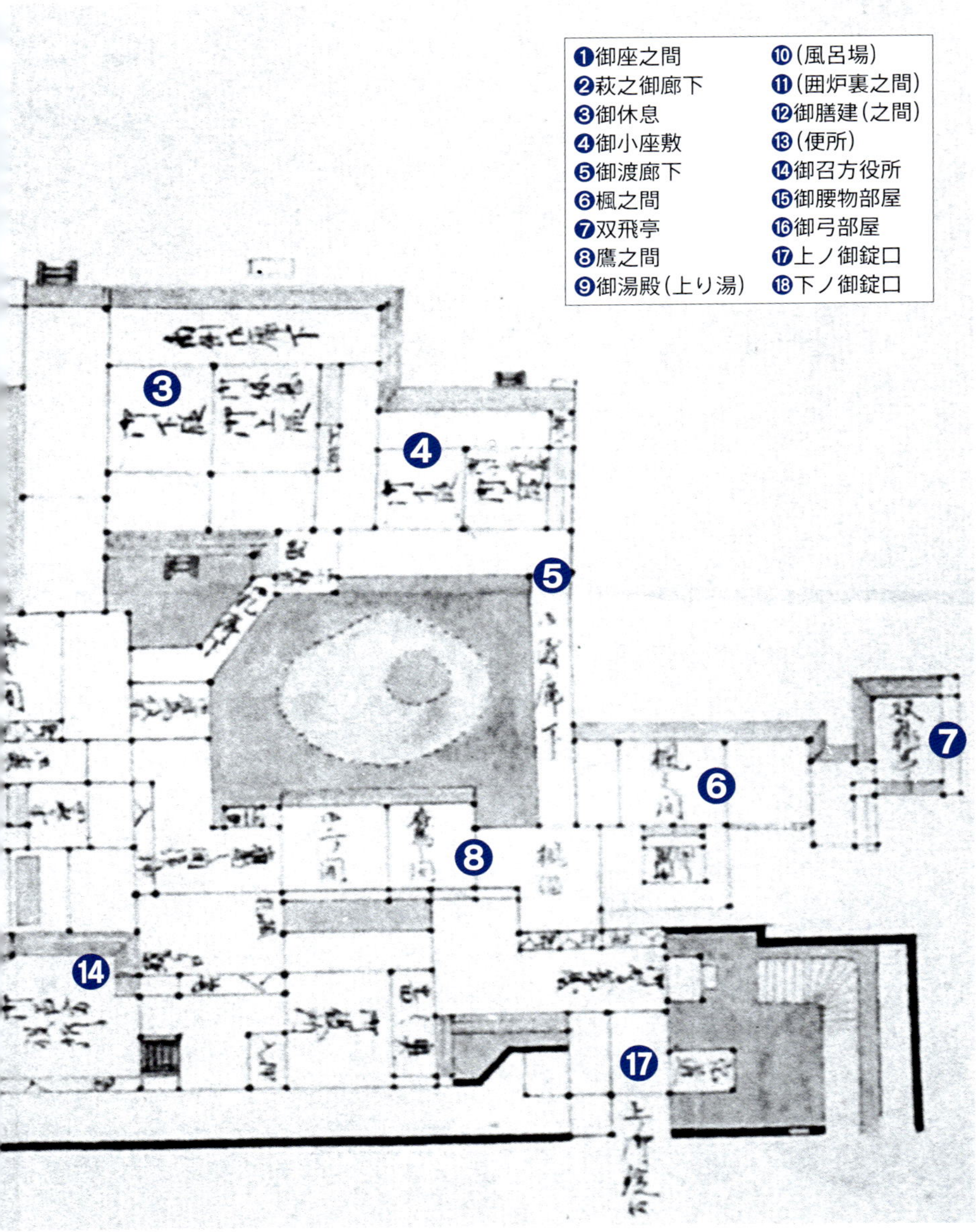
❶御座之間
❷萩之御廊下
❸御休息
❹御小座敷
❺御渡廊下
❻楓之間
❼双飛亭
❽鷹之間
❾御湯殿（上り湯）
❿（風呂場）
⓫（囲炉裏之間）
⓬御膳建（之間）
⓭（便所）
⓮御召方役所
⓯御腰物部屋
⓰御弓部屋
⓱上ノ御錠口
⓲下ノ御錠口

図25　12代家慶時代の将軍居住空間

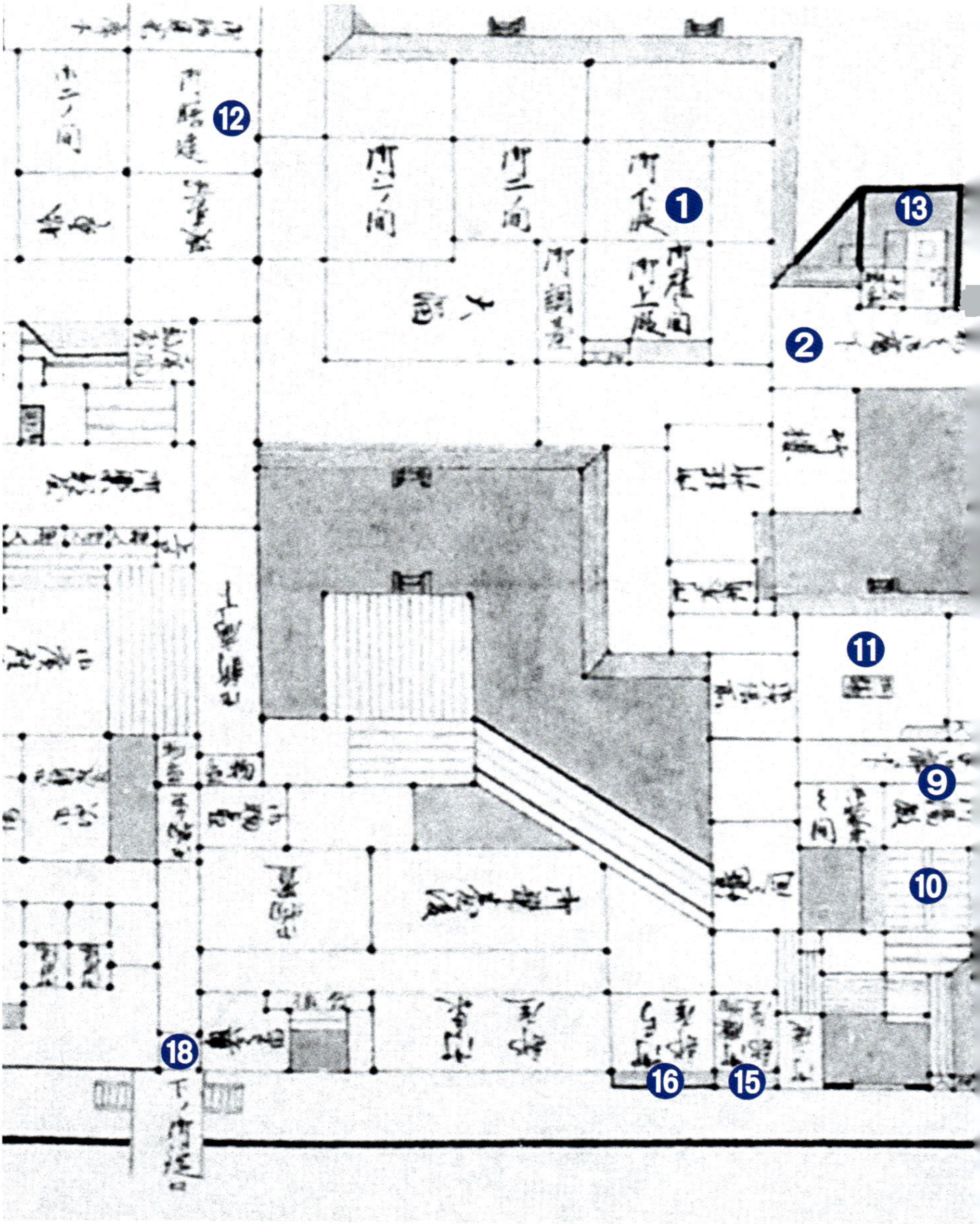

「(御本丸中奥絵図)」(部分，東京都立中央図書館特別文庫室蔵)

図26　「鷹之間」にて拝領の図

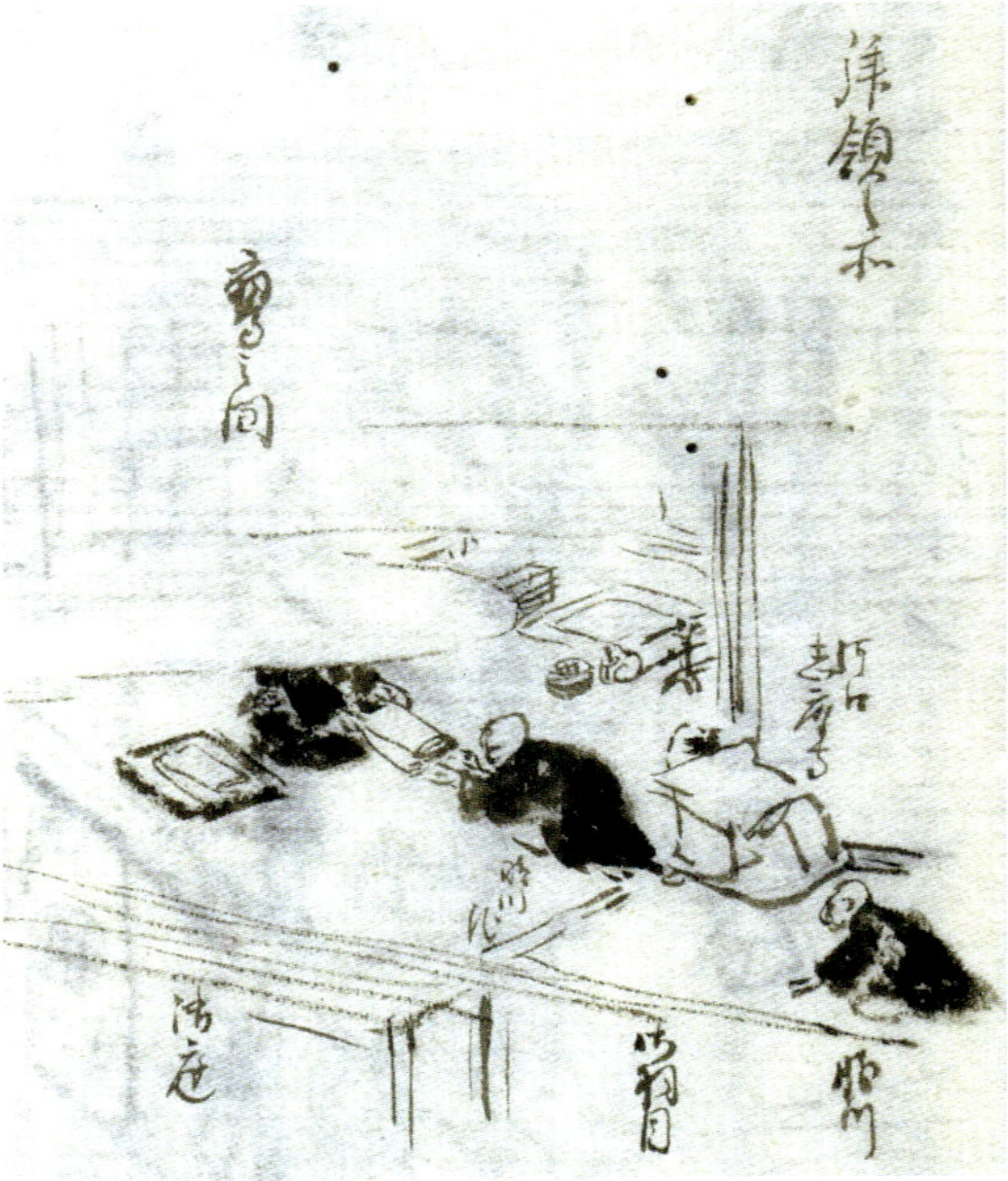

狩野晴川院「公用日記」東京国立博物館蔵,
Image: TNM Image Archives

番の小納戸がこれを受け取ってさらに「囲炉裏之間」まで運び、温めたのち将軍の御前へ出したという。

　将軍専用の便所は「萩之御廊下」の上（南側）に設けられ、庭のほうは高塀で囲まれていた。大便所・小便所とも京間一坪程の広さで、冬期は火鉢を二個置いて室を温め、夏期には小性が団扇であおぐこともあったという。また、大奥との境にみえる「御召方役所」・「御腰物部屋」・「御弓部屋」には、将軍の衣類や刀剣・弓などの道具が納められていた。

　したがって、この「御腰物部屋」が将軍佩刀の保管場所ということになる。

むすびにかえて

刀剣は、江戸時代にどのように扱われたのか、その歴史的経過をみてきた。書き終えて強く印象に残ったのは、八代将軍徳川吉宗《とくがわよしむね》が、当時の刀剣界に与えた影響の大きさである。

その一つは、本阿弥《ほんあみ》家に「享保名物帳《きょうほうめいぶつちょう》」を提出させたことである。この帳面により、二七四口に及ぶ名物刀剣＝「名刀」が発掘され、広く認知されることになったといえよう。もちろん、それ以前から名物刀剣は知られてはいたが、帳面にまとめられて、将軍に提出された意味は大きい。もう一つ指摘しておきたいことは、名物刀剣の美術的価値の高さである。これは、四五〇〇両、一万両といった高額で取引されたことから、うかがうことができる。

二つ目は、享保四（一七一九）・七年に刀剣改革を行ったことである。まず、全国の刀工調査を行い、新刀の奨励に努めた。しかしこれは、古刀偏重という人々の意識を変えるまでには至らなかった。

ついで吉宗は、大名たちが隠居や遺物御礼として名刀を献上することを禁止し、さらに、家督相続や年始・八朔《はっさく》（八月一日）のときの太刀献上も、作り太刀で代用させた。この改革により、一般的な大名が真の太刀や刀を将軍に献上することはほとんどなくなったといえよう。しかも、御三家《ごさんけ》・溜詰《たまりづめ》・国持《くにもち》などの特別な大名が真の太刀や刀を献上するときも、代金二〇枚までのものに限定するようにと命じた。

この改革が行われた享保七年は、江戸時代約二六〇年間のほぼ中間にあたる。したがって、価値の高い刀剣が贈答に使われた前期に対し、後期は、刀剣の贈答行為そのものが減少しただけでなく、価値の低い刀剣が使用され、贈答行為が形式化したといえよう。

「はしがき」でも述べたように、筆者は刀剣の専門家ではない。しかし、江戸時代の政治史を長らく見てき、とくに近年は江戸城の構造と殿中儀礼について研究してきた。今回、教え子の成果に導かれて刀剣に取り組んでみたところ、改めて双方の相関関係が深いことを認識した。

刀剣自体が格付けされ序列化されていること、そして、将軍と大名たちとの間の贈答儀礼において、最上位の品に刀剣が位置づけられていたことを、江戸城内の図面を詳しく解読しながら、やや丁寧に見てきたのは、そのためである。大名の家格や近世武家社会の序列意識が、刀剣の奥深い世界にも凝縮されていることがおわかりいただけたと思う。

ただ、残された課題として、贈答の際、家格に見合った刀剣が使用されたのか、という問題がある。すなわち、家格の高い大名へは価値の高い刀剣、低い大名には価値の低い刀剣が使われたことを実証する必要があるといえよう。

「新刀銘釼鑑」 東京都立中央図書館特別文庫室蔵〔特2527(10)〕

翻刻 髙見澤美紀

(※文字反転)

大関	金卅両	津田越前守助広
関脇	二十両	主水正正清
小結	九 両	小林国輝
前頭	十二両	粟田口忠綱
前頭	十五両	南紀住重国
前頭	八 両	近江守助真
前頭	仝	河内守国助
前頭	仝	長曽根典正
前頭	仝	土肥真了
前頭	六両	越後守包貞

同五両	丹波守吉道
同仝	藤原国路
同三両	陸奥守包重※
同仝	加賀守貞重
同五両	越前住康継
同三両	大和守安定
同仝	三善長道
同五両	越中守正俊
同仝	堀川住国安
同仝	近江守継平
同三両	丹後守兼道
同四両	高井信吉

同五両	信濃守弘包
二両	奥州住兼定
同一両	常陸守宗重
二両	大和大掾広信
同仝	和泉大掾国輝
仝	相模守国維
同仝	摂州住助宗
仝	播磨大掾忠国
同五両	出羽守高平
仝	東多門兵衛正成
同二両	伊勢大掾吉広
三両	信濃守信吉
同二両	伊賀守金道
仝	武蔵住照重

同二両	藤四郎政長
〃	酒尾吉時
〃	上野祐定
一両	高田住貞行
〃	同 統行
同〃	同田貫政貞
〃	法原鉄丸
〃	伊賀守貞次
〃	摂津守忠行
〃	上野守吉国
同〃	備前守国吉
〃	国 平造
〃	山之内政長
〃	雲州住冬広
二両	高田住行長
同〃	紀州住直義
一両	同 国 時
〃	摂津国幸長
〃	仙台住国包
〃	伊予国宗次

新刀名鈫鑑

行司 十両 藤原右作
金卅両 信濃守国広
七両 大隅守正弘

世話役 廿両 井上和泉守国貞
仝 肥前国忠吉
仝 粟田口一竿子忠綱

勧進元 卅両 繁慶
差添 仝 虎徹

大関 金卅両 井上真改
関脇 二十両 陸奥守包保※
小結 仝 北窓治国
前頭 十五両 主馬首平安代
前頭 仝 東山住美平
前頭 七両 近江大掾忠広
前頭 十五両 西陳住明寿
前頭 七両 大和守吉道
前頭 六両 越後守国儔
前頭 仝 水田国重

同五両 大村加卜
同仝 板倉主進照包
同仝 小松住兼巻
同仝 花房祐国
同四両 坂東太郎卜伝
同仝 小笠原長旨
同三両 越中紀充
同仝 山代守歳長
同仝 太郎安国
同仝 但馬守兼光
同四両 佐々木源一峯
同三両 伯耆守信高

同二両 相州綱広
仝 粟田口長綱
同仝 大明京
仝 淵寄国平
同仝 四郎右衛門兼若
仝 陀羅尼国平
同仝 上総介兼重
三両 金沢住清光
同二両 伯耆守汎隆
仝 上野守兼則
同仝 手柄山氏重
仝 肥前住国広
同一両 石堂是一
二両 藤原国吉

同二両 池田国重
〃 石見守国助
五両 肥後守国康
一両 城州住国時
〃 武蔵守国次
同〃 備中守康広
〃 武州住正永
〃 源包道
〃 摂州住助宗
〃 陸奥守輝政
同〃 中村住国広
〃 藤原吉武
二両 備州住祐定
一両 来法道
〃 陀羅尼勝国
同〃 因幡守広重
〃 河内守正広
〃 辻村兼若
〃 祐光
二両 清光

「最上新刀競」　東京都立中央図書館特別文庫室蔵〔448-1-3(17)〕

翻刻　髙見澤美紀

（※文字反転）

大関　大坂　津田越前守助広	金卅両
関脇　サツマ　主水上正清	二十両
小結　大坂　小林伊勢守国輝	九両
前頭　同　粟田口近江守忠綱	十二両
前頭　紀州　南紀住重国	十五両
前頭　大坂　高木近江守助直	七両二分
前頭　同　河内守国助	七両
前頭　江戸　長曽根典正	同
前頭　ヒゼン　土肥真了	六両三分
前頭　大阪　越前守包貞	五両二分

同　大坂　丹波守吉道	五両
同　山シロ　出羽大掾藤原国路	〃
同　大坂　土佐守忠吉	三両
同　加賀守貞則	〃
同　越前　越前住康継	五両
同　ヱト　大和守安定	三両
同　奥州　陸奥大掾三善長道	二両二分
山シロ　越中守正俊	五両
同　〃　堀川住国安	〃
同　ヱト　藤田近江守継平	〃
同　大坂　丹後守兼道	三両
〃　高井越前守信吉	四両

同　大坂　信濃守弘包	五両
奥州　奥州住兼定	一両一分
同　大坂　常陸守宗重	一両
山シロ　大和守広信	二両
同　ヨ州　和泉大掾国輝	〃
大坂　相模守国維	一両一分
同　〃　摂州住助宗	一両二朱
ヒ前　播磨大掾忠国	一両一分
同　カ州　出羽守高平	五両
ビゼン　東多門兵衛正成	〃
ヒゼン　伊勢大掾吉広	一両一分
同　山シロ　信濃守信吉	一両三分
〃　伊賀守金道	一両一分
同　エト　武州下原住照重	一両二朱
奥州　会津藤四郎政長	二両
同　エト　酒尾上野介源吉時	一両二分
ビセン　上野大掾祐定	〃

高田　豊州高田住貞行	一両
〃　同高田住統行	〃一分
ヒゴ　同田貫上野介政貞	二両
〃　法ゼ□鉄丸	〃
大坂　伊賀守貞次	三分
〃　摂津守忠行	一両
〃　上野守言国	三分
〃　備前守国吉	〃二朱
〃　国平造	〃
相州　山之内重九郎政長	三分
雲州　雲州住冬広	一両
豊州　豊州高田住行長	一分二朱
キ州　紀州住直茂	一両
〃　南紀住国時	三分二朱
大サカ　相模守則広	〃
〃　摂州国幸長	三分
ヲ、シフ　仙台住国包	一両
ヒゼン　伊予大掾宗次	三分

最《さい》上《ぜう》新刀競《しんとうくらべ》

角力出来の善悪ニ而給金高下差くわへ候

行司　藤原右作　十両
信濃守藤原国広　金卅両
大隅守正弘　十両

世話役　井上和泉守国貞　十五両
肥前国忠吉　十二両
粟田口一竿子忠綱　廿両

勧進元　繁慶　廿両
差添　虎徹　廿両

大関　大坂井上真改	金卅両
関脇　同　陸奥守包貞※	廿両
小結　同　北窓治国	同
前頭　サツマ主馬首平安代	十五両
前頭　山シロ東山住美平	十二両
前頭　ヒゼン近江大掾忠広	五両二分
前頭　大阪大和守吉道	同
前頭　山シロ越後守国儔	五両
前頭　ビツ中水田大与五国重	十両
前頭　山シロ西陣住埋忠明寿	同

同　江戸大村加卜	五両
同　大坂阪倉言進照包	〃
同　かゝ小松住兼奏	〃
同　大坂花房備前守祐国	〃
同　水戸坂東太郎鎮正入道卜伝	四両
同　江戸小笠原昌府長者	〃
阿州越中入道紀充	三両
同　山シロ山代守歳長	〃
同　エド武蔵太郎安国	二両二分
同　大坂但馬守兼光	〃
エト佐々木源一峯	三両二分
同　尾州伯耆守信高	〃

同　相州相州綱広	一両二分
大サカ粟田口長綱	一両一分
同　雲州大明京	〃
加州渕崎国平	二両
同　〃　四郎右衛門兼若	一両三分
〃　陀羅尼国平	一両二分
同　イカ上総介兼重	二両
加州金沢住清光	二両二分
同　越前伯耆守汎隆	一両一分
〃　上野守兼則	〃
同　摂州手柄山氏重	〃
肥前肥前佐賀住国広	一両二分
同　江戸石堂是一	一両二朱
〃　藤原国吉	一両一分
同　〃　池田鬼神丸国重	〃
大サカ石見守国助	一両二朱
〃　肥後守国康	二両

山シロ城州住国時	一両
大坂武蔵国国次	三分一朱
〃　伊賀守源包道	一両一朱
〃　備中守橘康広	一両
〃　摂州住助宗	二分二朱
〃　陸奥守輝政	一両
ヲ〃シフ中むら住人国広	二分二朱
エト武蔵国住人正長	三分
〃　出雲大掾祐康吉武	二分二朱
サツマ備前国長船一兵衛祐定	一両二朱
京　城州住来法道	三分一朱
カ〃陀羅尼勝国	三分一朱
〃　因幡守広重	三分
ヒゴ肥州住正永	一両
キ州紀伊国康継	三分
大サカ高柳加賀守包広	〃二朱
ヒゼン河内守正広	一両
カヽ辻むら甚太夫兼若	二両

新刀銘鍛鑑（東京都立中央図書館特別文庫室蔵）

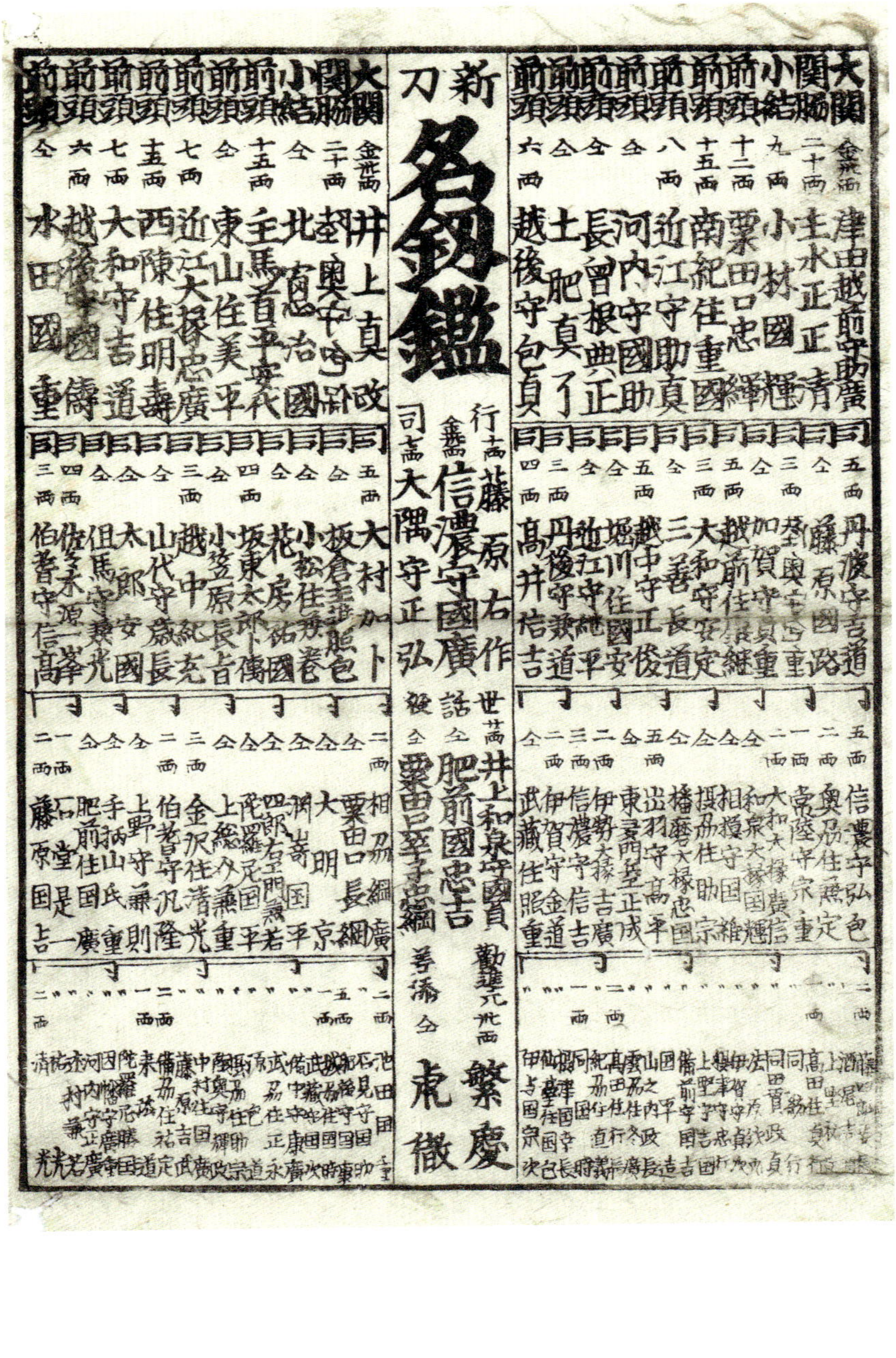

最上新刀競（東京都立中央図書館特別文庫室蔵）

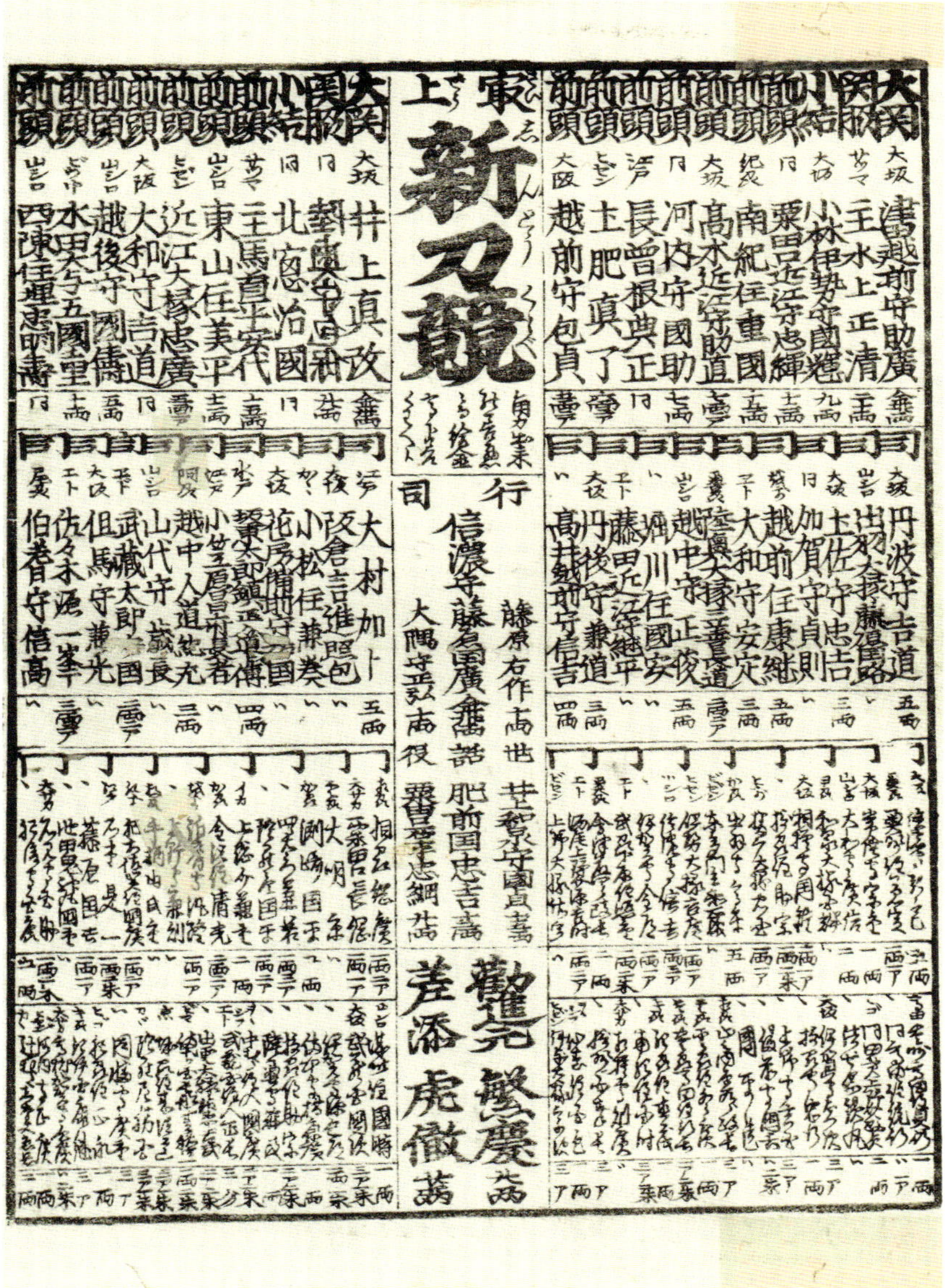

「上覧御名物御道具書留」（『視聴草』国立公文書館内閣文庫蔵　請求番号：二一七—〇〇三四

〈『内閣文庫所蔵史籍叢　特刊第二［九］』汲古書院、一九八五年、一八八～一九八頁〉

翻刻　髙見澤美紀

○———上覧御名物御道具書留

寛政二庚戌年三月八日、初度　上覧ニ相廻候御道具
目録左之通、

御代々御譲

一、本庄正宗御刀
　無代
一、若狭正宗御刀
　代金千枚
一、長光御刀
　無代
一、来国光御刀
　代金拾三枚

厳有院様御指

一、来国光御陣御刀　松平越中守上
　代金八枚
一、雲次御中脇指　松平外記上
　代金七拾五両
一、青江次吉御刀　阿部豊後守上
　無代
一、来国光御刀　安藤右京進上
　代金三十五枚
一、一文字御陣御脇指　堀三左衛門上
　代金弐拾五枚

常憲院様御指

一、備前国助真御太刀　松平因幡守上
　代五百貫
一、備前国近景御太刀　山崎虎之助上
　代金弐拾枚
一、行光御装束下　朽木権佐上
　代金拾五枚
一、信国御装束下　安部丹波守上
　代金拾三枚
一、備前国兼光御刀　板倉修山上
　代金七百貫

一、左弘行御太刀　代七百貫　松平備前守上
一、来国光御刀　代金五拾枚　土屋相模守上
一、一文字御刀　代金三拾五枚　松平右京大夫上
一、行光御脇指　代金七拾枚　柳沢兵部上
一、備前国政光御刀　代金七枚　神田御殿ゟ御指
一、大和包永御刀　代金拾枚　同断
一、政光御陣御刀　無代　年号月日無
一、賀光御陣御脇指　無代　同断
一、無銘御少サ刀　無代　同断
一、信国御装束下　代金五枚　神田御殿ゟ御指
都合二拾四腰

以上、
右上覧済、三月廿一日下ル、
三月廿一日、二度目　上覧ニ相廻リ候、四月十四日下ル、
文昭院様御指
一、銘有 吉光御懐剱　無代
一、太刀銘 備前吉房御陣御刀　代金五拾枚
一、太刀銘 備前師光御刀　代金七枚　御買上
一、雲次御刀　代金弐拾枚　年号月日無
一、盛景御脇指　代金三枚但十三枚　御買上
一、則光御刀　代金五枚　御買上
一、相州広正御刀　代百五拾貫　御買上

一、濃州兼定御刀　　　　　御買上
　　無代
一、義弘御刀
　　代金三百枚
一、三条吉家御刀
　　代五千貫
一、延寿国資御脇指　　　　御買上
　　代五百貫
一、左弘安御陣御脇指　　　松平美濃守上
　　代金弐拾枚
一、銘有水田国重御陣御刀　　年号月日無
　　無代
一、同断関兼延御陣御刀
　　無代
有章院様御指
一、銘有新藤五国光御少サ刀　　松平式部大輔上
　　代金六枚
一、長光御少サ刀　　　　　紀伊中将殿上
　　代金五枚
一、新藤五国光御脇指　　　御買上
　　代金拾五枚

一、濃州志津御脇指　　　　松平播磨守上
　　代金二十枚
一、銘有来国俊御刀　　　　毛利右京大夫上
　　代金五枚
一、貞宗御刀
　　代金百枚
一、新藤五国光御脇指
　　代金五十枚
一、則房御太刀　　　　　　近衛殿上
　　無代
一、景光御刀　　　　　　　御買上
　　代金拾枚
　　都合二拾三腰御小道具共
四月六日、三度目　上覧ニ相廻リ候、四月十四日下ル、
　有徳院様御指
一、磨上無銘来国俊御鞘巻御太刀
　　代金拾五枚
一、銘有吉房御鞘巻御太刀
一、同断康継御太刀

一、国正御太刀
一、銘有　大和守安定御刀
一、無銘　安重御刀
一、銘有　粟田口広綱御刀
一、無銘　久光御刀
　　代金三枚
一、象眼銘　兼元御陣御刀
一、康継御刀
一、国正御刀
一、銘有　康継作初風御刀
一、同断　秋広御指添御刀
　　代金三枚
一、銘有　安代御刀
一、銘有新規　康継御刀
一、銘有　石堂御脇指
一、無銘　文珠（殊）御脇指
一、銘有　助真御少サ刀
　　代金七百貫

一、銘有　兼元御少サ刀
一、同断　盛光御陣御脇指
一、同断　康継御脇指
一、無銘　延寿国泰御脇指
　　代金十三枚

四月六日、四度目　上覧ニ相廻リ候、但三度目四度目一所ニ廻ル、四月十四日下ル、

惇信院様御指
一、磨上無銘　和州包利毛貫形御太刀
　　代百五拾貫
一、磨上無銘　助広御刀
一、同断　末左御脇指
　　代金拾三枚
一、銘有　重則御刀

浚明院様御指
一、無銘　石州物衛府御太刀
　　代金三枚
一、銘有　備前国国綱毛貫形御太刀

代金十五枚

一、備前国国吉御鞘巻御太刀
　代金拾枚

一、備前国守家御鞘巻御太刀
　代金六枚

一、青江恒次御少サ刀
　代金拾枚

一、（銘有少磨上）山内助綱御陣御刀
　代金拾枚

一、（無銘）長光御陣御脇指
　代金七枚

一、（銘有）来国光御脇指
　代三千貫

一、（銘有）備前国是光御少サ刀
　代金五枚

一、（銘有）宇津友光御少サ刀
　代金五枚

一、信国御脇指
　代金壱枚五両

一、（銘有）来国長御脇指
　代金十枚

一、（同断）義景御脇指
　代金十枚

一、（同断）来国俊御脇指
　代金十枚

一、（朱銘）光長御脇指
　代金五枚

孝恭院様御指

一、宇津国久御少サ刀

一、友吉御少サ刀

一、宇津国久御脇指

一、青江直次御刀

一、大兼道御脇指

一、来国年御脇指

三月廿九日、奥江左之通リ　上覧ニ相廻ル、

一、家彫一ノ箱、内　御三所物九十三通
　　　　　　　　　御二所物十九通
　　　　　　合百拾二通

一、同　二ノ箱、内　御三所物九十三通
御二所物六通
合九十九通

惣数合
弐百拾壱通、内　御三所物百八十六通
御二所物二十五通
但、目録書相添、御二箱ニ而廻ル、

同晦日、　同断相廻ル、
脇彫御三所物・御二処物入　壱箱
御鍔入　壱箱

是者此書面計奥江前広上ル　御代々御指之内より御
譲幷当御指ニ相成候分、

権現様御指
一、本庄正宗御刀
御代々御譲
一、若狭正宗御刀
一、長光御脇指
一、来国光御刀

年号月日無、　大御所様与札有、
権現様御指之由、

厳有院様御指
一、無銘御少サ刀
一、長光御脇指
一、近景御脇指
此御三腰、当御指ニ相成候、

常憲院様御指
一、石州物衛府御太刀
此御太刀者　浚明院様御指ニ相成有之、
一、久国御太刀
此御太刀者当御指ニ相成候、
一、冬広御脇指
此御脇指者当御指ニ相成候、

文昭院様御指
一、光忠御少サ刀
一、来国光御脇指
一、義景御刀

一、備前長光御脇指
此御四腰、当御指ニ相成候、
有徳院様御指
一、来金道御刀
一、国正御脇指
此御二腰者　浚明院様ゟ御譲、当御指ニ相成候、
一、盛光御脇指
此者当御指ニ相成候、
四月廿四日、左之御道具　上覧ニ相廻ル、御名物御道具、是者帳面ニ而、
一、朝倉藤四郎吉光
是ハ朝倉義景所持、其後青山大内蔵所持ニ成リ、慶安元年白井兵部所持、稲葉美濃守江送ル、天和三亥年六月十八日隠居御礼之時上ル、
一、鍋島藤四郎吉光
是者鍋島加賀守所持、後松平相模守江伝、元禄十三辰年七月朔日隠居御礼之時伯耆守より上ル、
一、厚藤四郎吉光
是者足利家所持、後一柳伊豆守所持、夫ゟ黒田如水江送ル、又関白秀次江上ル、後毛利甲斐守江下シ給、寛文四辰年二月甲斐守三世孫毛利右京亮ゟ被　召上、
一、朱銘藤四郎吉光
是者酒井雅楽頭所持之処被　召上、元禄十三辰年九月水戸殿江被遣、享保三戌年十月十三日水戸中納言殿為遺物上ル、
一、観世正宗
是ハ観世左近所持、　権現様江被召上、元和之頃秀吉ゟ本多中務大輔江給ル、又上リ越後少将殿元服之時拝領、其後　厳有院様江被　召上、元禄十丑年十一月十二日常憲院様甲府中納言殿御館御成之時被進、

一、武蔵正宗
是ハ宮本武蔵所持、後紀伊中納言殿御
所持、貞享二丑年三月六日御入輿之時
被献、
一、早川正宗
是者浅野紀伊守家来早川伝右衛門与申
者所持、其後被　召上、紀伊殿江被遣、
宝永二酉年十一月廿八日紀伊殿ゟ為御
遺物被献、
一、会津正宗
是者蒲生飛騨守氏郷所持、息秀行江
伝、　権現様江上ル、後尾張殿江被遣、
元禄六酉年四月廿八日隠居御礼之時
常憲院様江上ル、
一、島津正宗
是者嶋津家所持、後松平加賀守所持、
享保八卯年八月廿二日隠居御礼之時松
平肥前守上、
延宝八申年六月廿九日　厳有院様ゟ　浄徳院
様江御遺物、
一、金森正宗
是者金森法印所持、息出雲守江伝、
権現様江上ル、　大猷院様御代土
井大炊頭宅江　御成之時被下之、万
治元戌年九月同遠江守隠居御礼之時
厳有院様江上ル、
明和三戌年四月七日御元服御官位御祝義之時、
浚明院様ゟ　孝恭院様江被進、
一、宗瑞正宗
是者毛利中納言入道宗瑞所持、後尾張
殿所持ニ成ル、　常憲院様尾張殿江
御成之時被献、
天和元酉年十一月十六日御髪置御祝義之時、
浄徳院様江被進、
一、小池正宗
是ハ本多美濃守上京之節小池通りと言
所旅宿ニ而求ル、延宝七年為遺物上ル、
慶安四卯年六月十八日　大猷院様御遺物、

一、鍋島郷義弘
是ハ鍋島加賀守所持、　権現様江上ル、其後尾張殿江被遣、寛永十三子年亭江　御成之時　大猷院様江上ル、

一、中川郷義弘
是ハ織田城之助信忠所持、駿河守江遣ス、駿河守中川八郎右衛門と改名ニ而松平加賀守家来ニ成ル、後尾張殿所持、正徳三巳年九月十八日尾張中納言殿遺物、

一、五月雨郷義弘
是ハ黒田長政所持、五月雨頃ニ就極ル異名とす、後尾張殿御所持、元禄十二卯年尾張殿ゟ上ル、

一、三ヶ月宗近
是ハ山中鹿之助所持、惣拵三ヶ月造リ也、寛永元子年十二月十三日秀吉之後室高台院ゟ　台徳院様江為遺物上ル、

宝暦十二午年十一月朔日、御七夜御祝儀之時、
浚明院様ゟ　孝恭院様江被進、

一、亀甲貞宗
是ハ松平出羽守所持、後土方家ニ伝へ、又南部家江渡ル、其後尾張殿御所持、元禄十一寅年三月十八日　常憲院様御成之時被献、中心ニ亀甲有之故名とす、

右同断、

一、堺志津兼氏
是ハ摂州堺より出ルを以異名トス、

一、上部当麻
是ハ桑山伊賀守所持、其後紀伊殿御所持、尾張殿江被遣、正徳三巳年十二月十一日徳川五郎太殿ゟ為遺物上ル、

宝永四亥年七月十八日、御七夜御祝儀之時、
常憲院様ゟ　智幻院様江被進、

一、会津新藤五
是ハ蒲生飛騨守氏郷所持ニ而、下野守江伝へ、其後松平加賀守所持、元禄

十五午年四月　常憲院様加賀守宅江
御成之時上ル、
延宝八申年十一月廿九日、西丸御移徙御祝義之
時、於御本丸　常憲院様ゟ　浄徳院様江被進、

一、鉋切長光
是ハ蒲生飛騨守氏郷之所持、佐々木家
江遣し、秀吉江送ル、後　台徳院様
江上ル、其後森家江被下、延宝之頃又
上ル、鉋切之異名を尋ニ往古江州ニ堅
田又五郎与云もの有、伊吹山麓ニ而日
頃出入番匠之形となりて、鉋を腰に挟
ミ□(抹消)慕ひ来る男あやしく化生と思ひ、
この長光を以切懸る時其形消亡、鉋計
二ツニ切有るに依而異名とす、

一、中務正宗御刀
是ハ本多中務大輔所持、　権現様江
上ル、後水戸殿江被遣、又水戸殿より
甲府中納言殿江被進、

一、紅葉山信国御脇指
是ハ御由緒不別、寛文六午年十月八日
紅葉山ゟ来ル、
以上、
四月　御腰物奉行

袖
御銘刀御道具　御腰物奉行
是半切ニ而

一、郷義弘御脇指
一、粟田口久国御脇指
一、粟田口国吉御脇指
一、豊後行平御太刀
一、切刃貞宗御刀
一、相州行光御脇差
一、左文字御刀
一、志津兼氏御刀
一、備前光包御脇指
一、来国次御脇指

一、越中国則重御刀
一、三条吉家御刀
一、二字国俊御刀
一、来国行御刀
一、新身来国光御脇指
一、大和包永御刀
一、備前包平御太刀
一、備前友成御太刀
一、備前成包御太刀
一、備前一文字御刀
一、備前長光御太刀
一、備前助真御刀
一、備前光忠御刀
一、備前守家御刀
一、備前国宗御刀
一、青江貞次御太刀
一、左安吉御脇指
一、左吉貞御刀

一、高木貞宗御刀
一、筑後三池光世御刀
一、来国俊御脇指
一、長谷部国重御脇指
一、保昌五郎御脇指
一、備前景光御刀
一、備前兼光御刀
一、備前国雲生御太刀
一、延寿御脇指
一、神息御脇指
一、長円御脇指
一、兼岩御刀
一、新藤五国光御刀
一、国正御太刀
一、天国御脇指
一、大兼光御刀
一、古御太刀
御拵有、義経太刀与唱取扱申候、

一　笹作御太刀御拵木形
　是利家調法二ッ銘笹作御太刀、愛宕山ニ納有
　之候、享保四亥年写被　仰付候木形、
右之通御座候、
　以上、
　月　　　　　　御腰物奉行

焼直御道具

一、骨喰　粟田口藤四郎吉光
　此刀ニ而切付候得者骨々縫綴候様ニ相脳候与
申切物之由ニ而骨喰与名付之由申伝候、
初長刀ニ而、室町家所持也、松永弾正渡、大
友家求之磨上長刀直シ差料と成ル、千利休茶
道具見分之刻〔為〕九州江下向之刻此刀を見、帰国
之上噂申ニ付大友家ゟ大坂江送ル、木村長門
守鳴之口戦功、佐竹家之侍渋江内膳を討取、
右高名無比類、秀頼感状ニ骨喰ヲ添而給之、
井伊家之士長門守討取刻、其従者長門守御物
具ヲ刎取、後本阿弥又三郎手ニ入、　権現
様江入　上覧候処、長門守骨喰を差たる事骸
之上之面目との御沙汰ニ而又三郎　御前を退
候処、被為　召　台徳院様江入　御覧候様
　上意ニ付、伏見江罷越入　上覧候処、直ニ
御留被遊銀千枚被下置候、

一、不動　国行 山城国京鍛来太郎
　不動彫物御座候ニ付名付と申候、
初室町家所持ニ而、後信長・秀吉江相伝処、
小牧長久手御和睦之刻秀吉ゟ　権現様江上
ル、

一、義元左文字
　始三好宗三所持、宗三左文字ト云、武田信虎
江贈、武田ゟ今川義元江贈ル、永禄三年義元
を討取、義元左文字ト名付之、中心ニ彫付象
眼ヲ入信長差料ト成、信長没後ニ此刀紛失ス、
秀吉之時文禄之頃松尾之社人ゟ差出ス、其後
秀頼ゟ　権現様江上ル、

但秀頼ゟ上リ候年月・子細書留無御座候、

一、菖蒲正宗御刀

一、豊後行平御刀

一、延寿御刀

一、吉岡助光御刀

一、雲次御刀

一、光包御脇指

一、包永御刀

一、包永御刀

一、吉光御脇指

一、康継御刀

右拾三腰焼直し、

一、蝦夷太刀

御鈒

元禄三午年十月十三日打上

一、康継御鈒　弐振

年号月日なし　阿蘭陀上

一、鈒　弐振

元文五申年五月廿一日、御役所御預被成候旨ニ而西尾隠岐守ゟ請取

一、天国治世鈒　二振

右之通御座候、以上、

月　御腰物奉行

「御道具御様之覚」（「視聴草」国立公文書館蔵　請求番号：二一七―〇〇三四）

〈『内閣文庫所蔵史籍叢　特刊第二［五］』汲古書院、一九八五年、四五七頁下段～四五八頁上段〉

翻刻　高見澤美紀

刃釼御様之記

御道具御様之覚

元禄六酉年三月廿五日
行光御長刀　一ノ胴落ス

同六酉年十二月廿二日
正宗御腰物　一ノ胴落ス
守家同断
国俊同断
包永同断

同七戌年二月十二日
来国光御腰物　一ノ胴落ス
青江正恒御腰〔脇〕指　二ノ胴落ス
長光御脇差　二ノ胴掛ル
青江次吉御脇指　二ノ胴落ス
助長御脇差　二ノ胴落ス

同八亥年三月廿二日
貞宗御腰物　一ノ胴落ス
志津御腰物　一ノ胴落ス

同八亥年六月廿七日
一文字御腰物　一ノ胴落ス
来国光御腰物　一ノ胴落ス
来国光御腰物　一ノ胴落ス
備前宗吉御腰物　一ノ胴落ス
来国光御腰物　一ノ胴落ス
一文字御腰物　一ノ胴落ス
備前長光御中脇指　二ノ胴落ス
包平御中脇差　二ノ胴落ス
行助御中脇差　三ノ胴落ス
城州国行御中脇差　二ノ胴落ス
近景御中脇差　二ノ胴落ス
友房御中脇差　二ノ胴落ス
備前国宗御中脇指　三ノ胴落ス

長光御中脇差　　三ノ胴落ス
来国光御腰物　　一ノ胴落ス
同十丑年閏二月四日
御腰物五腰　　一ノ胴落ス
右何れ茂鵜飼十郎左衛門江御様被　仰付候御道具
也、
右十郎左衛門者山野吉左衛門歟《本ノ》弟子之由ニ而、
十郎左衛門已前者吉左衛門江御様被　仰付候
由也、

綱吉と吉宗（日本近世の歴史）

深井雅海著

四六判・三二四頁・原色口絵四頁／二八〇〇円

五代将軍綱吉から八代将軍吉宗までの六五年間は、七代家継を除く三人が将軍の実子ではない「養子将軍」の時代だった。老中を信用できなかった将軍たちは、地方の大名にすぎなかったころの家臣を政権の中枢に登用し、どのような政治を行おうとしたのか。生類憐みの令と赤穂事件、正徳の治、享保期の改革、殿中儀礼などに触れつつ、時代の流れを描く。

日本近世人名辞典

竹内　誠・深井雅海編

四六倍判・一三二八頁／二〇〇〇〇円

徳川家康の江戸入府から幕末維新期まで、泰平と動乱の約二九〇年間に活躍した三六五七人を収録。歴代天皇・皇室・公家・将軍・幕臣・大名をはじめ商人・文人・学者・外国人・博徒・侠客・盗賊に至る個性溢れる有名人物を網羅した決定版。詳細な解説と墓所、著書、参考文献、肖像などを多数収め、巻末に便利な索引と「没年月日順項目一覧」を付載。

著者略歴

一九四八年　広島県に生まれる
一九九二年　国学院大学博士（歴史学）
国学院大学栃木短期大学、聖心女子大学文学部教授を歴任
現在　公益財団法人徳川黎明会徳川林政史研究所副所長

〔主要著書〕

『徳川将軍政治権力の研究』（吉川弘文館、一九九一年）、『江戸城御庭番―徳川将軍の耳と目―』（中央公論社、一九九二年）、『図解江戸城をよむ』（原書房、一九九七年）、『江戸城―本丸御殿と幕府政治―』（中央公論新社、二〇〇八年）、『日本近世の歴史3　綱吉と吉宗』（吉川弘文館、二〇一二年）

刀剣と格付け

徳川将軍家と名工たち

二〇一八年（平成三十）六月十日　第一刷発行

著　者　深《ふか》井《い》雅《まさ》海《うみ》

発行者　吉川道郎

発行所　株式会社吉川弘文館
郵便番号一一三―〇〇三三
東京都文京区本郷七丁目二番八号
電話〇三―三八一三―九一五一〈代〉
振替口座〇〇一〇〇―五―二四四
http://www.yoshikawa-k.co.jp/

印刷・製本・装幀＝藤原印刷株式会社

ISBN978-4-642-08334-8

諸国鍛冶代目録

寛政期（1789～1801）頃の刀工の格付け

番号	国名	名前	時期	格付け		備考
1	大和	国行	寛元頃	真ノ上	1500貫	一代此銘ヲ打
2	山城	国行	弘安頃	上ノ上	500貫	来太郎、前後此銘二人
3	備前	国行	康暦頃	出来ノ中	25貫	豊原万寿長ト打、助国行トモ有、此銘二人
4	美濃	国行	永和・長禄頃	用ノ中	10貫	前後二人有
5	相模	国光	正元頃	真ノ上	1500貫	新藤五、山内住、此銘三人、長谷部国光多シ
6	山城	国光	元徳頃	真ノ下	700貫	前後此銘二人
7	但馬	国光	正安頃	中ノ上	250貫	法城寺ト号、宝部隼人正国光ト打、前後二人
8	越中	国光	延文頃	出来ノ下	20貫	本国和州、宇多住人、前後二人
9	大和	国光	弘長頃	上ノ下	300貫	保昌五郎、後ニ貞宗ト打
10	粟田口	国光	暦応頃	上ノ下	300貫	後ニ相州ニ住
11	大和	国光	建長頃	出来ノ中	25貫	幸王太郎、二代有
12	肥後	国光	保安頃	出来ノ中	25貫	菊池住、延寿流、二人有リ
13	備前	国光	康暦頃	出来ノ下	20貫	前後二人有リ
14	安芸	国光	永享頃	上ノ中	400貫	相州貞宗ニ似リ、中心ニ時代モ似リ
15	越中	国宗	貞治頃	出来下	20貫	前後二人有リ
16	備前	国宗	文永頃	行ノ中	750貫	備前三郎、有京油小路ニ住、西明寺殿召下ル、鎌倉ニ住
17	備前	国宗	貞治頃	下ノ下	100貫	弥五郎ト云、国ノ字如斯打
18	大和	国宗	永和頃	出来中	25貫	安ニ住ス国宗ト打
19	肥前	国宗	宝徳頃	出来ノ下	20貫	菊池ニ住、延寿一家
20	備中	国宗	宝治頃	出来中	25貫	一代鍛冶也、久太郎ト云
21	伯耆	国宗	宝治頃	出来中	25貫	伯州住国宗入道ト打
22	粟田口	国吉	仁治頃	無上別	3000貫	藤兵衛尉国吉ト打モ有
23	肥後	国吉	延元頃	下ノ下	100貫	延寿国村子、五郎左衛門国吉ト打タルモ有
24	筑前	国吉	文応頃	中ノ上	250貫	談儀所蓮法師国吉ト打、又蓮トモ打
25	備前	国吉	仁治頃	下ノ下	100貫	長船直家ノ一家ト云
26	山城	国吉	正元頃	上ノ下	300貫	来ノ先祖、来国吉ト打、又国吉トモ打
27	大和	国吉	建治頃	下ノ下	100貫	千手院一王ト打、又一王国吉トモ打
28	伊予	国吉	文和頃	用ノ上	15貫	矢ノ根ノ上手也、三代アリ
29	粟田口	国綱	建仁頃	行ノ中	750貫	藤六左近ト打、西明寺殿召シテ鎌倉山内ニ住
30	肥後	国綱	康安頃	外ノ下	－	延寿ノ一家、同名二人アリ
31	豊後	国綱	文暦頃	下ノ下	100貫	行平カ一家
32	三河	国綱	元応頃	外下ノ中	40貫	本国山城、一代也、三州ニ住ス国綱造ト打
33	備前	国綱	貞治頃	外下ノ中	40貫	福岡ノ住、弥五郎ト云
34	遠江	国綱	貞永頃	出来ノ上	30貫	遠州ノ住国綱ト打
35	山城	国重	建武頃	上ノ下	300貫	相州正宗ノ弟子ニナル、長谷部国重ト打
36	相模	国重	暦応頃	上ノ下	300貫	新藤五国光子、後ニ国光ト打
37	備前	国重	文和頃	下ノ下	100貫	新太夫ト云、備前長船住国重ト打
38	肥後	国重	貞治頃	出来ノ下	20貫	延寿ノ一家、国家子
39	山城	国重	明徳頃	外下ノ中	40貫	長谷部国重子、摂津天王寺ニ住ス
40	越前	国重	永徳頃	用ノ上	15貫	清水寺ニ住ス、一代
41	越中	国重	康応頃	出来ノ下	20貫	宇ノ津一家、宇多トハ不打、二代、同銘アリ
42	美濃	国重	康応頃	出来ノ下	20貫	仙阿弟子、孫左衛門ト云
43	山城	国信	延文頃	上ノ中	400貫	長谷部国重子、後ニ国重ト打
44	肥後	国信	康安頃	外下中	40貫	延寿一家、菊池住国信ト打
45	備前	国信	正長頃	外下中	40貫	備州長船国房子
46	山城	国俊	弘安頃	行ノ中	750貫	来国俊ト打、前後二人、江州□時老ノ源国俊ト打
47	丹波	国俊	貞和頃	出来中	25貫	来国俊ト打、京来国俊弟子也
48	山城	国俊	正中頃	出来ノ下	20貫	来国俊、来国光ヲ能似スナリ
49	山城	国俊	文保頃	下ノ下	100貫	了戒如此打事有リ
50	山城	国歳	元徳頃	出来ノ中	25貫	来国俊ノ子トモ弟子トモ云
51	讃岐	国利	文暦頃	出来下	20貫	清房子、高市住藤五郎ト、二代、次ハ用上
52	山城	国年	元徳頃	出来下	20貫	来国俊カ弟子
53	備前	国真	正中頃	中ノ上	250貫	備前権守、後ニ国永トモ打

番号	国名	名前	時期	格付け		備考
54	山城	国真	貞永頃	下下	100貫	来国俊カ弟子、来国真ト打、二代有リ
55	越中	国真	―	出来中	25貫	宇多国真ト打、二代有リ
56	粟田口	国実	元仁頃	外下下	35貫	藤林国友弟子、後ニ二品三条ニ住ス、一代也
57	粟田口	国友	元仁頃	外下下	35貫	藤林国友弟子、後京三条住、一代也
58	肥後	国友	正長頃	外下下	35貫	延寿一家、二代
59	越中	国友	永享頃	出来上	30貫	宇多国友、三代打
60	備前	国実	正元頃	下中	125貫	備前四郎直宗四男、国吉トモ打、一代也
61	肥後	国貞	嘉慶頃	出来上	30貫	延寿一家、肥後菊池住国貞ト打
62	越中	国貞	応永頃	出来ノ中	25貫	宇多ノ国貞ト打
63	丹波	国定	乾元頃	出来下	20貫	綾部住、粟田口国延弟子、一代
64	大和	国定	貞観頃	下中	125貫	清和御時、一代鍛冶也
65	粟田口	国家	元暦頃	行下	600貫	国頼ノ子、本国和州、後ニ粟田口ニ住、非国頼鍛冶
66	肥後	国家	至徳頃	出来中	25貫	延寿弟子、国延カ弟子、二代打
67	山城	国次	元徳頃	無上	2000貫	来国俊聟、来国次ト打、鎌倉下、源来国次ト打
68	肥後	国次	康安頃	外下中	40貫	肥後菊池住国次ト打、二代
69	備中	国次	正和頃	下ノ下	100貫	青江住、二代也
70	越中	国次	正文頃	外上下	70貫	宇多国次ト打、二代
71	尾張	国次	嘉慶頃	外下ノ上	45貫	山田関ト云、三代打
72	大和	国次	徳治頃	外中上	60貫	手掻、一代也
73	伯耆	国次	永延頃	外中中	55貫	大原国次同銘、一代
74	紀伊	国次	正長頃	出来下	20貫	粉河住、三代、本国和州
75	備前	国綱	康暦頃	外下中	40貫	善光寺太郎左衛門ト云、二代
76	山城	国長	貞治頃	外上下	70貫	普原国長ト打、一代
77	摂津	国長	元弘頃	下中	125貫	中島来国長ト打、三代目ハ備前ニ住
78	越前	国長	延元頃	出来上	30貫	金沢権三国長ト打
79	美濃	国長	永和頃	外下下	35貫	美濃千手院ト云、赤坂ニ住ス、二代
80	越中	国長	文安頃	出来下	20貫	宇多国長ト打、二代
81	相模	国広	徳治頃	中中	200貫	新藤太郎ト云、後ニ国光ト打
82	相模	国弘	元暦頃	下下	100貫	鎌倉山内ニ住ス、一代
83	大和	国弘	嘉元頃	外中下	50貫	千手院一家、一代
84	備前	国弘	建保頃	外上下	70貫	長船住、後京住ス、二代
85	越中	国弘	明徳頃	外下中	40貫	宇多国弘ト打、二代
86	粟田口	国弘	元仁頃	外中上	60貫	国綱弟子、後ニ加州へ下ル、国綱子トモ云
87	粟田口	国安	元暦頃	草下	350貫	久国弟、山城守藤三、四月ノ番鍛冶也
88	備前	国安	正安頃	中下	175貫	貞宗ノ一家、備前三郎弟
89	大和	国安	康安頃	外中中	55貫	高市住来国安ト打、二代
90	越前	国安	康暦頃	外中上	60貫	千代鶴来国安ト打、三代
91	相模	国泰	正応頃	中中	200貫	新藤五一家、後ニ国光ト打
92	肥後	国泰	応安頃	外中中	55貫	延寿一家、二代
93	山城	国房	貞永頃	外上下	70貫	京錦小路住
94	越中	国房	貞治頃	下ノ下	100貫	宇多国房ト打、二代、則重弟子
95	肥後	国房	貞和頃	外下中	40貫	延寿国綱子、二代同名打
96	大和	国永	元亨頃	下中	125貫	十市住国長ト打
97	備前	国永	宝治頃	中中	200貫	備前太郎、上京シテ四条ニ住
98	山城	国永	天喜頃	中中	200貫	宗近弟子、在国子、国ノ字短シ、備前ノ国ノ字長シ
99	山城	国末	元弘頃	下下	100貫	来国俊弟、来国末ト打
100	肥後	国末	至徳頃	外下下	35貫	菊池住国末ト
101	薩摩	国守	文永頃	出来中	25貫	波平住波平国守ト打
102	粟田口	国守	徳治頃	外下中	40貫	国延弟子、久四郎ト云
103	備前	国守	正応頃	下中	125貫	備前国守ト打、国ノ字如此
104	大和	国助	保安頃	出来上	30貫	千手院一家
105	備前	国助	寿慶頃	下下	100貫	後備中ニ住
106	肥後	国次	康応頃	外上下	70貫	肥州菊池住国次ト打、一字名モ有リ
107	備中	国久	康安頃	外中上	60貫	宇多国久ト打、二代
108	山城	国久	正慶頃	外上下	70貫	了戒ノ一家トモ又子ナリトモ云
109	粟田口	国久	安貞頃	下下	100貫	則国カ四男ナリト云
110	備前	国真	貞永頃	外中上	60貫	後上京シテ京波羅ニ住ス
111	伯耆	国真	正和頃	外下下	35貫	二代目ハ時真ト打モ有リ、初代ハ備前也
112	播磨	国真	貞応頃	外下ノ中	40貫	小川住国真ト打モ有リ

番号	国名	名前	時期	格付け		備考
113	山城	国盛	永延頃	下下	100貫	御作・公江作法(公卿法佐カ)、大宮国盛ト打、裏二大臣作ト打
114	備前	国盛	元永頃	下下	100貫	京大宮国盛流
115	三河	国盛	永仁頃	出来ノ下	20貫	中原小三郎トモ打
116	越中	国森	文明頃	出来ノ中	25貫	宇多流也、宇多トハ不打
117	山城	国秀	建武頃	外下ノ中	40貫	来国次子トモ弟子トモ云
118	粟田口	国秀	寛元頃	外下上	45貫	国吉子トモ弟子トモ云、左近太郎
119	肥後	国村	元徳頃	中ノ中	200貫	菊池住、延寿国吉、国村ト打
120	大和	国治	弘長頃	下下	100貫	十市住、千手院流
121	備前	国包	正暦頃	下ノ上	150貫	八幡太郎義家、貞任退治時所持太刀也
122	備前	国忠	弘安頃	下ノ中	125貫	長船住、一代也
123	備前	国善	仁治頃	下下	100貫	畠田又ハ行上二住、一代也
124	備前	国之	正応頃	下下	100貫	福岡ノ住、一文字流也
125	粟田口	国延	文応頃	下下	100貫	後二相州山内二住
126	山城	国則	貞永頃	外ノ上下	70貫	五条二住
127	粟田口	国清	建保頃	上ノ中	400貫	藤四郎ト云
128	粟田口	国近	嘉元頃	出来ノ上	30貫	吉光弟子、四条二住
129	大和	国門	文永頃	下ノ下	100貫	千手院ノ一家、揆授一代
130	肥後	国賀	永享頃	外中下	50貫	延寿一家、二代打
131	大和	国分	文永頃	下ノ下	100貫	千手院一家、介兼持検校
132	山城	国明	寛元頃	下ノ下	100貫	来国吉父
133	肥後	国時	延慶頃	下ノ中	125貫	延寿国吉子、二代
134	備後	国正	応仁頃	外下中	40貫	三原住、近代鍛冶、二代
135	筑前	国房	正中頃	下下	100貫	平戸左衛門国房ト打
136	備前	国房	応永頃	本書二位付ナシ	–	長船住国房ト打、国宗子也
137	播磨	国真	建保頃	外下中	40貫	近里子、一代
138	粟田口	国真	正和頃	出来ノ中	25貫	正国カ弟子
139	備前	国分寺	建仁頃	出来上	30貫	長船鍛冶
140	粟田口	吉光	正応頃	無上別	3000貫	藤四郎ト云、左兵衛国吉弟子
141	大和	吉光	暦応頃	外下中	40貫	奈良住
142	土佐	吉光	暦応頃	出来ノ上	30貫	五郎左衛門
143	備前	吉光	建保頃	出来上	30貫	藤大、備州長船住吉光ト打
144	三河	吉光	明徳頃	出来下	20貫	佐竹住薬王寺吉光ト打
145	備前	吉光	貞治頃	外上中	80貫	兼光カ弟、備州長船住義光ト打
146	備前	吉光	享徳頃	出来中	25貫	小反一家末、備前長船住賀光ト打
147	備前	善光	元徳頃	出来下	20貫	景光弟子、備州長船住善光ト打
148	備前	幸光	応安頃	外下ノ下	35貫	小反一家、備州長船住幸光ト打
149	備前	吉家	長和頃	上ノ上	500貫	三条小鍛冶宗近子
150	備前	吉家	承久頃	中ノ中	200貫	福岡住、一文字一家
151	相模	吉家	応安頃	下ノ下	100貫	安家子
152	備前	吉長	元徳頃	下ノ下	100貫	京平城二住
153	備前	吉平	正応頃	上中	400貫	宗吉次男、一文字一家
154	備前	吉房	嘉元頃	行中	750貫	吉家弟、一文字一家、左近、二代打
155	備前	吉康	建治頃	上ノ下	300貫	吉岡一文家ノ始ノ人也
156	備前	吉元	正中頃	下ノ下	100貫	後吉房子
157	備前	吉満	建長頃	下ノ中	125貫	吉岡助房カ弟子、又北一文字ト云
158	相模	吉元	正元頃	外下中	40貫	鎌倉ノ住、弥太郎
159	備前	吉真	建治頃	下ノ中	125貫	貞真子
160	備中	吉真	建仁頃	下ノ上	150貫	青江真治一家
161	筑前	吉真	永徳頃	下下	100貫	左ノ末
162	越中	義真	至徳頃	外中ノ上	60貫	後小松院御宇
163	備前	吉包	安貞頃	下ノ下	100貫	後堀川院御宇
164	山城	吉包	文和頃	下ノ下	100貫	中当(堂カ)来光包子、後二江州坂本又ハ粟津二住ス
165	備前	吉則	明徳頃	外中下	50貫	吉井住藤原ノ吉則ト打モ有、三代打也
166	山城	吉則	康安頃	外中下	50貫	三条住、三代有、三代目ハ泉ニテ打モアリ
167	出雲	吉則	明徳頃	外中上	60貫	道永一家、三代有
168	山城	義則	永延頃	下ノ中	125貫	–
169	筑前	吉貞	康永頃	下ノ上	150貫	左ノ貞吉子
170	備前	吉定	嘉慶頃	出来ノ上	30貫	備前長船吉定作ト打、近代ノ鍛冶也

番号	国名	名前	時期	格付け		備考
171	粟田口	吉国	永仁頃	外上ノ下	70貫	国吉弟子
172	備前	吉国	正応頃	下下	100貫	伏見院御宇
173	山城	吉国	永延頃	下下	100貫	一条院御宇
174	越中	吉国	貞治頃	外下下	35貫	淡路来重国ト同作ト云
175	備前	良国	至徳頃	外下中	40貫	此銘豊後ニ一人アリ
176	備前	吉利	元亨頃	外上ノ中	80貫	—
177	備前	吉景	嘉慶頃	外上中	80貫	備州長船吉景ト打、小反一家
178	備前	義景	貞治頃	下ノ下	100貫	備前長船義景ト打
179	備前	義景	応安頃	外下中	40貫	備州長船住義景ト打、小反トモ打
180	因幡	幸景	貞和頃	外下中	40貫	此作本国備前故ニ、備前長船住幸景ト打
181	備前	吉友	正慶頃	下下	100貫	吉光子
182	備前	吉秀	天福頃	下ノ下	100貫	四条院御宇
183	備前	義秀	貞応頃	下ノ下	100貫	後堀川院御宇
184	備前	吉用	弘安頃	上ノ上	500貫	一文字一家、山城ニモ此銘アリ
185	山城	吉用	正安頃	上ノ下	300貫	本備前、上京シテ四条ニ住ス、一代鍛冶
186	備前	吉宗	乾元頃	上ノ中	400貫	一文字ノ流、二代打
187	薩摩	吉宗	天仁頃	出来ノ上	30貫	波平行平次男、三代打
188	因幡	吉正	文永頃	外下上	45貫	国吉弟子、因州住景長トモ打
189	粟田口	吉正	正和頃	外下中	40貫	吉光弟子
190	備前	吉久	永和頃	外下中	40貫	備前長船吉久ト打、小反、三代打
191	備前	吉守	元亨頃	下ノ上	150貫	吉平子、一文字流
192	備中	吉次	天福頃	中ノ中	200貫	青江直次カ弟
193	筑前	吉次	康暦頃	下ノ下	100貫	左ノ末、筑州住吉次、二代打
194	備後	吉次	正長頃	外下ノ下	35貫	三原住、法華一乗ノ末
195	鞍馬関	吉次	永享頃	出来下	20貫	鞍馬ニ住ス吉次ト打、三代
196	備中	義次	建治頃	下下	100貫	青江吉家弟子、二代打
197	備中	善次	永和頃	外中上	60貫	本国備前、二代打
198	備前	吉恒	文暦頃	下ノ中	125貫	福岡住、一文字一家ト云
199	摂津	吉氏	康暦頃	出来上	30貫	天王寺ニ住ス、三代打
200	備前	吉氏	貞治頃	外下上	45貫	備州長船住吉氏、二代打
201	摂津	吉綱	永享頃	出来中	25貫	中島ニ住ス、二代打
202	筑前	吉弘	貞治頃	下下	100貫	左ノ末、筑州住吉弘ト打
203	越中	義弘	建武頃	無上別	3000貫	松倉ニ住、右馬允ト云、正宗弟子
204	大和	義広	貞和頃	外上下	70貫	千寿ノ一家
205	相模	吉広	明徳頃	外中ノ下	50貫	相州住吉広ト打
206	越中	義広	暦応頃	外上下	70貫	松倉住、義弘弟子ト云
207	筑州	吉盛	喜吉頃	外中上	60貫	金剛兵衛末、二代打
208	大和	吉行	貞和頃	外下ノ中	40貫	奈良ユルキニ住ス、一代
209	相模	善行	元仁頃	下ノ下	100貫	石切作者藤源治替銘也、鎌倉山内ニ住ス
210	備州	善行	建久頃	外上下	70貫	古作也、鳥羽院御宇
211	駿河	善助	永徳頃	外下中	40貫	島田住、代々打、後小松ノ院ノ御宇
212	駿河	善助	応仁頃	出来ノ上	30貫	島田住、後ニ助宗ト打、慶金ト云
213	備前	吉助	貞治頃	外下ノ下	35貫	備州長船住吉助ト打、小反流也
214	豊後	良順	正応頃	外上ノ下	70貫	豊州住良順ト打
215	筑前	良西	寛元頃	下ノ下	100貫	西蓮カ親ト云、又入西トモ此作ナリト云
216	備前	善元	永和頃	外下下	35貫	備州長船住善元ト打
217	豊後	能定	明徳頃	出来下	20貫	了戒能定ト打、三代
218	備前	善兼	貞治頃	外下下	35貫	備前長船住善兼ト打
219	相模	善明	建仁頃	下下	100貫	粟田口国綱、鎌倉ニテ如斯打事有ト云
220	相模	正宗	正応頃	無上別	3000貫	鎌倉五郎入道、伏見院御宇
221	備前	正宗	徳治頃	下ノ下	100貫	備前三郎国宗子、後又国宗ト打
222	山城	正宗	永享頃	外下ノ中	40貫	達磨ト云、後ニ濃州蜂屋ニ住
223	備前	政宗	永享頃	外下下	35貫	三原正宗カ弟、二代打
224	備後	正宗	長禄頃	出来ノ中	25貫	三原住、二代
225	備前	正恒	永延頃	上ノ上	500貫	一条院御宇
226	豊後	正恒	天福頃	中ノ中	200貫	行平カ子、是ヲ正恒ト云
227	備前	正恒	文永頃	中ノ上	250貫	亀山之院ノ御宇
228	備前	正恒	建久頃	上下	300貫	後鳥羽院御宇
229	備前	正恒	天仁頃	上ノ下	300貫	白河院御宇
230	大和	正恒	貞和頃	外下中	40貫	新屋ノ住

番号	国名	名前	時期	格付け		備考
231	薩摩	正国	永延頃	下ノ下	100貫	波平住
232	丹後	正国	元弘頃	外下中	40貫	綾部住
233	大和	正国	嘉元頃	下下	100貫	浅古住
234	粟田口	正国	正和頃	外下中	40貫	国延ヶ弟子
235	備前	正国	弘長頃	下ノ下	100貫	長船住
236	粟田口	正光	正安頃	下ノ下	100貫	吉光子、法勝寺前住ス正光ト打
237	備前	正光	応安頃	外上下	70貫	兼光子、備州長船住正光ト打
238	美濃	正光	永和頃	出来上	30貫	達磨、蜂屋二住
239	備後	正家	貞和頃	中ノ上	250貫	古三原左兵衛尉二代、古三原右兵衛尉二代
240	備中	正家	康暦頃	外中ノ上	60貫	—
241	備後	正家	嘉吉頃	出来中	25貫	三原住
242	備後	正信	貞治頃	外中上	60貫	三原正家子、備州住正信ト打
243	越後	正信	応永頃	外下ノ上	45貫	山村苗字ノ人、京信国ヲ召下弟子トナル、後二信国ト打、二代
244	周防	信清	寛正頃	出来ノ中	25貫	二王清綱之末、三代打
245	備後	正清	天明頃	出来下	20貫	具(貝ヵ)二住、二代打
246	和泉	正清	文亀頃	出来下	20貫	境二住、加賀四郎、二代打
247	備後	正広	応安頃	下下	100貫	正家子、三条殿、備州住正広ト打、二代
248	相模	正広	康永頃	下下	100貫	広光子、相州住人正広ト打、二代
249	備後	政広	明徳頃	出来ノ中	25貫	三原住正広カ子、二代打、備州住正慶ト打
250	備前	正真	元亨頃	用ノ上	15貫	村宗子
251	石見	正則	永和頃	出来下	20貫	直綱末、出羽住
252	出雲	正則	文安頃	出来上	30貫	道永ノ末、二代
253	豊後	正包	弘安頃	外下下	35貫	佐伯住
254	備中	正包	建暦頃	外下ノ中	40貫	正恒親也
255	粟田口	正次	正中頃	出来ノ下	20貫	正光カ弟子
256	肥後	正寿	享徳頃	出来ノ下	20貫	延寿ノ末
257	大和	正長	—	用ノ上	15貫	奈良住、三代打、和州ノ住正長ト打
258	備前	正景	寛正頃	出来ノ下	20貫	吉井住、二代打、備州吉井住正景ト打
259	備後	正近	康暦頃	用中上	—	木梨住、二代、備州住正近ト打
260	備中	正恒	—	中ノ中	200貫	正包子、足利太郎此太刀ヲ所持ス
261	山城	宗近	永延頃	別上	1500貫	三条小鍛冶、蝶丸不勤(動ヵ)日月作者也
262	伊賀	宗近	喜元頃	出来下	20貫	音羽住
263	山城	宗安	永延頃	中ノ中	200貫	宗近子
264	備前	宗安	天福頃	中ノ中	200貫	源ノ宗安ト打
265	豊後	宗安	承久頃	上ノ中	400貫	紀州太夫行平カ隠銘也
266	山城	宗利	長暦頃	中ノ下	175貫	三条宗安子、後備前二住ス
267	備前	宗利	元亨頃	出来下	20貫	吉井住、藤六左近太郎
268	備前	宗俊	喜元頃	下ノ下	100貫	長船住
269	備前	宗弘	建保頃	下ノ下	100貫	順徳院御宇
270	備前	宗仲	天暦頃	下ノ下	100貫	村上天皇御宇
271	備前	宗長	寛元頃	中ノ下	175貫	一文字一家
272	山城	宗永	宝治頃	下ノ下	100貫	粟田口
273	備前	宗永	建長頃	下ノ下	100貫	本ハ粟田口住
274	備前	宗家	正和頃	上ノ下	300貫	一文字一家
275	備前	宗吉	嘉元頃	行下	600貫	福岡一文字一家
276	備中	宗恒	元仁頃	下ノ中	125貫	青江住
277	備前	宗恒	天福頃	外中ノ上	60貫	出家シテ道阿ト云
278	大和	宗経	天仁頃	出来ノ上	30貫	奈良住
279	備前	宗忠	保元頃	中ノ下	175貫	一文字流
280	備中	宗忠	元弘頃	外中上	60貫	平三郎
281	備前	宗包	保元頃	下ノ中	125貫	一文字
282	備前	宗秀	承久頃	中ノ中	200貫	後二豊後二住、行平也
283	豊後	宗秀	承久頃	中ノ中	200貫	行平隠銘也
284	備前	宗行	文保頃	下ノ下	100貫	吉岡ノ住
285	備前	宗行	応安頃	外下ノ中	40貫	吉井住
286	備前	宗綱	貞徳頃	外下ノ下	35貫	後堀川院御宇
287	山城	宗延	—	外下ノ上	45貫	平安城住
288	山城	宗信	至徳頃	外上ノ下	70貫	平安城住
289	備中	宗遠	永仁頃	下ノ中	125貫	次頼、宗遠ト打事有リ

番号	国名	名前	時期	格付け		備考
290	山城	宗遠	貞治頃	外上ノ上	90貫	来流、国歳子
291	備中	宗末	正和頃	下ノ下	100貫	万寿庄之住
292	備前	宗末	仁治頃	外上ノ中	80貫	長船左近五郎
293	備前	宗則	貞応頃	下ノ下	100貫	長船左近
294	備中	宗貞	大治頃	下ノ下	100貫	青江ノ住
295	山城	宗岡	安元頃	外上ノ下	70貫	大宮住
296	越前	宗光	康永頃	外下ノ下	35貫	府中住国秀ト打事有リ
297	備前	宗光	永仁頃	出来中	25貫	備前長船宗光ト打コトアリ
298	伯耆	宗降	承元頃	出来ノ中	25貫	承元ノコロ二十四人番鍛冶ノ内也
299	備中	宗次	養和頃	下ノ下	100貫	奏四郎三郎、三位中将重衡太刀ヲ造
300	備前	宗助	安貞頃	下	−	後堀川院ノ御宇
301	陸奥	宗吉	正安頃	出来ノ上	30貫	新太夫云
302	備前	宗次	貞治頃	出来ノ上	30貫	備州長船宗次ト打
303	大和	宗忠	建長頃	出来ノ上	30貫	千手院定宗ノ弟子也
304	備前	助成	元暦頃	上ノ下	300貫	十二月番鍛冶也
305	備前	助包	永延頃	上ノ上	500貫	左近、抜打丸ト云太刀作、鎧武者ヲ抜打ニ切ト云
306	備前	助包	建長頃	下ノ中	125貫	始メ助包ハ銘細ク打、此作ハ大銘也
307	備前	助平	永延頃	行ノ下	600貫	藤原保昌懐ト云太刀ヲ作
308	備前	助平	文暦頃	下ノ下	100貫	始メ助平ハ銘太ク長シ後ニ短ク細シ
309	播磨	助平	貞応頃	下ノ下	100貫	此作国吉トモ打、銘短ク細シ
310	薩摩	助平	弘安頃	外上ノ下	70貫	波平住
311	備前	助宗	嘉吉頃	外下ノ下	35貫	後花園院御宇
312	駿河	助宗	明徳頃	出来下	20貫	慶金ト云、二代打
313	備前	助則	文字頃	上ノ上	500貫	吉岡住、世々小一文字ト云
314	備前	助茂	貞和頃	上ノ下	300貫	紀助茂トモ打、三代
315	備前	助友	天福頃	中ノ上	250貫	長船住、二代打
316	山城	助友	文応頃	上ノ中	400貫	師子、亀山院御宇
317	備前	助房	文字頃	上ノ下	300貫	吉岡住、一文字一家、二代有リ、始メハ大銘也
318	備前	助吉	貞応頃	上ノ下	300貫	吉岡一文字一家、二代
319	備前	助秀	寛元頃	上ノ中	400貫	長船助友子、二代
320	備中	助秀	嘉暦頃	下ノ下	100貫	万寿住末貞トモ打
321	備前	助守	元仁頃	上ノ中	400貫	一文字一家
322	備前	助守	嘉慶頃	上ノ中	400貫	一文字一家、二代
323	備前	助村	宝治頃	上ノ下	300貫	一文字一家、始メニ小銘ニ切ル
324	備前	助重	元暦頃	中ノ中	200貫	烏丸作者
325	備中	助重	正安頃	下ノ中	125貫	後家安ト打、二代
326	備前	助久	天福頃	下ノ下	100貫	長船、四条院御宇
327	備前	助久	嘉慶頃	外中ノ下	50貫	備前長船住助久ト打
328	備前	助依	文暦頃	上ノ下	300貫	一文字一家、四条院御宇
329	備前	助真	文永頃	真ノ中	1000貫	一文字助成弟
330	遠江	助真	文暦頃	真ノ下	700貫	此作菅次ト打
331	相模	助真	正応頃	真ノ中	1000貫	山内二住、藤源次ト云
332	備前	助真	天福頃	下ノ下	100貫	備州長船住助真ト打
333	備前	助延	建治頃	上ノ中	400貫	十二月番鍛冶也
334	備前	助近	建治頃	下ノ下	100貫	八郎太夫
335	薩摩	助近	元仁頃	外下ノ中	40貫	波平住、行平弟ト云
336	備中	助近	正慶頃	下ノ中	125貫	後ニ助正ト打、三代打
337	備前	助是	正安頃	下ノ下	100貫	九郎八郎、後伏見院ノ御宇
338	備前	助次	正応頃	中ノ中	200貫	備前国助次ト打、二代
339	備前	助綱	正和頃	下ノ下	100貫	長船住、花園院御宇
340	相模	助綱	正元頃	外下ノ下	35貫	鎌倉車大路住、本ハ粟田口
341	山城	助盛	元延頃	下ノ下	100貫	大宮住、国盛子
342	備前	助守	応長頃	下ノ下	100貫	一文字流
343	備前	助光	元亨頃	下ノ下	100貫	吉岡一文字
344	相模	助光	建武頃	下ノ下	100貫	藤源次一家
345	大和	助光	正安頃	外中ノ中	55貫	奈良新左衛門助光ト打
346	備前	助行	応長頃	中ノ中	200貫	一文字一家
347	備前	助永	貞永頃	中ノ下	175貫	長船住、後堀川院御宇
348	備前	助長	正和頃	下ノ下	100貫	長船住
349	大和	助長	暦応頃	外下ノ中	40貫	尻懸則長カ次男

番号	国名	名前	時期	格付け		備考
350	備前	助国	嘉慶頃	下ノ下	100貫	備前五郎入道
351	備前	助経	正中頃	下ノ下	100貫	長船住
352	播磨	助常	貞応頃	外下中	40貫	紀新太夫ト云、小川住
353	備前	助正	正和頃	外下中	40貫	備前長船住助正ト打、二代、又ハ重助トモ打
354	備前	助忠	貞治頃	下下	100貫	備州長船住助忠ト打
355	備前	助高	正和頃	下下	100貫	長船住、次郎左衛門入道
356	備前	助俊	正安頃	下下	100貫	後伏見院御宇
357	大和	助利	保安頃	外中ノ下	50貫	千手院流
358	備前	助貞	徳治頃	下中	125貫	一文字一家
359	備前	助定	元亨頃	下下	100貫	備前国長船住助定ト打
360	相模	助貞	正和頃	上ノ中	400貫	彦四郎貞宗、始如此打
361	備前	助安	応長頃	上中	400貫	一文字流
362	備前	助弘	貞治頃	下下	100貫	備州長船住助弘ト打、二代
363	播磨	助時	寛和頃	外上中	80貫	藤四郎ト云、花山院御宇
364	備前	助林	正中頃	下ノ上	150貫	一文字流
365	相模	助森	康永頃	外中ノ中	55貫	弥太郎ト云、吉光トモ打
366	大和	助弘	延元頃	外中ノ下	50貫	尻懸末
367	備中	助次	元暦頃	中ノ下	175貫	青江住、又太郎、又佐々本此銘ノ太刀ヲ帯〆藤戸ヲ渡ス
368	備前	助里	正慶頃	下下	100貫	長船住、右馬允
369	備前	助	建長頃	下ノ下	100貫	一文字介ト計打
370	山城	助定	暦応頃	外上ノ中	80貫	定利弟、綾小路住
371	大和	助成	元暦頃	外上ノ中	80貫	十市住人
372	備前	助弘	正安頃	下ノ下	100貫	福岡住
373	備前	助真	文暦頃	－	－	助真始メ如此打
374	備前	助重	文永頃	下ノ下	100貫	長船住
375	備前	助休	建武頃	外上ノ中	80貫	備前国住人助休ト打
376	備前	助盛	建長頃	外上ノ中	80貫	福岡住
377	備前	祐光	文明頃	出来ノ上	30貫	備前長船住祐光ト打
378	備中	佐平	永和頃	外下ノ上	45貫	大隅左衛門、三代打
379	備前	佐光	文正頃	出来中	25貫	備州長船住佐光ト打
380	和泉	資正	文明頃	出来ノ上	30貫	境住、加賀四郎
381	備中	資則	建武頃	外下ノ中	40貫	万寿庄住
382	伯耆	貞綱	天暦頃	下ノ下	100貫	大原真重カ子也
383	石見	貞綱	応安頃	外下ノ中	40貫	出羽住、直綱ノ子也
384	備前	貞綱	元応頃	外上ノ下	70貫	備州長船住貞綱ト打
385	相模	貞宗	建武頃	無上	2000貫	産四郎ト云、正宗ノ養子
386	大和	貞宗	正中頃	上ノ下	300貫	保昌五郎
387	越中	貞宗	康暦頃	外下ノ下	35貫	宇多一家、宇多トハ不打
388	大和	定宗	貞応頃	下ノ下	100貫	千手院一家
389	筑後	貞秀	文永頃	下ノ中	125貫	三池流
390	豊後	定秀	正治頃	中ノ中	200貫	豊後住僧定秀ト打、行平カ師ト云
391	筑前	定行	貞治頃	下ノ中	125貫	左ノ末
392	備前	貞行	応長頃	下ノ中	125貫	一文字一家吉真子
393	石見	貞行	正長頃	出来ノ下	20貫	出羽住、直綱四男
394	筑前	貞吉	観応頃	上ノ中	400貫	左安吉子、筑州住貞吉ト打
395	大和	貞吉	正元頃	上ノ中	400貫	保昌五郎貞宗子
396	備前	貞吉	安元頃	上ノ中	400貫	一文字流
397	備前	定吉	貞治頃	行ノ中	750貫	備前長船住定吉ト打
398	備前	貞則	文保頃	下ノ上	150貫	一文字流
399	備前	定則	正治頃	下ノ上	150貫	一文字則宗弟云
400	山城	定則	元暦頃	下ノ下	100貫	京三条綾小路住
401	－	貞次	元弘頃	別上ノ下	1150貫	法城寺流
402	備中	貞次	正慶頃	外下ノ上	45貫	備中国住人大隅権之助ト打、初メノ貞次トハ別人也
403	備後	貞次	嘉慶頃	出来ノ上	30貫	三原貞次、三原ノ末也
404	山城	定次	至徳頃	外上中	80貫	京三条孫太郎
405	備前	定次	正和頃	外下ノ中	40貫	長船左衛門尉
406	薩摩	貞安	徳治頃	出来ノ上	30貫	波平ノ住
407	薩摩	定安	元弘頃	出来ノ中	25貫	波平住、行安聟
408	備前	貞利	安貞頃	出来ノ中	25貫	上京シテ四条坊門二住

番号	国名	名前	時期	格付け		備考
409	大和	定利	天福	中ノ中	200貫	千住院一家
410	備前	定利	正和頃	下ノ下	100貫	出家後道門ト云
411	備前	定俊	建保頃	下ノ上	150貫	順徳院御宇
412	備前	定俊	正和頃	下ノ中	125貫	了戒師、了阿弥ト云
413	備前	貞近	元亨頃	外下中	40貫	備前貞近造ト打
414	山城	定近	長和頃	上ノ中	400貫	三条小鍛冶吉家、如斯打時アリ
415	大和	貞末	享徳頃	外上ノ下	70貫	保昌五郎一家
416	石見	貞末	長禄頃	出来ノ下	20貫	長浜住、直綱末
417	備前	貞真	建治頃	中ノ中	200貫	一文字ノ一家
418	大和	貞真	応仁頃	外下ノ中	40貫	保昌五郎一家
419	山城	定国	応永頃	外下ノ中	40貫	信国一家、後ニ信国ト打
420	大和	貞光	嘉吉頃	外中ノ下	50貫	保昌五郎一家
421	備前	貞光	至徳頃	外下下	35貫	備州長船住貞光ト打
422	山城	定光	応永頃	外下中	40貫	信国弟子
423	備前	貞守	文保頃	外中ノ上	60貫	備州長船住貞守ト打
424	美作	貞経	承久頃	外上ノ中	80貫	秀貞子、順徳院御宇
425	備前	貞長	貞和頃	出来ノ上	30貫	備州長船貞長打
426	伯耆	貞平	文永頃	外下中	40貫	伯州住貞平ト打
427	陸奥	貞房	文保頃	出来中	25貫	玉造郡住
428	大和	貞清	正長頃	外下ノ上	45貫	保昌五郎子
429	備後	貞広	康応頃	出来ノ下	20貫	三原住、又ハ尼ノ道トモ云
430	山城	定弘	宝治頃	外中ノ上	60貫	一条住
431	但馬	貞与	貞和頃	出来ノ上	30貫	法城寺流
432	備前	貞守	貞治頃	外下中	40貫	備前長船住貞守ト打
433	大和	貞奥	永和頃	外下下	35貫	保昌五郎一
434	大和	貞材	寛正頃	外下下	35貫	保昌五郎末也、貞真弟
435	粟田口	貞隆	永仁頃	外下中	40貫	藤林国友カ弟子
436	備前	貞	至徳頃	外下ノ中	40貫	備前長船貞ト計打
437	上野	定慶	暦仁頃	外上中	80貫	紀新太夫行平カ弟子ト云
438	豊後	定春	天福頃	外上ノ下	70貫	行平カ弟子
439	大和	定重	正安頃	下下	100貫	千手院重弘カ子、礒上住、又ハ金王トモ打
440	備前	定基	正和頃	外上ノ中	80貫	備前国長船住定基トモ打
441	山城	定業	正慶頃	外中上	60貫	綿小路住
442	大和	定村	応永頃	外中ノ中	55貫	千手院、弥三郎ト云
443	備前	定	貞和頃	外中上	60貫	備州長船住定ト打、又定ト計モ打、二代
444	豊後	定順	承平頃	外中ノ下	50貫	法師也、瓜実此作也
445	筑前	貞行	至徳頃	外中ノ上	60貫	左ノ末、筑州住貞行ト打、二代
446	山城	定家	正慶頃	外中ノ上	60貫	三条住、藤五郎ト云
447	備中	貞次	正治頃	上ノ上	500貫	青江住、重次子、二月番鍛冶
448	備前	信房	建久頃	上ノ中	400貫	長原権守、日本鍛冶宗匠也
449	陸奥	信房	建暦頃	外上ノ下	70貫	法華経太郎ト云
450	備前	延房	建久頃	上ノ中	400貫	信房同作トモ云
451	山城	信国	建武頃	上ノ上	500貫	本ハ信濃小路住、五条坊門住、父信国是也
452	山城	信国	応永頃	上ノ下	300貫	三代目、左衛門ト云
453	越後	信国	正長頃	外中ノ下	50貫	始メニ山村正信ト打、後ニ信国也
454	備前	信国	応永頃	下ノ下	100貫	父信国次男、備前江下ル也
455	豊前	信国	永享頃	用上	15貫	宇佐住、三代目打、了戒信国ト打
456	山城	信国	貞治頃	上ノ中	400貫	二代目、越後江下リ山村ノ弟子トナル
457	山城	信国	応安頃	下ノ下	100貫	源左衛門尉信国ト打
458	備前	延国	嘉吉頃	出来上	30貫	信国子、備前江一人下ル、又備前ニモ外一人有ルト云
459	備前	信正	貞応頃	下ノ中	125貫	信房子、権太郎ト云
460	備前	延正	建暦頃	下ノ下	100貫	信房子、順徳院御宇
461	山城	信久	徳治頃	外下ノ下	35貫	了戒子、後ニ信国ト打
462	備前	信直	正中頃	下ノ下	100貫	長船住
463	備前	信家	建治頃	外上ノ上	90貫	鵜飼庄住、後宇多院御宇
464	備前	延家	康暦頃	外上ノ下	70貫	－
465	大和	信長	貞和頃	外下中	40貫	当麻ノ末、浅古ト云所ニ住、二代打
466	加賀	信長	文和頃	外上下	70貫	藤島友重子、二代打
467	備中	信次	元亨頃	外下中	40貫	万寿庄住

番号	国名	名前	時期	格付け		備考
468	備中	延次	嘉元頃	下ノ中	125貫	青江住、七郎入道
469	大和	信真	正中頃	外下中	40貫	千手院一家、奈良ニ住
470	尾張	延次	応仁頃	出来上	30貫	志賀菊延子、二代
471	備前	延真	永和頃	外下ノ下	35貫	吉井住、備中小船ニ住延真ト打
472	備前	信光	−	出来ノ上	30貫	新堂刑部、備前長船住信光ト打、二代
473	美濃	延光	文安頃	出来中	25貫	蜂屋住、代々アリ
474	粟田口	延光	文保頃	外下ノ中	40貫	吉光子
475	備前	延光	貞和頃	外下中	40貫	備前長船住延光ト打
476	山城	信光	至徳頃	出来上	30貫	平安城住
477	備前	信包	天福頃	下下	100貫	左近将監ト云、福正子
478	備前	信宗	康安頃	外上	−	備前長船住信宗ト打
479	大和	信平	昌泰頃	下ノ中	125貫	−
480	長門	信重	永和頃	外下ノ上	45貫	二代打
481	山城	信行	延元頃	外下ノ上	45貫	三条錦小路住
482	備前	信守	貞治頃	外下ノ中	40貫	備前長船住信守ト打
483	備前	信貞	延文頃	外下ノ下	35貫	備州長船住信貞ト打
484	備前	信心	康安頃	外下ノ上	45貫	備州長船住信心ト打
485	山城	延秀	暦応頃	外上ノ下	70貫	本国備前、上京シテ猪熊ニ住
486	大和	延吉	文和頃	外中上	60貫	千手院末、大銘也、瓜実カ銘也
487	備前	延依	文保頃	下ノ中	125貫	一文字ノ末
488	備前	延正	康安頃	外中ノ上	60貫	備州長船住延正ト打
489	備前	延生	貞和頃	外上ノ中	80貫	備前国住延生ト打
490	備前	信安	康暦頃	外上ノ中	80貫	備州長船住信安ト打
491	豊後	信光	明徳頃	出来ノ下	20貫	了戒信光ト打、又了戒宣光トモ打
492	山城	信貞	貞治	外下中	40貫	平安城住
493	備州	延貞	貞和	下下	100貫	青江住、三代
494	石見	真友	明徳頃	出来ノ中	25貫	真包弟子、長浜ノ住
495	伯耆	真守	弘仁頃	行下	600貫	安綱子、大原真守ト打
496	備前	真守	康元頃	上ノ下	300貫	右馬允、守家子
497	備中	真守	正応頃	下ノ下	100貫	−
498	備前	実守	建治頃	下ノ下	100貫	後宇多院御宇
499	伯耆	真綱	天暦頃	下ノ中	125貫	真守弟子、名人也、太刀ヲ三振作、日本ニ三振太刀也
500	石見	真綱	明徳頃	外中ノ中	55貫	出羽貞綱子
501	紀伊	実綱	元応頃	外上中	80貫	本国和州住、入鹿住本宗子
502	備前	真綱	長暦頃	外上ノ中	80貫	後朱雀院御宇
503	備前	真家	天福頃	外上ノ下	70貫	四条院御宇
504	大和	真家	正中頃	外上ノ中	80貫	千手院信真子、藤五郎
505	粟田口	真国	永仁頃	上ノ上	500貫	国信弟子、天神御作ト云
506	山城	真国	嘉元頃	下ノ中	125貫	後相州ニ下リ鎌倉ニ住ス
507	備前	真国	応長頃	下ノ下	100貫	花園院御宇
508	大和	真忠	正和頃	外上ノ中	80貫	弘真トモ打
509	備前	真忠	正安頃	外上ノ上	90貫	後伏見院御宇
510	備前	実忠	貞永頃	外上ノ中	80貫	後堀川院御宇
511	加賀	真景	延元頃	外上ノ中	80貫	則重弟子、藤真景トモ打、二代
512	備前	真景	嘉徳頃	外下ノ中	40貫	備前長船住真景ト打、又ハ長真ト打
513	備中	真景	永仁頃	外上ノ中	80貫	真行弟子、寿庄住
514	備前	真景	貞治頃	外上ノ下	70貫	備州長船住真景ト打、小反也
515	備前	真利	建久頃	上ノ下	300貫	片山右馬允
516	山城	真利	建久頃	中ノ上	250貫	本国備前、上京シテ油小路ニ住
517	備中	真利	貞永頃	中ノ上	250貫	片山右馬太郎
518	伯耆	真利	養和頃	下ノ下	100貫	大原住、切物也
519	出雲	真則	嘉吉頃	外上ノ中	80貫	道永末
520	備前	真則	建長頃	出来上	30貫	備州吉井住、吉則トハ別人也、一文字也
521	備中	真則	応長頃	上ノ下	300貫	万寿住、三条吉国末
522	伯耆	真則	正中頃	外上ノ上	90貫	−
523	伯耆	真光	正和頃	外上ノ下	70貫	大原真宗子、二代
524	備前	真光	弘安頃	外下ノ中	40貫	平左近将監
525	大和	真光	貞和頃	出来ノ下	20貫	手掻住
526	大和	真光	正元頃	出来ノ中	25貫	千手院流、奈良ユルキニ住ス
527	備前	真長	建治頃	下ノ下	100貫	長船住、平三郎長光弟、二代

番号	国名	名前	時期	格付け		備考
528	備中	真長	応長頃	下ノ下	100貫	万寿庄新左衛門、二代
529	伯耆	真宗	永仁頃	上ノ下	300貫	真綱子、大原住人
530	山城	真宗	承元頃	外上ノ中	80貫	土御門院御宇
531	山城	真清	弘長頃	外下中	40貫	亀山院御宇
532	伯耆	真清	天長頃	下ノ下	100貫	安綱ノ子
533	備前	真恒	応長頃	下ノ下	100貫	真守子
534	豊後	真恒	治安頃	下ノ中	125貫	佐伯住、三池流ト云
535	備前	真経	元応頃	外上ノ中	80貫	又ハ貞綱
536	美作	実経	承元頃	外下ノ下	35貫	二十四人番鍛冶ノ内
537	紀伊	実	建保頃	外上ノ下	70貫	実次子、入鹿住、二代打
538	石見	真元	至徳頃	出来ノ中	25貫	出羽、正則子
539	大和	真元	正慶頃	外上ノ下	70貫	千手院流
540	備中	真次	建治頃	下ノ下	100貫	青江住、兵衛尉
541	紀伊	実次	正元頃	下下	100貫	入鹿、鑓之上手也
542	筑州	実次	仁寿頃	上ノ中	400貫	土山ト云所ニテ造
543	大和	真末	建武頃	出来ノ上	30貫	南都住、藤太夫ト云
544	備前	真近	仁治頃	上ノ下	300貫	長船住
545	備中	真里	文暦頃	下ノ下	100貫	青江住、本国備前
546	粟田口	真隆	嘉元頃	外上ノ下	70貫	国信子、後三条院御宇
547	備中	真行	永仁頃	外上ノ中	80貫	青江住、真次子
548	備前	真行	文永頃	外上ノ上	90貫	亀山院御宇
549	備前	真房	元亨頃	外上ノ中	80貫	後醍醐院御宇
550	−	真直	承和頃	中ノ中	200貫	天神御作、仁明天皇御宇
551	備前	真貞	嘉応頃	外中ノ中	55貫	高倉院御宇
552	備前	真定	延元頃	下下	100貫	後醍醐御宇
553	備前	真吉	安元頃	下ノ下	100貫	高倉院御宇
554	備中	真平	文和頃	下ノ下	100貫	左衛門尉
555	石見	真包	明徳頃	出来上	30貫	長浜住
556	石見	真有	永享頃	出来ノ中	25貫	真友子、石州住真有
557	大和	真助	寛元頃	外上ノ下	70貫	−
558	山城	実成	永延頃	下下	100貫	一条院御宇
559	薩摩	実安	承久頃	外下ノ下	35貫	波平住光守トモ打
560	筑前	実阿	本書二年号ナシ	下ノ下	100貫	西蓮弟子、美実阿ト打モ有
561	山城	実秀	寛元頃	下下	100貫	−
562	備中	真信	仁治頃	下ノ下	100貫	又真里トモ打
563	備前	則宗	元暦頃	真ノ中	1000貫	福岡住、菊作者也
564	相模	則宗	安貞頃	下ノ下	100貫	鎌倉山内二住、藤源治一家
565	備前	則宗	享徳頃	外下ノ上	45貫	備州長船則宗ト打、近代ノ鍛冶也
566	粟田口	則国	建長頃	草中	450貫	藤馬允、二代有
567	伯耆	則国	正応頃	外上ノ中	80貫	佐伯住
568	備前	則成	建治頃	草ノ下	350貫	一文字一家
569	大和	則成	観応頃	外上ノ中	80貫	尻懸、則弘トモ云
570	出雲	則成	保元頃	外中ノ上	60貫	則兼子
571	大和	則長	正和頃	下ノ下	100貫	尻懸則長、三代
572	山城	則長	正安頃	外中ノ上	60貫	京綾小路住
573	越中	則重	嘉暦頃	真ノ上	1500貫	御服山住、正宗五郎八郎ト云
574	備前	則重	応安頃	外中ノ中	55貫	備州長船住、重助子
575	薩摩	則重	建治頃	外中ノ下	50貫	波平住
576	備前	則房	正治頃	草下	350貫	一文字一家、高津右馬允
577	備中	則房	元弘頃	下ノ下	100貫	万寿庄住、本国備前鍛冶也
578	美作	則房	承元頃	外上ノ中	80貫	土御門院御宇
579	山城	則房	正治頃	上ノ下	300貫	本国備前
580	備前	則恒	久寿頃	草ノ下	350貫	一文字一家、同銘二人有
581	伯耆	則恒	保元頃	外上中	80貫	本ハ備前、後白河院御宇
582	備中	則常	建暦頃	下ノ下	100貫	本ハ備前、順徳院御宇
583	陸奥	則常	天延頃	外上ノ中	80貫	上一丸トモ、後和州住
584	備前	則兼	長暦頃	下ノ下	100貫	吉岡住、太郎兵衛ト云
585	山城	則兼	永和頃	外上中	80貫	来ノ末
586	備前	則包	貞応頃	上ノ下	300貫	一文字ノ一家、左近太郎ト云

番号	国名	名前	時期	格付け		備考
587	出雲	則包	建久頃	下ノ下	100貫	本越前ノ法師也
588	備中	則高	永延頃	下ノ下	100貫	同銘片山物二有
589	備前	則高	寛元頃	下中	125貫	−
590	備前	則助	正中頃	下ノ上	150貫	一文字流
591	備前	則助	建長頃	下ノ上	150貫	一文字ノ一家
592	備前	則次	仁治頃	下ノ下	100貫	藤兵衛尉新田庄ト打、一文字ノ流
593	備中	則次	正和頃	外上ノ中	80貫	花岡(園カ)院御宇
594	備前	則真	徳治頃	下ノ中	125貫	一文字流
595	備前	則真	寛元頃	下ノ下	100貫	備州長船住ト打タルモ有
596	備中	則実	元暦頃	外上ノ中	80貫	後鳥羽院御宇
597	相模	則家	天福頃	下ノ下	100貫	則宗弟、藤源治ト云
598	備前	則家	天養頃	下ノ上	150貫	一文字新太郎
599	備前	則守	文暦頃	下ノ下	100貫	四条院御宇
600	山城	則守	至徳頃	外上ノ下	70貫	来一家ノ末也
601	備前	則光	明徳頃	外下ノ下	35貫	備州長船則光ト打、康永ノコロ又ハ近代三人有
602	大和	則光	貞和頃	出来ノ下	20貫	日光、奈良ユルキ住
603	筑前	教光	嘉慶頃	用ノ上	15貫	大石住教光ト打、末ノ左、教永トモ打
604	備前	法光	正慶頃	用ノ中	10貫	備州長船住法光ト打
605	備前	則平	文暦頃	下ノ下	100貫	四条院御宇
606	備前	則吉	安貞頃	下ノ下	100貫	長船住、新太郎
607	備前	則景	貞応頃	下ノ上	150貫	一文字ノ流
608	備前	則村	元応頃	下ノ上	150貫	則兼ト同作ト云
609	伯耆	則耀	貞永頃	外中ノ中	55貫	大原ノ住、光信カ弟
610	備前	則綱	享徳頃	外下ノ中	40貫	吉井住
611	備前	則行	正応頃	外上ノ中	80貫	伏見院御宇
612	備前	則安	長久頃	外上ノ中	80貫	宇野七郎ト云
613	肥前	則末	暦ト計有リ	外下ノ上	45貫	散位則末ト打
614	備前	則依	弘長頃	中ノ上	250貫	一文字ノ一家
615	大和	則弘	文永頃	外下ノ中	40貫	尻懸ノ一家
616	粟田口	則清	貞永頃	外下ノ下	35貫	国清カ弟子
617	備前	範宣	貞治頃	外下ノ下	35貫	備州長船ト打
618	備前	則経	正暦頃	上ノ下	300貫	一条院御宇
619	備前	則常	建仁	下ノ上	150貫	一文字一家、源太夫ト云
620	大和	則国	延文	外上中	80貫	和尻懸一家
621	備前	景光	元亨	上ノ下	300貫	長船住、長光子
622	粟田口	景国	貞永頃	外下ノ中	40貫	粟田口住、久国弟子、後二景国ト打
623	備前	景国	元弘頃	外上ノ下	70貫	備州長船住景国ト打
624	備前	景長	応長頃	外中ノ上	60貫	因幡小鍛治、二代目也
625	因幡	景長	正和頃	外下ノ上	45貫	粟田口吉光弟子、因幡小鍛冶ト云、三代目ハ備前住
626	備前	景安	建仁頃	中ノ中	200貫	長船住
627	備前	景秀	天福頃	上ノ下	300貫	長船住、右馬允
628	備前	景助	建仁頃	下下	100貫	土御門院御宇
629	備前	景高	建長頃	下ノ下	100貫	行宗トモ打
630	備前	景依	弘安頃	外中ノ下	50貫	長船住守景トモ打
631	備前	景	正中頃	外中ノ下	50貫	後二京二住ス、近代ノ作上手也
632	紀伊	景実	観応頃	外下ノ中	40貫	実経ノ子
633	備前	景政	応長頃	外下ノ上	45貫	大宮住、盛景ノ子
634	備前	景久	文永頃	外上ノ中	80貫	亀山院ノ御宇
635	備前	景則	享徳頃	外下ノ中	40貫	備前長船吉井住景則ト打
636	讃岐	景宗	文暦頃	出来ノ下	20貫	尾越住、太郎太夫子、四条院御宇
637	加賀	景光	延元	出来上	30貫	藤島末、三代打
638	備前	景光	応安	出来ノ上	30貫	備州長船住景光ト打、小反一家
639	伯耆	景国	徳治	外下中	40貫	後二条院御宇
640	大和	安則	建仁頃	下ノ下	100貫	清新太夫ト云
641	備前	安則	建暦頃	上ノ下	300貫	一文字則宗子
642	豊後	安則	長久頃	下ノ下	100貫	瓜実
643	尾張	安則	寛嘉頃	外下ノ中	40貫	後堀川院ノ御宇
644	伯耆	安則	天福頃	出来ノ中	25貫	大原住
645	備中	康則	元仁頃	下ノ中	125貫	万寿庄住
646	筑前	安行	康暦頃	外中ノ上	60貫	左ノ末、定行子ト云、筑州住安行ト云

番号	国名	名前	時期	格付け		備考
647	薩摩	安行	元仁頃	出来ノ上	30貫	波平住、二代打
648	備中	安行	建暦頃	外上ノ中	80貫	青江住
649	薩摩	安次	乾元頃	出来ノ中	25貫	三代有、末ハ波平安次ト打
650	伯耆	安守	承平頃	下ノ下	100貫	大原住、安綱ノ弟子
651	備前	安守	正安頃	下ノ下	100貫	長船住、家助子、清次郎ト云
652	伯耆	安守	至徳頃	外上下	70貫	伯州住安守作ト打
653	備中	安次	正治頃	下ノ上	150貫	青江住
654	備前	安次	長保頃	下ノ下	100貫	一条院御宇
655	備中	康次	正暦頃	上ノ中	400貫	二代打
656	大和	康経	天福頃	外中上	60貫	千手院一家
657	備中	泰次	貞永頃	下ノ下	100貫	次郎助トモ
658	伯耆	安綱	弘仁頃	草ノ下	350貫	大原三郎太夫ト云、酒天童子切ル太刀ノ作也
659	出羽	安綱	建長頃	外中ノ中	55貫	又ハ国綱トモ打
660	備前	安綱	康暦頃	外中ノ上	60貫	安元トモ打
661	薩摩	安光	建久頃	外下下	35貫	波ノ平住、二代打
662	陸奥	安光	元仁頃	出来ノ上	30貫	後堀川院御宇
663	備前	康光	康永頃	外下ノ中	40貫	長船住康打
664	筑前	安吉	建武頃	行ノ上	900貫	左子、筑州住左安吉トモ打、安吉ト計表ニ打、裏ニ筑州住トモ打
665	阿波	泰吉	観応頃	行中ノ下	―	海部ノ住
666	筑前	安貞	貞治頃	下ノ中	125貫	貞吉トモ打
667	備前	康貞	永暦頃	外中ノ上	60貫	二条院御宇
668	備中	安弘	建保頃	下ノ下	100貫	万寿庄住
669	備前	保弘	正和頃	外中ノ上	60貫	長船左衛ト打
670	越後	安信	正中頃	外中ノ下	50貫	信国子、後ニ信国ト打
671	備前	安信	正和頃	外下ノ中	40貫	花園院ノ御宇
672	山城	安利	正中頃	外上ノ中	80貫	―
673	備前	安俊	貞応頃	外上ノ中	80貫	友光トモ打
674	備中	安利	文永頃	外上ノ下	70貫	亀山院御宇
675	備前	安久	貞治頃	外上ノ下	70貫	備州長船住ト打
676	備前	安房	元暦頃	上ノ中	400貫	一文字ノ一家
677	備前	安家	保元頃	下ノ下	100貫	長船、太郎太夫ト云
678	備中	安家	永仁頃	外上ノ上	90貫	万寿庄住
679	大和	安村	建長頃	外上ノ下	70貫	千手院、康村トモ打、平九郎ト云
680	備前	安忠	建長頃	上ノ下	300貫	長船住
681	備前	安ト計	元暦頃	下ノ上	150貫	長船康守如斯打
682	備中	康ト計	正安頃	下ノ下	100貫	青江貞次如斯打
683	備中	康ト計	永延頃	下ノ下	100貫	青江康次如斯打
684	備前	安永	文永頃	下ノ下	100貫	亀山院ノ御宇
685	備前	安秀	文永頃	下ノ下	100貫	亀山院御宇、太郎左助ト云
686	備前	安認	永延頃	下ノ下	100貫	一条院御宇
687	備前	安元	観応頃	下ノ下	100貫	崇光御宇
688	備前	安高	寛和頃	外上ノ中	80貫	備州長船住ト打
689	山城	安順	―	外上ノ下	70貫	土御門院御宇
690	播磨	安頼	建久頃	外上ノ下	70貫	花山院御宇
691	備前	安高	寛元頃	外中ノ下	50貫	康高トモ打
692	備中	康恒	貞応頃	下下	100貫	青江住
693	大和	重弘	元暦頃	中ノ上	250貫	千手院藤太、二代
694	備前	重弘	貞和頃	外中ノ上	60貫	長船住
695	大和	重永	保延頃	下ノ下	100貫	重利子
696	備前	重永	建長頃	下ノ下	100貫	後深草院御宇
697	遠江	重永	天仁頃	外中ノ下	50貫	後ハ俊行トモ打
698	近江	重永	貞永頃	上	―	後堀川院御宇
699	伯耆	重永	保延頃	外中ノ上	60貫	大原住、重利子
700	陸奥	重永	大治頃	外上ノ中	80貫	丸作我里馬トモ打、秀衡カ鍛冶也、岩井郡秀衡影丸作
701	大和	重則	宝	外上ノ中	80貫	昔鍛冶也
702	備後	重則	寿永頃	下ノ下	100貫	安徳天皇御宇
703	備前	重則	享徳頃	出来ノ上	30貫	吉井住
704	大和	重利	寿永頃	下ノ下	100貫	忠次郎ト云

番号	国名	名前	時期	格付け	備考
705	備後	重利	仁寿頃	外中下 50貫	昔鍛冶也
706	伯耆	重利	天治頃	外下ノ上 45貫	大原住
707	丹波	重利	正安頃	出来上 30貫	十逆寿トモ打
708	大和	重守	永仁	外中ノ上 60貫	千手院一家
709	伯耆	重守	保延頃	外中ノ中 55貫	大原住安守子
710	備中	重次	大治	下ノ下 100貫	崇徳院御宇
711	淡路	重次	正和頃	外上ノ中 80貫	花園院御宇
712	讃岐	重次	大治頃	出来中 25貫	崇徳院御宇
713	山城	重国	永暦頃	外上ノ中 80貫	淡路来ト云、能登国ニモ此銘有リ
714	越前	重国	永和頃	外中下 50貫	宗光子
715	山城	重行	応長頃	外中ノ上 60貫	包安トモ打、本和州
716	備前	重行	徳治頃	外中ノ上 60貫	後二条院御宇
717	大和	重泰	永仁頃	外中ノ中 55貫	千手院流
718	山城	重泰	康永頃	外中ノ下 50貫	来流
719	備前	重高	貞治	外上ノ下 70貫	−
720	山城	重高	乾元頃	下ノ下 100貫	後二条院御宇
721	播磨	重高	康和頃	外中上 60貫	堀川院御宇
722	陸奥	重高	建長頃	外中ノ下 50貫	高基カ子
723	大和	重吉	元弘頃	外中ノ上 60貫	千手院流
724	備前	重吉	嘉慶	外中上 60貫	守吉トモ打
725	山城	重嘉	康永	外中ノ下 50貫	来ノ流
726	豊後	重能	長禄	出来中 25貫	了戒一家、了戒重能ト打
727	相模	重真	正中	外中ノ上 60貫	行光弟子
728	備前	重真	元亨	外中ノ上 60貫	貞宗弟子
729	備前	重光	貞治	外中ノ上 60貫	備州長船重光ト打
730	相模	重光	文永	別上ノ下 1150貫	鎌倉住ス、正宗弟子ト云
731	播磨	重包	寛和	外中上 60貫	行宗トモ打
732	備前	重包	正安頃	下ノ下 100貫	後伏見院御宇
733	備前	重久	延文	外中ノ下 50貫	平三郎、久家子、福岡住、同銘守光子ニ一人有リ
734	備前	重家	貞和	下ノ下 100貫	重吉子ト云
735	備前	重貞	文和頃	外中ノ上 60貫	−
736	大和	重栄	正安	外下中 40貫	千手院一家
737	山城	重平	暦応	外下ノ下 35貫	来ノ流
738	備前	重助	元亨	外下ノ下 35貫	備州長船住重助
739	備前	重富	応永	外下ノ下 35貫	備州長船住重富ト打
740	山城	重房	徳治頃	外下ノ中 40貫	来ノ流
741	備前	重近	貞永	外中下 50貫	備州長船住ト打、末也
742	備前	重直	正中	下ノ下 100貫	備前国住、次郎左衛門
743	山城	重仁	正和	外中下 50貫	来ノ末行カ法名也
744	備中	重末	承和	外中ノ上 60貫	家次トモ打
745	大和	重村	建仁	外下ノ上 45貫	千手院重弘弟
746	大和	重業	貞治	外上ノ下 70貫	千手院一家
747	備前	重元	永仁	外上下 70貫	備州長船住ト打
748	備後	重俊	応永	出来ノ上 30貫	辰房
749	山城	重光	建武頃	出来上 30貫	平安城トモ又ハ達磨一家トモ云
750	大和	重寛	正元	下下 100貫	助長吉広、千手院一家トモ云
751	備前	守家	建治	行中 750貫	中務入道
752	備前	守家	延慶	上下 300貫	畠住、初メ家助ト打、後如親守家ト打
753	備前	守家	応永	出来上 30貫	備州長船守家ト打
754	山城	盛家	正応	下下 100貫	大宮住、又ハ有忠トモ
755	備前	盛家	仁治	外中ノ上 60貫	備州長船ト打、大宮流也
756	備前	守重	正中	外上ノ下 70貫	長船住長光聟、元重親也、五郎左衛門ト云
757	備前	守重	永和	外上下 70貫	長船ト打、小反一家タリ
758	越前	守重	正慶	外下ノ下 35貫	府中住、法名性仏
759	越前	守重	康応	出来中 25貫	千代鶴ノ末、二代有
760	備前	守重	徳治	下ノ中 125貫	大宮ノ流、小反ニモ一人アリ、是ハ明徳ノコロ
761	山城	守助	貞治	外中ノ下 50貫	来一家也
762	備前	守助	貞治	下下 100貫	備州長船住守助ト打
763	備前	盛助	嘉元	外下中 40貫	大宮物一家
764	筑前	守綱	永和	外中ノ上 60貫	左ノ末

番号	国名	名前	時期	格付け		備考
765	備前	守綱	宝治	外中ノ下	50貫	後深草院御宇
766	石見	盛綱	正元頃	出来上	30貫	出羽住、直綱同作トモ云
767	備前	守光	康永	外下ノ中	40貫	備州長船住ト打、小反一家
768	備中	守光	貞治頃	外下ノ下	35貫	万寿庄住
769	備前	盛光	応永	外中ノ上	60貫	備州長船ト打
770	山城	守近	建武	出来ノ上	30貫	来ノ流
771	備前	守近	大治	上ノ上	500貫	義経江秀衡此銘ノ太刀ヲ奉ル
772	山城	盛近	永久	中ノ中	200貫	京大宮物ノ末
773	備前	守利	建長	外中ノ上	60貫	為利子
774	石見	守利	貞治	出来中	25貫	出羽住貞綱弟
775	備前	守俊	正中	外上下	70貫	宗利トモ打
776	備前	盛次	文和	草ノ中	450貫	大宮流、盛恒子
777	備中	盛次	正慶	下ノ下	100貫	万寿庄住
778	備前	守恒	保元	上下	300貫	悪七兵衛瘤丸此作也、正恒ノ親也
779	備前	盛恒	正慶	外下ノ中	40貫	大宮住盛助子
780	備前	守国	正応	外中ノ上	60貫	伏見院御宇
781	山城	盛国	和銅	下ノ上	150貫	大宮住、弥五郎ト云
782	備前	守久	明徳	出来中	25貫	備州長船住守久ト打、小反一家
783	備前	盛久	永和	外下ノ中	40貫	大宮流
784	伯耆	盛則	寛嘉	外中下	50貫	後堀川院御宇
785	備前	盛則	応安	外中ノ下	50貫	吉井住
786	出雲	盛則	永和	外中	−	本国備前、道永ト云
787	備前	盛則	貞治	外中	−	大宮物之一家
788	越前	守弘	建武	外下ノ中	40貫	千代鶴一家
789	備前	守安	正中	下ノ下	100貫	畠田庄住
790	越前	森弘	観応	外下中	40貫	千代鶴一家
791	筑前	盛康	寛正	出来下	20貫	金剛兵衛一家、三代打
792	備前	守景	永和	外下ノ中	40貫	備州長船住ト打、小反一家
793	備前	盛景	正文	出来上	30貫	大原物一家
794	備前	盛景	応安	出来上	30貫	備州長船住ト打、小反
795	備前	守末	建長	外下ノ中	40貫	後深草院御宇
796	備前	守行	永和	外下ノ下	35貫	備州長船住ト打
797	大和	守経	寛平	下ノ下	100貫	奈良住
798	備中	守忠	正応	外中ノ上	60貫	伏見院御宇
799	備前	守友	貞永	下ノ下	100貫	福岡守安子
800	備前	守長	正和	外下中	40貫	備州長船住ト打
801	備前	守包	建長	外中ノ上	60貫	後深草院御宇
802	備前	守秀	弘安	外下ノ中	40貫	後宇多院御宇
803	筑前	盛高	暦応	外下ノ中	40貫	金剛兵衛、三代打
804	備前	守真	応安	外中ノ下	50貫	備州長船住ト打
805	陸奥	森房	天延	下ノ下	100貫	舞草太郎
806	備前	盛□	正治	外下ノ中	40貫	不知トモ云
807	筑前	盛国	康暦	外中ノ上	60貫	左ノ末
808	相模	行光	建治	真中	1000貫	新藤五弟子、藤三郎ト云
809	備前	行光	康暦頃	外下ノ中	40貫	備州長船住ト打
810	加賀	行光	永和	外下ノ下	35貫	藤島友重次男、三代打
811	丹後	行光	正慶	出来上	30貫	正次ト打テ後ニ行光ト打、二代アリ
812	豊後	行平	建保	行下	600貫	紀新太夫ト云、始メハ宗安・有風・宗秀トモ打
813	大和	行平	寛弘	下ノ下	100貫	左衛門太夫ト云、古未住、太刀世ニ不多
814	備前	行安	建治	下ノ下	100貫	則真トモ打
815	薩摩	行安	寛治	外下ノ中	40貫	谷山住、三代打
816	備中	行安	延文	下ノ下	100貫	万寿庄住、二代有リ
817	山城	行真	延文	外下ノ中	40貫	来ノ流
818	備中	行真	宝治	下ノ下	100貫	青江住
819	豊後	行真	安貞	下ノ下	100貫	行平弟子、二王ノ祖清真父
820	越前	行真	延元	外上下	70貫	行光子、金津住、加茂次郎ト云
821	備前	行実	貞永	下ノ下	100貫	片上ト云所ニ住ス、光重トモ打
822	相模	行重	文永	外上ノ下	70貫	行光弟子ト云、助森吉元トモ云
823	陸奥	行重	−	外下ノ下	35貫	泰衡、義経江此銘ノ太刀ヲ捧ル
824	備前	行重	貞永	外下ノ上	45貫	後堀川院御宇

番号	国名	名前	時期	格付け		備考
825	長門	行重	貞治	出来上	30貫	二代
826	備前	行宗	元応	外下ノ中	40貫	ー
827	播磨	行宗	貞応	外中ノ下	50貫	国重、行俊トモ打
828	備前	行宗	養和	上ノ下	300貫	一文字則宗、詰番ノ前行宗ト打
829	讃岐	行利	文暦	外上ノ上	90貫	高市左近進ト云
830	備前	行利	承久	外上ノ中	80貫	順徳院御宇
831	備中	行利	弘安	下ノ下	100貫	青江住、隼人正ト云
832	播磨	行俊	天永	出来ノ上	30貫	鳥羽院御宇
833	備後	行吉	永和	出来下	20貫	尾道住
834	山城	行吉	貞応	外下中	40貫	京錦小路
835	備前	行吉	承久	外中上	60貫	長船住、四郎左衛門
836	山城	行秀	永和	外下ノ中	40貫	来ノ流
837	備前	行秀	文暦	下ノ下	100貫	四条院御宇
838	大和	行信	永仁	下ノ下	100貫	千手院、重弘弟
839	備中	行信	建武	下ノ下	100貫	万寿庄住
840	備前	行高	貞応	下ノ下	100貫	後堀川院御宇
841	備中	行次	仁治	下ノ下	100貫	青江住、盛次トモ打
842	備前	行国	承久	上ノ中	400貫	後河内国又ハ石州ニモ住
843	備中	行末	正治	外上ノ中	80貫	土御門御宇
844	備前	行恒	安貞	下ノ下	100貫	後堀川院御宇
845	大和	行心	乾元	外上ノ下	70貫	千手院一家
846	筑前	行鬼	建武	上ノ下	300貫	安吉始如此打
847	山城	行貞	永延	上中	400貫	小鍛治宗近如此打、四作トハ宗近・伯州為吉・河内有国・三条宗吉也
848	大和	行造	貞応	下ノ下	100貫	千手院一家
849	大和	行正	応長	外上ノ下	70貫	千手院、奈良住、藤次郎
850	大和	行頼	正応	外上ノ下	70貫	奈良住、淡路房ト打テ、鎺下ニ三字ヲ切モ有
851	薩摩	行忍	保元	外中ノ上	60貫	波平住、行忍法師トモ有
852	備中	行忠	建長	下ノ下	100貫	後深草院御宇
853	備前	行長	建治	外中ノ下	50貫	行長ト不打、備ト計打有
854	薩摩	行満	康治	出来上	30貫	波平住行安カ三男
855	薩摩	行仁	天仁	出来ノ上	30貫	波平住正国三男
856	薩摩	行久	弘長	出来中	25貫	谷山ト打
857	備前	行守	貞治	外上ノ中	80貫	備州長船住行守ト打、久光トモ打
858	因幡	行景	暦応	外中ノ下	50貫	景長次男、備州長船住行景ト打
859	備前	長光	正応	行上	900貫	長船住、光忠、順慶ト云
860	備前	長光	徳治	上ノ下	300貫	左近将監ト云
861	山城	長光	文応	出来上	30貫	平安城住
862	大和	長光	天福	外中ノ上	60貫	四条院御宇
863	備前	長光	康安	出来上	30貫	備州長船、小反一家
864	出羽	長光	暦仁	出来下	20貫	長久ト打
865	大和	永光	文保	外中ノ上	60貫	千手院一家
866	備前	長則	正安	外下ノ中	40貫	吉井、左兵衛尉
867	備前	長則	建長	外中ノ中	55貫	福岡住則包子
868	大和	長則	正慶	外中ノ下	50貫	奈良住
869	出雲	長則	乾元	外上下	70貫	本国備前、道永ト云
870	備前	長久	応安	外下ノ中	40貫	ー
871	出羽	長久	天福	出来下	20貫	四条院御宇
872	備前	長昌	貞和	外中ノ下	50貫	備州長船長昌ト打
873	山城	永昌	康安	出来上	30貫	来一家
874	備前	長光	寿暦	下ノ下	100貫	長船住
875	備前	長亢	正和	下中	125貫	一文字流
876	美濃	長基	文暦	外下ノ中	40貫	濃州西郡ノ庄、保左衛門
877	備前	長末	貞治	外下ノ中	40貫	備州長船住
878	丹波	長末	元徳	出来上	30貫	佐伯長末ト打
879	備前	永末	応永	出来ノ中	25貫	備州長船住ト打
880	備前	長吉	貞治	出来ノ中	25貫	備州長船住ト打
881	山城	長吉	至徳	出来中	25貫	平安城ノ末、後ニ三河ニ住ス、三代打
882	備中	長守	正中	外上ノ中	80貫	万寿庄住
883	備前	長守	元弘	外上ノ中	80貫	長船住ト打

番号	国名	名前	時期	格付け		備考
884	備前	永守	貞治	外下ノ下	35貫	備州長船住
885	備前	長真	延元	外下ノ中	40貫	備州長船住
886	美濃	長真	正中	用中	10貫	関ノ住、左衛門尉
887	備前	長義	康安	上ノ中	400貫	相州正宗カ弟子也
888	備前	長義	正和頃	下ノ上	150貫	備州長船長義ト打
889	備前	長包	康安	下上	150貫	又信真トモ
890	美濃	長包	正和	外上ノ中	80貫	志津三郎親也ト云
891	備前	永包	徳治	外上ノ上	90貫	長船住
892	備前	長重	文永	下ノ下	100貫	又ハ真房・左近之進ト云
893	備前	永重	応永	出来ノ上	30貫	備州長船ト打
894	美濃	長広	寛正	出来ノ下	20貫	赤坂住兼光子
895	大和	長弘	寿元	下ノ下	100貫	千手院一家
896	筑前	長円	永延	上ノ中	400貫	義経箱根権現江奉ル、後ニ五郎時宗所持スル
897	備前	長真	正中	下ノ下	100貫	左近将監ト云
898	備前	長房	元応	中ノ中	200貫	一文字一家、吉房後ニ如此打
899	備前	長清	正安	下ノ下	100貫	長船住、長宗弟
900	備前	永恒	元応	下ノ下	100貫	長船住貞長子、平二郎ト云
901	山城	永保	文応	下ノ下	100貫	又ハ国実トモ、八祭猪ノ熊ニ住
902	備中	張次	仁治	下ノ中	125貫	始メハ真信ト打、万寿庄
903	備前	長宗	徳治	下上	150貫	長船住長光子
904	備前	永富	応永	外中ノ上	60貫	備州長船住ト打、二代
905	讃岐	清房	文永	外中ノ中	55貫	高市住、亀山院御宇
906	陸奥	清房	天福	出来ノ上	30貫	舞草住法華経太郎カ弟子
907	因幡	清長	貞治	外中ノ下	50貫	因州住清長ト打、景長子
908	周防	清長	寿暦	外中ノ下	50貫	二王一家清平三男、二代打
909	大和	清正	正元	外中上	60貫	藤次郎ト云、奈良住
910	和泉	清正	永享	出来下	20貫	堺住、加賀四郎
911	周防	清綱	正長頃	下ノ下	100貫	三代
912	備前	清則	永享	外中ノ下	50貫	吉井住、後ニ出雲住ス
913	豊後	清平	弘仁	外中ノ上	60貫	苔(昔ヵ)鍛冶也
914	大和	清則	天永	下ノ下	100貫	千手院流
915	周防	清景	弘安	外上ノ中	80貫	二王清綱子、後清綱ト打
916	大和	清宗	天福	外上ノ中	80貫	千手院一家、後関ニ住ス
917	大和	清包	正和	外上下	70貫	千手院一家
918	周防	清真	建長	外上ノ下	70貫	二王祖、後清綱ト打
919	周防	清忠	至徳	外下ノ下	35貫	清長トモ打
920	周防	清重	明徳	出来下	20貫	清仲子
921	周防	清仲	嘉吉頃	出来上	30貫	清正子
922	周防	清吉	文安	出来下	20貫	―
923	周防	清行	享徳	出来下	20貫	―
924	周防	清介	康正	用上	15貫	―
925	周防	清有	長禄	用中	10貫	―
926	備前	清光	文明	用ノ中	10貫	代々打
927	加賀	清光	応永	用上	15貫	藤島友重末代也
928	備前	光忠	建治	行ノ上	900貫	長船住近忠
929	粟田口	光忠	徳治	外下ノ中	40貫	吉光弟子、後京ニ住
930	筑後	光世	承保	中ノ上	250貫	三池転多ト云、元真ヲ田太(典太)ト云
931	安芸	小春	明徳	外下ノ下	35貫	―
932	三河	光宗	正慶	出来下	20貫	中原平三郎ト云
933	備前	光宗	永仁	外上ノ中	80貫	長船住
934	讃岐	光宗	弘長	外下ノ中	40貫	慶三太夫
935	山城	光長	建武	外上ノ中	80貫	平安城祖
936	備前	光長	元応	下ノ下	100貫	真長次男
937	陸奥	光長	久保	外上ノ下	70貫	舞草住
938	備前	光重	建治	外中ノ中	55貫	長船住
939	山城	光重	正慶	外上ノ下	70貫	了戒俗名
940	伯耆	光重	延文	外中ノ中	55貫	―
941	相模	光吉	徳治	外中ノ上	60貫	行光カ弟子、甲ノ鉢ヲ張上手、三浦助鍛冶、弥次郎ト云
942	大和	光吉	貞観	外中ノ中	55貫	宇知郡住

番号	国名	名前	時期	格付け		備考
943	相模	光良	嘉元	外中ノ上	60貫	行光弟子、助光トモ打
944	播磨	光助	寛嘉	外下ノ下	35貫	後堀川院御宇
945	伯耆	光助	貞応	外中下	50貫	後遠州住ス
946	備前	光助	正応	中ノ下	175貫	真守トモ打、畠田住
947	相模	光房	弘長	外上ノ下	70貫	亀山院御宇
948	山城	光房	永仁	外中中	55貫	粟田口住
949	薩摩	光守	嘉元	出来ノ上	30貫	波平行安子
950	備前	光守	文治	下ノ下	100貫	後鳥羽院御宇
951	豊州	光恒	長暦	外中中	55貫	瓜実流
952	陸奥	光恒	正治	外中ノ下	50貫	舞草住
953	備中	光次	永仁	外下中	40貫	青江住
954	和泉	光正	嘉吉	出来上	30貫	加賀四郎一家、後正清ト打
955	伯耆	光正	正安	外下中	40貫	桧原住、有包子
956	備前	光久	安元	出来下	20貫	高倉院御宇
957	備前	光弘	貞治	外上ノ下	70貫	備州長船住ト打
958	伯耆	光信	宝治	外上ノ中	80貫	大原兼次トモ打
959	豊後	光友	正中	外上下	70貫	甲割云
960	備前	光近	仁治	上ノ中	400貫	長船住
961	備前	光包	元徳	真下	700貫	在京後江州二住、来国俊カ弟子、中堂来ト云
962	大和	光末	嘉元	外中ノ下	50貫	千手院流、袖切ト云名有リ
963	備前	光家	正中	外下ノ下	35貫	備州船住ト打
964	備前	光則	正中	外下ノ中	40貫	吉井住
965	備前	光恒	文保	下ノ下	100貫	長船住長光弟子
966	粟田口	光包	正和	出来ノ上	30貫	吉光弟子
967	河内	有行	建保	下ノ下	100貫	有正子又ハ弟子トモ云
968	備前	有行	貞永	下ノ下	100貫	遠也トモ打
969	豊後	有行	正暦	外中ノ上	60貫	熊谷次郎此作ノ太刀帯ト云
970	伯耆	有正	平治	外上ノ下	70貫	大原太夫、抜打丸ト云
971	近江	有正	天福	出来上	30貫	蒲生住
972	河内	有正	平治	下ノ下	100貫	有氏子
973	大和	有正	元弘	下下	100貫	貞宗子、千手院流
974	陸奥	有正	延暦	外上ノ中	80貫	近頼トモ打
975	山城	有長	宝治	外上ノ下	70貫	本二大和住、小次郎ト云
976	河内	有成	正暦	下上	150貫	悪源太義平、此作太刀所持ス
977	伯耆	有綱	応和	下ノ下	100貫	真守子、大原住
978	備中	有弘	文和	下ノ下	100貫	万寿庄住
979	河内	有盛	承元	下ノ下	100貫	有成弟子
980	和泉	有綱	正暦	外上下	70貫	篠田住
981	伯耆	有包	仁安	－	－	大原住有行子
982	備中	有次	元暦	外上ノ下	70貫	青江住、直次子、二代
983	豊後	有平	承久	下ノ下	100貫	行吉トモ打
984	大和	有幸郎	正元	外上ノ下	70貫	奈良住
985	大和	有俊	文永	中上	250貫	当麻(タエマ)住
986	河内	有氏	長徳	中下	175貫	此作押(猫ヵ)丸如此打
987	大和	有法師	建長	中ノ上	250貫	当麻住
988	粟田口	有国	建保	上ノ中	400貫	藤五郎ト云、江州金田住
989	山城	有国	永延	中ノ上	250貫	三条宗近弟子
990	山城	有国	康永	外上ノ上	90貫	備前雲次郎弟子、達磨入道ト云
991	備前	有光	貞治	外下ノ中	40貫	備前長船住ト打
992	備前	有直	康安	外下ノ下	35貫	長船住
993	備前	有重	正元	外下ノ上	45貫	又ハ成盛トモ打
994	備前	有正	貞和	外下ノ上	45貫	重弘トモ打
995	伯耆	有行	文和	外下ノ上	45貫	則耀子
996	豊後	有風	承久	上ノ下	300貫	行子陰名
997	河内	有国	正暦	上ノ下	300貫	綱鬼ノ手ヲ切也、京二有国同作ト云、師子有国トモ打
998	河内	有綱	寛仁	下下	100貫	有成弟
999	近江	有国	建保	中ノ上	250貫	本国山城
1000	周防	有世	徳治	出来ノ中	25貫	清綱如斯打
1001	信濃	有常	建保	外中ノ中	55貫	善光住

番号	国名	名前	時期	格付け		備考
1002	丹波	有正	元徳	出来ノ上	30貫	綾部住
1003	大和	有行	弘安	出来ノ中	25貫	有利トモ打
1004	山城	有永	建長	出来ノ上	30貫	油小路住、本国和州
1005	粟田口	有光	弘長	出来ノ中	25貫	有国弟子
1006	備前	友成	承保	上ノ上	500貫	応保トモ打、中心裏ニ君万歳ト打
1007	大和	友行	正応	行中	750貫	当麻住兵衛尉ト打
1008	豊後	友行	建武	下ノ下	100貫	高田住友行ト打
1009	越中	友行	永和	外下ノ下	35貫	宇多一家
1010	遠江	友行	平治	外下ノ下	35貫	遠州住友行トモ打
1011	大和	友清	文永	行下	600貫	当麻住
1012	陸奥	友清	永仁	外下ノ中	40貫	伏見院御宇
1013	大和	友長	応長	真ノ上	1500貫	当麻住友清弟
1014	陸奥	友長	徳治	外中ノ中	55貫	菅原友長ト打
1015	伯耆	友安	貞応	外下ノ下	35貫	泰誦友安ト打
1016	遠江	友安	建久	出来ノ上	30貫	後鳥羽院御宇
1017	備前	友安	天仁	下ノ下	100貫	友成弟
1018	薩摩	友安	至徳	出来ノ上	30貫	波平住近安子
1019	出羽	友安	延慶	用ノ上	15貫	花園院御宇
1020	加賀	友重	正慶	外上ノ中	80貫	藤島友重トモ打、友重ト計打ハ末也
1021	大和	友光	徳治	下ノ中	125貫	当麻住
1022	豊後	友光	正和	外中ノ下	50貫	高田始人也
1023	大和	友光	大宝	—	—	文珠四郎釼所ヲ司ル、剱ノ祖タルヘキ由宣旨下サル、中将重衡下命(食ヵ)丸作也
1024	陸奥	友光	建治	外下ノ中	40貫	後宇多院御宇
1025	越中	友光	永享	外下ノ下	35貫	宇多ノ末、友則子
1026	備前	友則	応永	外下ノ上	45貫	備州長船住ト打
1027	越中	友則	明徳	外下ノ下	35貫	越中宇多一家
1028	遠江	友吉	文応	出来ノ上	30貫	友安子
1029	大和	友吉	建保	外上ノ下	70貫	当麻一家
1030	備中	友次	正和	下ノ下	100貫	万寿庄住
1031	越中	友次	嘉慶	出来ノ下	20貫	宇多国友子
1032	備前	友俊	永仁	外下ノ中	40貫	長船住
1033	讃岐	友俊	文暦	外下ノ下	35貫	四条院御宇
1034	大和	友岡	永仁	真ノ上	1500貫	当麻住
1035	越中	友弘	永徳	出来ノ下	20貫	宇多友則弟
1036	越中	友久	文治	出来下	20貫	友則子
1037	山城	友盛	保元	外下ノ中	40貫	大宮物流、又為吉トモ打
1038	備前	友重	元亨	出来ノ下	20貫	—
1039	美作	朝忠	元暦	外上ノ下	70貫	—
1040	備前	朝助	文和	外上ノ中	80貫	備州長船ト打
1041	山城	倫国	正中	下ノ上	150貫	来倫国トモ打、来国俊弟子
1042	備前	倫光	貞治	下ノ上	150貫	長船住兼光子
1043	備前	包平	永延	行ノ下	600貫	頼朝公太刀小平(手ヵ)丸作者也
1044	河内	包平	永延	上ノ上	500貫	秦包平ト打
1045	豊後	兼平	仁安	外上ノ下	70貫	六条院御宇
1046	大和	包永	貞応	行ノ上	900貫	手掻住、平三郎ト云、三代打
1047	備前	包永	天福	草ノ中	450貫	四条院御宇
1048	備中	包永	元亨	下ノ上	150貫	和州手掻包永、三代目ハ備中ニ住ス
1049	山城	兼永	永延	中ノ中	200貫	京五条ニ住ス、宗近弟子、在国子也
1050	備前	兼永	貞永	下ノ下	100貫	後堀川院御宇
1051	美濃	兼永	正慶	外下ノ中	40貫	本国和州、後ニ関ニ住ス
1052	備前	兼永	康暦	下ノ下	100貫	—
1053	大和	包利	応長	上ノ下	300貫	手掻住
1054	美濃	兼俊	貞治	下ノ下	100貫	関ニ住ス、兼氏次男、後ニ直江ニ住ス
1055	大和	包氏	元暦	下ノ中	125貫	後関ニ住ス、兼氏ト打替、志津山住ス
1056	美濃	兼氏	建武	真ノ下	700貫	多芸住、志津三郎、正宗弟子
1057	備前	包守	建治	下ノ下	100貫	長船住
1058	美濃	兼守	長禄	外下ノ下	35貫	清金、兼行子兼守ト打モアリ
1059	大和	包次	建武	下ノ下	100貫	手掻住包清弟也
1060	備中	包次	建武	下ノ中	125貫	青江ノ住

番号	国名	名前	時期	格付け		備考
1061	備前	包助	安貞	下ノ下	100貫	長船住
1062	備中	兼次	仁治	下ノ下	100貫	成家トモ打
1063	美濃	兼次	正長	外下ノ中	40貫	法名道正ト云、兼友子
1064	山城	兼次	永延	下ノ下	100貫	一条院御宇
1065	備中	金次	弘安	下ノ中	125貫	青江住
1066	大和	包助	貞治	外中上	60貫	手掻住
1067	美濃	兼介	文明	外下ノ中	40貫	兼宣カ弟、右門次郎ト云
1068	大和	包清	暦応	下ノ下	100貫	手掻住、包永、平四郎弟、二代打
1069	美濃	兼清	応仁	出来ノ下	20貫	源左衛門尉、兼平弟
1070	播磨	包重	貞和	出来ノ下	20貫	小河住
1071	美濃	兼重	文明	出来ノ下	20貫	兼吉子
1072	美濃	金重	建武	下ノ中	125貫	生国越前鶴蚊（敦賀ヵ）清水寺ノ僧也、正宗カ弟子
1073	大和	包国	延文	外下ノ下	35貫	手掻住
1074	美濃	兼国	応永	出来上	30貫	関ノ住、清次郎ト云、三阿弥ト云
1075	大和	包貞	康安	外中ノ下	50貫	手掻住
1076	紀伊	包貞	元応	下ノ下	100貫	楠正成此作太刀ヲ帯
1077	美濃	兼定	嘉吉	外中ノ下	50貫	和泉守兼定カ初代成、三代トモニ兼定ト云、後ニ和泉守ト打
1078	美濃	兼貞	文正	用中	10貫	赤坂住、和泉守兼定弟子
1079	大和	包直	至徳	外下中	40貫	手掻住
1080	美濃	包直	文亀	用ノ上	15貫	左衛門次郎ト云
1081	大和	兼直	康暦	用ノ中	10貫	手掻住
1082	大和	包持	暦徳	下ノ下	100貫	手掻住
1083	大和	包遠	正中	下ノ下	100貫	手掻住
1084	大和	包光	永享	外中ノ下	50貫	手掻住
1085	備前	兼光	建武	上ノ中	400貫	備前長船景光子也
1086	美濃	金光	永徳	出来ノ上	30貫	金重次男、後ニ備後ニ住ス
1087	備前	兼光	永和	出来ノ上	30貫	備州長船ト打、小反一家
1088	因幡	兼光	貞治	用ノ中	10貫	備前長船兼光打、永和兼光トハ別人也
1089	備後	兼光	嘉慶	出来ノ中	25貫	三原住、兼行子
1090	大和	包吉	応永	外中下	50貫	手掻住、二代、後関ニ住ス
1091	播磨	兼吉	永徳	用ノ中	10貫	小川住
1092	美濃	兼吉	応永	外下ノ中	40貫	出家シテ善定ト云
1093	美濃	兼善	文明	外下ノ下	35貫	兼義子
1094	美濃	兼舎	明応	出来ノ下	20貫	後土御門院御宇
1095	美濃	兼命	文亀	用ノ上	15貫	後柏原院御宇
1096	大和	包友	至徳	外中ノ下	50貫	奈良住、文珠四郎流
1097	備前	包友	貞治	外中ノ上	60貫	備州長船住ト打
1098	美濃	兼友	観応	下ノ下	100貫	直江住、右衛門三郎ト云
1099	大和	包行	延永	下ノ下	100貫	手掻住、平三郎包永カ三男
1100	美濃	兼行	長禄	用ノ上	15貫	兼則子也
1101	備後	兼行	応安	外上ノ下	70貫	三原住
1102	大和	金行	康安	外下ノ中	40貫	千手院流
1103	美濃	金行	貞和	外下ノ下	35貫	関住兼重子
1104	山城	包安	文和	下ノ下	100貫	重行トモ打
1105	備中	包安	元弘	下ノ下	100貫	瀬尾太郎ト云
1106	美濃	兼康	文亀	用下	7貫	関住
1107	美濃	兼安	長享	用ノ下	7貫	関住
1108	山城	兼安	嘉慶	外下ノ中	40貫	大泰兼安トモ打
1109	備後	兼安	応安	外中ノ下	50貫	三原住、兼行子
1110	備前	包信	暦応	外中ノ下	50貫	後村上院御宇
1111	美濃	兼信	永徳	下ノ下	100貫	兼氏二男、直江ニ住
1112	美濃	兼宜	嘉吉	用ノ上	15貫	兼光三男、又四郎ト云
1113	尾張	兼延	嘉慶	出来ノ下	20貫	山田関国次子、志賀ト云
1114	大和	兼林	延元	出来ノ下	20貫	清利トモ打
1115	美濃	兼白	応永	出来ノ下	20貫	関ニ住
1116	美濃	兼	建武	下ノ下	100貫	兼ト一字銘、志津ト云
1117	美濃	兼上	文安	出来ノ下	20貫	関ノ住
1118	播磨	兼久	文安	用ノ上	15貫	後花園院御宇
1119	美濃	兼房	大永	用ノ上	15貫	四代打、初代大永

番号	国名	名前	時期	格付け		備考
1120	美濃	兼代	建武	出来中	25貫	関住兼友子、二代
1121	美濃	兼則	明徳	出来ノ下	20貫	小松院御宇
1122	美濃	兼則	建武	出来ノ下	20貫	志津先祖
1123	備前	兼	暦仁	下ノ下	100貫	四条院御宇、一字銘
1124	備前	兼継	貞治	外中ノ下	50貫	備州長船住ト打
1125	美濃	兼音	永享	外下ノ中	40貫	関住六左衛門、道慶、兼国子、二代
1126	美濃	兼有	応永	出来ノ下	20貫	兼利子
1127	美濃	兼近	享徳	出来ノ下	20貫	兼正子
1128	美濃	兼元	文安	外下中	40貫	三代打、孫六ト云、初代ハ文安
1129	美濃	兼基	文正	出来ノ下	20貫	関孫六カ弟子也
1130	美濃	兼角	大永	出来ノ下	20貫	関ニモ住ス、赤坂ニモ住ス
1131	美濃	兼常	応永	出来ノ下	20貫	関住、二代
1132	美濃	兼里	応仁	出来ノ下	20貫	関住
1133	美濃	兼亦	永正	出来ノ下	20貫	関住
1134	美濃	兼師	文亀	出来ノ下	20貫	関住
1135	美濃	兼阿	文亀	出来ノ下	20貫	関住
1136	美濃	兼広	長享	出来ノ下	20貫	関住
1137	美濃	兼森	正徳	出来ノ下	20貫	関住兼高子
1138	美濃	兼松	文安	出来ノ上	30貫	関住源七子
1139	美濃	兼春	文安	出来中	25貫	関住、四郎兵衛ト云
1140	美濃	兼秋	永享	出来中	25貫	関住、四郎左衛門ト云
1141	美濃	兼周	文明	用上	15貫	関住
1142	美濃	兼満	文明	出来ノ中	25貫	関住、二代打
1143	美濃	兼宗	文明	出来ノ中	25貫	関ニ住ス
1144	美濃	兼棟	明応	出来ノ下	20貫	関住
1145	美濃	兼仲	文正	出来ノ中	25貫	関住
1146	美濃	兼包	明応	出来下	20貫	関住兼重智
1147	美濃	兼義	文明	出来下	20貫	関住
1148	美濃	兼茂	文明	外下中	40貫	関住
1149	美濃	兼門	嘉吉	外下中	40貫	関住、清四郎ト云、後ニ包門トモ打
1150	美濃	兼景	文安	外下ノ下	35貫	関住、孫次郎ト云、二代打
1151	美濃	兼丸	文安	出来ノ下	20貫	関住、左衛門次郎ト云
1152	美濃	兼宮	永享	出来下	20貫	関住、次郎兵衛ト云
1153	美濃	兼住	永享	出来ノ下	20貫	関住、七郎左衛門、三代
1154	美濃	兼	文亀	用ノ上	15貫	関住、三郎五郎ト云
1155	美濃	兼自	文亀	用ノ上	15貫	関住、兵衛門、三代
1156	大和	金王	建武	下ノ上	150貫	千手院
1157	美濃	金弘	長享	出来ノ下	20貫	関住
1158	越前	金津	建武	外下ノ中	40貫	金津権三ト打、長刀ノ上手
1159	美濃	兼明	文明	用ノ中	10貫	後三河ニ住ス、又遠州天神ニ住ス
1160	備前	高平	延嘉	中ノ上	250貫	畠山重代ノ太刀此銘也
1161	大和	高包	元仁	外中ノ下	50貫	奈良住
1162	備前	高包	延嘉	上ノ下	300貫	–
1163	近江	高弘	正応	出来ノ上	30貫	守山、江州住高弘ト打
1164	出雲	高直	寛嘉	外上ノ下	70貫	後堀川院御宇
1165	備州	高光	元応	外中上	60貫	備州長船住ト打
1166	備州	高綱	正応	下ノ下	100貫	本ハ豊後、其後備前
1167	備前	高重	嘉暦	外中下	50貫	長船住
1168	陸奥	高基	建長	外下ノ中	40貫	法華太郎弟、又ハ我里ト云
1169	備前	高安	大永	下ノ下	100貫	亀山院御宇
1170	薩摩	高安	明応	下ノ中	125貫	波平住
1171	備前	高資	文暦	下ノ中	125貫	四条院御宇
1172	相模	隆広	嘉元	出来ノ上	30貫	鎌倉住行光ノ弟子
1173	大和	是重	徳治	下ノ下	100貫	千手院流
1174	備中	是重	嘉祖	下下	100貫	青江住
1175	加賀	是重	嘉吉	外下ノ下	35貫	後花園院御宇
1176	備前	是宗	正中	上ノ下	300貫	一文字一家
1177	備前	是介	元暦	下ノ中	125貫	後鳥羽院御宇
1178	大和	是宗	永仁	下ノ下	100貫	千手院一家
1179	備前	是助	建暦	上ノ下	300貫	一文字一家

番号	国名	名前	時期	格付け		備考
1180	山城	是正	保元	外下ノ中	40貫	弥五郎ト云
1181	備前	是	応長	下ノ下	100貫	一文字一家
1182	大和	是高	天仁	下ノ下	100貫	奈良住、藤太ト云
1183	備前	是分	建保	下ノ下	100貫	後白河院御宇
1184	備前	是吉	建保	外下ノ中	40貫	長吉トモ打
1185	山城	末行	正慶	外上ノ下	70貫	来ノ一家
1186	備中	末行	建武	外上ノ中	80貫	ー
1187	備前	末行	文和	外中ノ上	60貫	ー
1188	大和	末行	貞和	出来ノ上	30貫	奈良住
1189	美濃	末行	文明	出来下	20貫	関住
1190	備中	末永	弘安	下ノ下	100貫	万寿庄住
1191	備前	末永	仁治	下ノ下	100貫	左近五郎
1192	山城	末吉	観応	出来ノ下	20貫	来ノ流
1193	備中	末吉	文和	下ノ下	100貫	青江住
1194	備中	末国	永仁	外中ノ上	60貫	青江住、三郎左衛門ト云
1195	備前	末兼	文永	外中ノ下	50貫	亀山院御宇
1196	備前	末平	正中	外中ノ下	50貫	備州長船住ト打
1197	粟田口	末正	文暦	外中ノ下	50貫	久国弟子
1198	肥後	末遠	建暦	外中ノ中	55貫	林次子也
1199	備中	末真	永仁	下ノ下	100貫	助秀トモ打
1200	備中	末次	弘安	下ノ下	100貫	青江住
1201	大和	末利	元弘	下ノ中	125貫	当麻末
1202	備前	末則	文安	下ノ下	100貫	吉井住
1203	粟田口	末宗	宝治	出来ノ上	30貫	ー
1204	若狭	末綱	康安	出来ノ下	20貫	ー
1205	備州	利光	永享	ー	ー	長船住
1206	陸奥	利安	応永	ー	ー	月山利安ト打
1207	肥前	利成	正慶	外中ノ中	55貫	則末トモ打、散位利成打タルモ有
1208	薩摩	利延	ー	下ノ下	100貫	波平住、本ハ和州、後肥後江度住ス
1209	大和	利光	延慶	下ノ中	125貫	当麻ノ末
1210	筑前	利信	正慶	下ノ上	150貫	三池ノ流
1211	備前	俊恒	建長	下ノ下	100貫	長船住
1212	備前	俊宗	寛弘	下ノ下	100貫	刑部太夫ト云
1213	近江	俊長	永仁	外中ノ下	50貫	甘呂俊長ト打、天九郎ト云、鑓ノ上手也
1214	備前	俊光	元応	外中ノ上	60貫	長船住長光子也
1215	備中	俊次	弘	下ノ下	100貫	青江住
1216	備前	俊次	文永	下ノ下	100貫	長船住
1217	大和	俊行	建治	中ノ下	175貫	当麻住
1218	大和	俊正	天福	外中ノ下	50貫	奈良住
1219	山城	俊信	承久	下ノ下	100貫	ー
1220	備前	俊綱	正治	下ノ下	100貫	福岡住
1221	備前	俊兼	元応	外中ノ下	50貫	兼重トモ打
1222	本書ニ国名ナシ	備前	元暦	下ノ下	100貫	ー
1223	備中	恒次	建久	上ノ上	500貫	青江ノ住、二代
1224	大和	左近入道由光	建治	外中ノ上	60貫	ー
1225	備中	常次	元仁	下ノ下	100貫	万寿庄住
1226	大和	恒真	寛治	ー	ー	長刀上手
1227	備中	恒真	建仁	ー	ー	青江住、太郎源太ト云
1228	備中	恒則	永仁	下ノ上	150貫	青江住
1229	備前	恒則	天福	上ノ下	300貫	四条院御宇
1230	山城	恒遠	建暦	下ノ下	100貫	京住
1231	備前	恒遠	久寿	下ノ中	125貫	難波次郎
1232	山城	常遠	貞永	下ノ下	100貫	ー
1233	備中	常遠	正治	下ノ下	100貫	張枕ト云太刀ヲ作
1234	備中	恒永	天福	下ノ下	100貫	乗物トモ打
1235	備中	恒末	元弘	下ノ下	100貫	ー
1236	遠江	恒末	平治	外上ノ中	80貫	安行トモ打、藤沢トモ打
1237	大和	恒利	元暦	草下	350貫	ー
1238	備前	恒久	文暦	草ノ下	350貫	ー

番号	国名	名前	時期	格付け		備考
1239	備前	恒本	承久	下ノ下	100貫	備州長船住ト打、福岡包末ト云
1240	備前	恒弘	貞治	外中ノ中	55貫	備州長船住ト打
1241	備中	恒清	正治	下ノ中	125貫	青江住、正恒子
1242	備前	経家	貞治	外中ノ上	60貫	備州長船住ト打、二代
1243	備前	経房	宝治	下ノ上	150貫	難波三郎
1244	備前	恒光	文治	外中ノ下	50貫	—
1245	備前	常保	天福	外中ノ下	50貫	—
1246	備中	常依	建治	下ノ下	100貫	常遠子
1247	相模	忠家	貞和	下ノ下	100貫	鎌倉住
1248	備後	忠家	応安	外中ノ下	50貫	三原住
1249	山城	忠家	建武	下ノ下	100貫	油小路忠家ト打
1250	備前	忠近	正応	中ノ上	250貫	近宗弟、長船住、後ニ安忠トモ打替タリ
1251	備中	忠次	天応	下ノ下	100貫	青江住
1252	山城	忠次	元文	外下ノ中	40貫	錦小野住
1253	備前	忠次	正安	下ノ下	100貫	大井川酒太夫
1254	大和	忠次	正安	外下ノ上	45貫	奈良住日光トモ打
1255	備前	忠光	応永	用ノ下	7貫	備州長船住ト打、二代
1256	大和	忠光	天福	外下ノ下	35貫	—
1257	備前	忠安	貞治	外下中	40貫	備州長船住ト打、行忠トモ打
1258	大和	忠雲	文保	下ノ下	100貫	十市ノ住人
1259	美作	忠	建久	下ノ上	150貫	堀坂住、昔鍛冶上手也、朝忠トモ打
1260	大和	忠秀	宝治	外下ノ中	40貫	承仕法師
1261	美作	忠貞	建久	外下ノ中	40貫	後鳥羽院御宇
1262	奈良	江平	暦応	外下ノ中	40貫	尻懸則成子
1263	豊後	為恒	建長	下ノ中	125貫	正恒子
1264	山城	為遠	天福	下ノ中	125貫	—
1265	備中	為遠	保元	下ノ中	125貫	—
1266	山城	為吉	平治	下ノ中	125貫	—
1267	備前	為吉	正応	下ノ上	150貫	為宗子
1268	伯耆	為吉	長徳	下ノ上	150貫	—
1269	武蔵	為吉	元弘	外下ノ中	40貫	龍四郎ト云
1270	山城	為義	天養	下ノ下	100貫	—
1271	備前	為義	仁安	下ノ中	125貫	—
1272	越中	為継	貞和	外下ノ上	45貫	松倉住義弘弟子
1273	美濃	為継	応仁	外下ノ中	40貫	関住、四郎兵衛ト云
1274	備中	為次	元仁	下ノ上	150貫	青江住次吉子也
1275	備前	為利	建久	外下ノ下	35貫	—
1276	備中	為信	永延	中ノ上	250貫	青江住
1277	備前	為則	嘉暦	下ノ下	100貫	—
1278	備前	為長	嘉暦	下ノ下	100貫	—
1279	備前	為光	暦応	下ノ下	100貫	備前国住ト打
1280	備前	為是	延慶	下ノ下	100貫	鵜飼庄住
1281	伯耆	為助	長暦	外下ノ上	45貫	為吉子
1282	河内	為成	長徳	下ノ中	125貫	—
1283	伯耆	為清	寛仁	下ノ下	100貫	大原藤太夫ト云、又ハシチト打
1284	伯耆	為守	天福	下ノ下	100貫	—
1285	山城	為頼	建仁	下ノ上	150貫	—
1286	大和	家宗	正中	下ノ下	100貫	奈良住、千手院一家、是宗子
1287	相模	家宗	正安	外上ノ中	80貫	鎌倉住、小袋太郎ト云
1288	備前	家俊	宝治	下ノ下	100貫	—
1289	山城	家利	保元	外上ノ上	90貫	弥五郎、為吉トモ打
1290	備前	家利	天福	下ノ下	100貫	真俊トモ打
1291	備中	家安	延慶	下ノ下	100貫	助重トモ打
1292	山城	家安	養和	下下	100貫	昔鍛冶也
1293	備前	家安	正暦	下ノ上	150貫	—
1294	駿河	家安	嘉禄	外下ノ下	35貫	富次郎トモ打
1295	伯耆	家安	昌泰	外下ノ中	40貫	大原住貞守弟
1296	陸奥	家則	建長	外下ノ下	35貫	玉造郡住
1297	粟田口	家則	元徳	外下ノ中	40貫	—
1298	備前	家光	乾元	下ノ下	100貫	長船住長光弟子

番号	国名	名前	時期	格付け		備考
1299	大和	家光	暦応	外下中	40貫	尻懸流
1300	備前	家助	弘安	中上	250貫	畠田住守家子、後重家打
1301	備前	家助	応永	外下下	35貫	備州長船ト、二代打
1302	備中	家次	承安	中中	200貫	片山住
1303	加賀	家次	応仁	用ノ下	7貫	藤島示
1304	播磨	家時	永延	下ノ下	100貫	権守家時ト打
1305	相模	家村	文永	下ノ下	100貫	横瀬三郎太夫
1306	備前	家包	建治	下ノ下	100貫	ー
1307	備中	家真	正応	下ノ下	100貫	万寿庄住
1308	備前	家真	正安	下ノ下	100貫	野田住、刑部
1309	豊後	家重	宝治	外下中	40貫	平戸住
1310	備前	家貞	建武	外中ノ下	50貫	永重トモ打
1311	備前	家	保元	下下	100貫	ー
1312	備中	家久	貞応	下下	100貫	青江住、家次子
1313	備前	家忠	文治	下下	100貫	家安子
1314	備前	家吉	弘安	下下	100貫	備州長船住ト打、家真トモ、二代打
1315	備前	家秀	長寛	下下	100貫	ー
1316	備前	家信	観応	外下中	40貫	備州長船ト、二代打
1317	備前	基近	保元	下下	100貫	江間入道
1318	備前	基近	延慶	下下	100貫	長船住
1319	大和	基行	文治	下下	100貫	昔鍛冶也
1320	備前	基包	康安	外中中	55貫	備州長船住ト打
1321	備前	基光	貞治	外中ノ下	50貫	備州長船住ト打、兼光弟子
1322	備前	基定	延文	外下ノ中	40貫	備州長船住ト打、次信トモ打
1323	備前	基平	永延	上ノ下	300貫	助平如此打コト有リ
1324	相模	基次	正慶	下下	100貫	鎌倉住家村子
1325	備前	基綱	応安	外下下	35貫	備州長船住ト打
1326	備前	基真	康安	外下中	40貫	備州長船ト打
1327	陸奥	元寿	大宝	上ノ中	400貫	文寿トモ打
1328	備前	元重	暦応	上ノ下	300貫	相州貞宗弟子也ト云
1329	大和	元清	元応	外中ノ上	60貫	千手院流
1330	筑後	元真	承保	上ノ中	400貫	三池伝多ト云
1331	陸奥	元仁	永延	外下ノ中	40貫	承仕法師ト云
1332	備前	元久	ー	外下ノ中	40貫	備州長船住ト打
1333	遠江	元安	寛元	外下ノ下	35貫	友安子
1334	備前	元安	貞治	出来ノ上	30貫	備州長船住ト打
1335	備前	近忠	建暦	上ノ中	400貫	長船住光忠親也、新羅三郎義光之太刀ヲ作ル
1336	備前	近景	貞和	下ノ中	125貫	ー
1337	備前	近村	長和	下ノ中	125貫	京ノ宗近二男、後二備前二住ス
1338	山城	近村	延久	下ノ上	150貫	三条宗近一家
1339	備前	近則	元暦	外下ノ中	40貫	長船住
1340	大和	近則	治安	外中ノ下	50貫	ー
1341	山城	近則	正応	下下	100貫	ー
1342	備前	近恒	天福	下下	100貫	ー
1343	備前	近真	文永	下下	100貫	長船住
1344	陸奥	近霧	延暦	外中ノ下	50貫	ー
1345	備前	近房	文暦	外下上	45貫	左近ト云
1346	陸奥	近菊	建長	外中ノ上	60貫	ー
1347	伯耆	近範	承元	外中上	60貫	宗隆トモ打
1348	備前	近貞	永享	外中ノ上	60貫	吉井住
1349	播磨	近包	寛元	外下ノ中	40貫	ー
1350	備前	近包	宝治	下下	100貫	ー
1351	備中	親次	貞和	下下	100貫	本備前、後備中松山二住ス
1352	山城	用吉	貞応	外中ノ下	50貫	本国備前ト云
1353	備中	親次	建仁	下下	100貫	万寿庄住
1354	備前	雲次	文保	上ノ下	300貫	鵜飼住、二代打
1355	備前	雲生	嘉元	中ノ下	175貫	法師也ト云
1356	山城	師子	正暦	中上	250貫	有国又ハ助友トモ打
1357	陸奥	師宗	文治	外中下	50貫	有波大納言之作ト云
1358	伯耆	成近	承元	下ノ下	100貫	ー

番号	国名	名前	時期	格付け		備考
1359	備中	成次	承元	下ノ中	125貫	青江住
1360	備前	成次	寛弘	下下	100貫	吉岡住
1361	備前	成宗	建長	上ノ中	400貫	一文字流
1362	備前	成恒	貞治	外中ノ下	50貫	備州長船住ト打
1363	備前	成盛	貞和	外中ノ下	50貫	備州長船住ト打
1364	備前	成家	康暦	外中中	55貫	−
1365	備中	成家	元弘	下ノ下	100貫	−
1366	備前	成包	応長	下ノ中	125貫	−
1367	備前	成高	安貞	下下	100貫	紀友次トモ打
1368	備前	成光	文和	外中ノ下	50貫	備州長船住ト打
1369	備前	成重	延文	外中ノ上	60貫	備州長船ト打
1370	備前	成忠	建仁	下ノ上	150貫	丹藤次ト云、備州長船住ト打
1371	備前	成綱	貞和	下ノ中	125貫	安川住ス、備州長船住成綱ト打
1372	備前	成宝	延文	下下	100貫	−
1373	備中	業高	延久	下下	100貫	−
1374	讃岐	業宗	大治	外中ノ下	50貫	高市三郎太夫ト云
1375	三河	業宗	弘安	出来ノ上	30貫	中原住
1376	備前	章実	建長	外中ノ下	50貫	成包子
1377	相模	広光	元応	上ノ下	300貫	正宗弟子、二代
1378	近江	弘光	建武	下下	100貫	高木、貞宗始ノ銘也
1379	相模	広次	正長	外下ノ下	35貫	鎌倉住、二代
1380	備中	弘次	文和	外中下	50貫	−
1381	山城	弘次	康応	外下ノ中	40貫	孫太郎ト云、信濃小路住
1382	備前	広直	貞治	外中ノ下	50貫	備州長船住ト打
1383	備前	弘直	康安	外中ノ下	50貫	備州長船住ト打
1384	大和	弘恒	正和	外中ノ中	55貫	大中川太夫ト云、千手院流
1385	備前	弘恒	正文	外中ノ下	50貫	備州長船住ト打
1386	備中	弘恒	元弘	外下ノ中	40貫	−
1387	備中	弘経	永仁	外中ノ上	60貫	青江住
1388	備前	弘家	元亨	外中ノ下	50貫	−
1389	備中	弘家	建武	外中ノ中	55貫	−
1390	肥後	広代	康安	外中ノ下	50貫	−
1391	備前	広俊	正中	外上ノ下	70貫	長船住
1392	相模	広正	至徳	外下ノ下	35貫	鎌倉二住、二代打、九郎次郎ト云
1393	大和	広村	観応	外中ノ下	50貫	奈良住、尻懸則弘子
1394	筑前	弘安	応安	外上ノ中	80貫	左ノ末、二代
1395	備前	弘行	文保	外中ノ上	60貫	備州長船住ト打
1396	備前	弘則	建治	外上下	70貫	−
1397	備前	弘長	応長	中ノ上	250貫	備州長船住ト打
1398	備前	弘経	正慶	外上ノ下	70貫	備州長船住ト打
1399	備前	直家	嘉応	中中	200貫	備州太夫ト云、権守親也
1400	石見	直綱	観応	下下	100貫	出羽住也、正宗カ弟子
1401	備前	直久	暦応	下下	100貫	長船住、孫六ト云
1402	大和	直宗	文保	上ノ中	400貫	千手院流
1403	備前	直宗	正治	草下	350貫	権守、備前三郎カ親也
1404	備前	直吉	貞永	外中ノ下	50貫	−
1405	大和	直忠	正中	外中ノ上	60貫	千手院直宗弟
1406	備中	直次	正安	中ノ中	200貫	青江住
1407	薩摩	秀吉	永延	外中下	50貫	波平住、又ハ正国トモ打
1408	備前	秀貞	貞永	外上下	70貫	−
1409	美作	秀貞	建永	外上ノ下	70貫	−
1410	備前	秀次	正和	下ノ中	125貫	万寿庄住、次郎左衛門ト云
1411	備後	秀次	永和	外下下	35貫	三原住行吉カ子、五阿弥ト云
1412	備前	秀近	文和	下下	100貫	−
1413	備前	秀綱	徳治	下下	100貫	−
1414	陸奥	秀安	貞応	外下下	35貫	舞草住
1415	備前	秀真	建長	外下中	40貫	−
1416	備前	秀包	永暦	下下	100貫	永包子
1417	備前	秀景	延文	外中ノ下	50貫	備州長船住ト打
1418	備前	秀利	正暦	下下	100貫	−

番号	国名	名前	時期	格付け		備考
1419	備前	秀正	文永	外上下	70貫	―
1420	備前	秀	暦仁	下下	100貫	長船住
1421	備前	秀光	暦応	外中ノ下	50貫	備州長船住ト打
1422	備前	秀助	応永	外中ノ中	55貫	備州長船住ト打
1423	相模	秋広	建武	草中	450貫	鎌倉住貞宗弟子
1424	相模	秋義	貞治	外中ノ中	55貫	秋広子也、相州ニ住ス
1425	備前	顕則	至徳	外中ノ下	50貫	―
1426	長門	顕国	貞和	外中ノ上	60貫	長門安吉弟子
1427	長門	顕吉	永徳	出来ノ下	20貫	顕国子也
1428	長門	顕長	永享	用ノ上	15貫	顕国カ一家也
1429	粟田口	久国	建久	草ノ上	600貫	大隅権守、山城ノ国中鍛冶之長者ヲ給ル也
1430	備前	久国	嘉慶	外下ノ下	35貫	友国トモ打
1431	伯耆	久国	永和	外下下	35貫	―
1432	山城	久国	正元	外中中	55貫	了戒子
1433	粟田口	久吉	正元	出来ノ上	30貫	国吉弟子
1434	大隅	久吉	元仁	出来ノ上	30貫	久国弟子、隅州住久吉トモ打
1435	備中	久次	建武	下下	100貫	青江住、後ニ万寿庄久次ト打
1436	備前	久宗	建武	外下中	40貫	福岡住
1437	備前	久守	康安	外下中	40貫	備州長船住守直トモ打
1438	山城	久信	応安	外下中	40貫	京了戒子也、久信ト打
1439	山城	久元	寿永	外下ノ中	40貫	八祭猪熊住
1440	山城	久	寛弘	草ノ下	350貫	三条小鍛冶宗近弟子
1441	備前	久光	応永	外下ノ中	40貫	備州長船住ト打
1442	尾張	久勝	明徳	出来ノ下	20貫	相田、加島ト云、岡流長勝カ子
1443	大和	昌永	徳治	外中ノ下	50貫	八郎ト云、本ハ備前
1444	備前	次俊	建暦	下ノ上	150貫	一文字一家、次家弟
1445	備前	次吉	元仁	中ノ下	175貫	一文字一家、次俊カ子
1446	備前	次家	建仁	中ノ下	175貫	一文字流吉房ノ子
1447	備中	次家	元暦	中ノ上	250貫	青江住家次カ子
1448	備前	次弘	正中	外中ノ上	60貫	備州長船住ト打
1449	備中	次広	天福	外中中	55貫	青江住
1450	備中	次俊	正治	中中	200貫	青江住、次郎次家カ子
1451	備中	次利	建暦	中ノ上	250貫	青江住
1452	備前	次頼	応長	中上	250貫	介休トモ打
1453	備中	次頼	文永	中ノ下	175貫	青江住
1454	備中	次□	永仁	中ノ下	175貫	青江住
1455	備中	次植	徳治	下ノ中	125貫	青江住
1456	備中	次吉	承元	中中	200貫	青江住
1457	備前	次信	貞永	下下	100貫	基定トモ打、福岡住
1458	備中	次忠	元文	下下	100貫	青江住次俊カ子
1459	備中	次真	建治	外中ノ上	60貫	青江住、又ハ希遠トモ打
1460	備中	次秀	正安	外中ノ上	60貫	青江住次家カ子
1461	備前	次光	応永	出来ノ上	30貫	備州長船住ト打
1462	備前	遠近	建長	中ノ上	250貫	長船住、恒遠カ子
1463	備前	遠也	文永	下下	100貫	長船住、遠近カ弟
1464	備前	遠政	正安	下下	100貫	長船住、遠也弟
1465	備中	遠次	貞応	下下	100貫	青江住
1466	大和	遠也	正元	外中ノ上	60貫	千手院ノ一家
1467	備前	玄次	正文	外下ノ中	40貫	備州長船住ト打
1468	大和	藤戸	大宝	行上	900貫	白髭大明神御作ト云、三浦和日所持也ト云
1469	大和	藤一	建長	外中ノ上	60貫	石見阿闍梨大藤石トモ云
1470	但馬	藤八	正慶	外中ノ下	50貫	宝郡住
1471	大和	藤二郎	嘉元	外下ノ上	45貫	千手院流
1472	遠江	藤沢	平治	外下ノ中	40貫	恒末トモ打、又安行トモ打
1473	阿波	藤	徳治	外中ノ上	60貫	海部住
1474	陸奥	藤戸	文宝	行下	600貫	―
1475	越前	藤島	延文	外中ノ下	50貫	後ニ加州ニ住ス
1476	―	富士	―	―	―	此作相州物ト云、時代不知マレナリ
1477	備前	依宗	建長	中ノ上	250貫	一文字一家宗長カ子
1478	備前	依直	暦応	下下	100貫	同(一文字一家)宗長カ子

番号	国名	名前	時期	格付け		備考
1479	備中	依次	応永	中ノ下	175貫	青江住
1480	備前	頼正	正中	下下	100貫	長有トモ打
1481	備中	頼	貞応	下下	100貫	青江住、俊次如此打
1482	陸奥	頼安	承久	外下ノ中	40貫	国平トモ打
1483	山城	頼正	観応	外下ノ中	40貫	新藤太郎、国光如此打
1484	陸奥	頼	安元	外中ノ下	50貫	頼安トモ打
1485	河内	月氏	長徳	外中中	55貫	有氏ト云
1486	陸奥	月山	天福	出来下	20貫	後出羽住、同銘同住之作出雲一人、豊後二一人、丹波ニモ有リ、同人
1487	大和	月光	—	外中下	50貫	奈良住、安則如此打
1488	陸奥	月小	永延	外下下	35貫	包安トモ打
1489	筑後	月西	治安	外中ノ上	60貫	真恒トモ打
1490	大和	月国	永仁	下ノ中	125貫	奈良住、当麻一家
1491	陸奥	月明	応和	外下中	40貫	王ト計打、鬼王丸トモ打
1492	山城	日本一	長徳	別上	1500貫	三条宗近如此打、又云豊後行平モ日本一ト打
1493	大和	日王	正元	下下	100貫	千手院、奈良住
1494	大和	日光	嘉元	外上下	70貫	則光重光二人トモ如此打ト云、高市ニ住ス
1495	伯耆	日照	長徳	外下上	45貫	横瀬四郎ト云
1496	伯耆	日	天治	外上下	70貫	大原長重
1497	伯耆	日乗	弘仁	下下	100貫	一宮法師也
1498	伯耆	日光	長徳	外下下	35貫	本国和州
1499	備中	時真	寛元	外上下	70貫	青江住、左近太郎、新田義貞此作之太刀ヲ帯
1500	伯耆	時真	建長	外下下	35貫	又南仲トモ、本ハ遠州
1501	筑前	時行	嘉慶	外下ノ中	40貫	左ノ末、二代、弘安子
1502	備中	時次	天福	下下	100貫	万寿庄住次家五男
1503	豊前	神息	和銅	別上	1500貫	宇佐宮住、菊銅細工、平城天皇第七宮龍神化現ト云
1504	相模	神気	建仁	行ノ中	750貫	鎌倉山内二住、西明寺鎌切二尺一寸、此作粟田口国綱
1505	豊前	神来	和銅	別ノ上	1500貫	日本三振之太刀
1506	近江	神次	建徳	外上ノ下	70貫	粟田口藤五郎、金田住時如此打
1507	伯耆	神子	弘仁	草下	350貫	安綱
1508	豊前	神足	天平宝字	別ノ上	1500貫	宝種神足ト打
1509	備前	村守	弘長	下下	100貫	長船住、藤四郎、真守子
1510	伊勢	村正	応仁	用ノ下	7貫	桑名住
1511	備前	村宗	貞応	下下	100貫	左近太郎ト云
1512	阿波	氏房	正中	外上ノ中	80貫	海部氏吉子
1513	陸奥	氏房	正安	外下中	40貫	舞草住
1514	阿波	氏吉	延慶	外下ノ上	45貫	海部住、二代
1515	阿波	氏久	文和	外下下	35貫	海部住
1516	美濃	氏房	慶長頃	按用上	(15貫)	関
1517	尾張	氏房	慶長頃	按用上	(15貫)	近代ノ鍛冶也
1518	—	観寿太郎	正和	外下ノ中	40貫	和州興福寺左平子
1519	若狭	又次郎	暦応	出来ノ下	20貫	法名慶源
1520	陸奥	法華経太郎	延久	—	—	高基トモ打、岡部住
1521	但馬	法成寺	観応	中ノ上	250貫	宝郡隼人正国光ト打
1522	大和	興福寺	建久	外中中	55貫	乙友トモ打
1523	大和	東大寺	長暦	下下	100貫	法師也
1524	出雲	南無阿弥陀仏	元応	中ノ上	250貫	後石州ニ住ス、阿弥弥仏ト打
1525	遠江	関修(クハンシウ)院	元暦	外下下	35貫	後白河院御宇
1526	伯耆	十迷寿	正治	外中ノ上	60貫	土御門院御宇
1527	肥後	不動	元応	下下	100貫	本ハ京鍛冶也
1528	備前	紀次郎	建長	下下	100貫	備州長船真長也
1529	山城	小次郎	建長	外下上	45貫	本ハ和州奈良住也
1530	大和	平三	元暦	上ノ下	300貫	手掻住、包永也
1531	山城	八釼	元暦	別上ノ中	1300貫	藤四郎吉光カ作也
1532	摂津	八幡宮	和銅	別ノ上	1500貫	—
1533	豊後	了戒	建武	出来下	20貫	同銘六代、初代ハ建武
1534	山城	了久信	正和	外下上	45貫	了戒子
1535	山城	了一	嘉暦	外上ノ下	70貫	了戒子

番号	国名	名前	時期	格付け		備考
1536	山城	了戒	延慶	下ノ中	125貫	来国俊カ子
1537	筑前	西蓮	文応	上ノ下	300貫	談義所国吉ト打、国吉ト計モ打、入西カ子也
1538	筑前	良西	寛元	中ノ上	250貫	本安芸国住、入西カ弟也
1539	筑前	入西	天福	下下	100貫	法師也、行仁トモ打
1540	大和	大国	永延	下下	100貫	京鍛冶也
1541	大和	天国	大宝	別(上)下	1150貫	平家ノ重代小烏ト云、此作三浦・和田・足利義氏持之
1542	備前	大安	文応	行中	750貫	長船光忠
1543	陸奥	大原	弘仁	下下	100貫	後伯州住、大原真守也
1544	陸奥	宝寿	嘉元	下下	100貫	二代打、備前ニモ三人有、筑紫ニモ二人有
1545	播磨	宝	寛和	外中中	55貫	藤四郎ト云
1546	大和	僧定生	寛治	中中	200貫	康和二年ニ始メ長刀ヲ作
1547	筑前	サツクワ	正応	下下	100貫	伏見院御宇
1548	大和	アリホシ	正中	上ノ中	400貫	当麻友行弟
1549	伯耆	シテ	建長	外中ノ中	55貫	大原新太夫
1550	陸奥	チカホリ	延暦	外中ノ下	50貫	桓武天皇御宇
1551	陸奥	ヒサ丸	文治	外中中	55貫	舞草住
1552	大和	クノリ	弘安	草下	350貫	当麻友綱
1553	大和	サノリ	文保	草中	450貫	当麻友長
1554	伯耆	一	文治	外中ノ下	50貫	本ハ和州、久次ト打
1555	伯耆	三	文治	下下	100貫	淡路房三ノ字切ル
1556	大和	一王	承元	下下	100貫	千手院金王カ子、永光トモ打
1557	伯耆	一宮	弘仁	外中上	60貫	長江一宮ト打
1558	駿河	二目貫	徳治	出来中	25貫	後二条院御宇
1559	備州	水一	元暦	下下	100貫	巳道トモ打
1560	大和	力王	建永	下ノ中	125貫	千手院一家、金王カ子也
1561	大和	力直	延慶	外上ノ中	80貫	千手院流、十市ノ住
1562	陸奥	雁(カン)宇丸	寿永	外下ノ上	45貫	舞草住
1563	陸奥	丸作	貞応	外下ノ上	45貫	舞草住
1564	信濃	丸房	天福	外下下	35貫	本国奥州
1565	出雲	猫丸	神亀	上上	500貫	天満宮作ト云
1566	山城	苅(カリ)田丸	永延	上ノ下	300貫	三条吉家如此打ト云
1567	陸奥	鬼王丸	長和	外上中	80貫	三条院御宇
1568	遠江	亜(アグ)丸	元暦	外上ノ中	80貫	後鳥羽院御宇
1569	陸奥	上一丸	保元	外上ノ下	70貫	玉造郡住ス
1570	山城	中河	正治	下下	100貫	中河善教ト打
1571	大和	中光	嘉元	外中ノ下	50貫	千手院流
1572	陸奥	□	保元	外中ノ下	50貫	後白河院御宇
1573	相模	門	承久	外中ノ上	60貫	鎌倉住、藤次大夫ト云
1574	陸奥	閑峰	文治	外下ノ上	45貫	後鳥羽院御宇
1575	遠江	関東	文治	上上	500貫	備前助真ト云
1576	陸奥	玉有	承安	外下下	35貫	舞草住
1577	近江	玉	建保	出来ノ上	30貫	勢田住、粟田口藤林国友弟子
1578	山城	十重	応長	外中上	60貫	京住ス、来ノ流
1579	大和	十	元徳	下下	100貫	後肥後菊池ニ住ス、又延寿トモ打
1580	山城	十銘	元徳	下下	100貫	来ノ流
1581	豊後	丁	文永	行ノ中	750貫	紀新太夫行平如此打ト云、作ハ兎(鬼ヵ)神惣トモ云
1582	備前	分	保元	下下	100貫	後白河院御宇
1583	陸奥	風(諷)数	嘉応	下下	100貫	舞草住
1584	陸奥	諷誦(フウセウ)	仁安	下ノ中	125貫	舞草住
1585	下野	春風	弘長	外上ノ中	80貫	後相州住ス
1586	山城	小弼	永延	上上	500貫	三条吉家如此打
1587	山城	下吉	正慶	外中ノ下	50貫	来ノ末
1588	相模	横瀬	―	下下	100貫	鎌倉住、家次如此打、三太夫ト云
1589	備中	晩重	延文	下下	100貫	青江ノ末
1590	相模	代元鬼	建治	下下	100貫	来国行如此打ト云
1591	但馬	新井作	延文	外中下	50貫	―
1592	大和	瀧銘	建長	下下	100貫	千手院流
1593	山城	鳥井	長徳	下ノ上	150貫	三条吉家如此打ト云
1594	陸奥	我里馬	文治	外中ノ上	60貫	秀衡鍛冶ト云

番号	国名	名前	時期	格付け		備考
1595	出雲	平林	明徳	外中ノ上	60貫	後小松院御宇
1596	陸奥	運峰	平治	下下	100貫	舞草住ス
1597	備中	希遠	建治	下下	100貫	青江住、次直如此打
1598	備前	通房	建長	下下	100貫	―
1599	大和	道明	天福	外中ノ下	50貫	―
1600	山城	散位	康治	外中中	55貫	万里小路行吉如此打
1601	下野	春盛	建長	外中下	50貫	―
1602	伯耆	武保	大平宝治頃	下下	100貫	横瀬三太夫ト云
1603	駿河	富次	―	出来ノ下	20貫	駿河住富次云
1604	遠江	□	―	―	―	後ニハ紀州又和泉ニモ住、ハバキ下ニ如此ノ梵字ヲ切ル
1605	大和	乙太郎	元暦	外中ノ下	50貫	東大寺ニ住ス
1606	尾張	梅利	寛嘉	外中中	55貫	―
1607	相模	梅藤大国守	―	下下	100貫	相州鎌倉住ス
1608	遠江	塞（ソク）金	天福	外中ノ下	50貫	本国奥州
1609	伯耆	□南	平治	外中ノ上	60貫	大原住
1610	大和	仏心	正中	外中下	50貫	千手院一家、後ニ関住ス
1611	越前	性仏	正慶	外中ノ下	50貫	千代鶴一家
1612	山城	友安	正応	外中ノ下	50貫	来一家
1613	美濃	外藤	文治	外中ノ中	55貫	関住、基長、源氏重代、一夜ノ内ニ此作ニ打カエサセタリ
1614	相模	言藤	建長	下下	100貫	鎌倉扇谷住ス
1615	山城	菅恒	―	―	―	寅年寅日寅刻三月三日菅恒太刀ト号
1616	大和	菅永	建長	下下	100貫	千手院一家
1617	豊後	伊平菅	神興	下下	100貫	―
1618	近江	蒲生	正和	外下下	35貫	甘呂俊長如此打
1619	大和	泉水	建長	下下	100貫	千手院
1620	大和	寿命	元亨	外中ノ上	60貫	後ハ関ニ住シ、三代打
1621	陸奥	覚長	長和	外中中	55貫	月山如此打
1622	越前	厳浄	元亨	外中中	55貫	金津三国長カ法名也
1623	豊後	房士	承久	草ノ下	350貫	紀新太夫行平如此打
1624	陸奥	房安	天福	外中ノ下	50貫	―
1625	備中	亘次	元久	下下	100貫	青江住
1626	紀伊	仲真	元応	下下	100貫	入鹿住、本宗カ師匠ト云
1627	遠江	南仲	平治	外中中	55貫	―
1628	陸奥	□房	永延	外中ノ上	60貫	―
1629	―	金山	文応頃	上ノ上	500貫	銘剱男子余除横難寿命長ト打
1630	―	天藤	―	別上	1500貫	神武天皇御宇、二尺一寸、春日大明神ノ御作
1631	―	海中	―	別上	1500貫	継体天皇御宇、善記年中、二尺三寸、龍王ノ作
1632	―	宗弘	―	別上	1500貫	法清年中、走雲鬼作ト云
1633	―	長光	―	別上	1500貫	師安年中、鬼作、忠崎三破タリ、長一尺
1634	―	天雲	―	別上	1500貫	継体天皇御宇、□訓（教到ヵ）年中、天嫌（隠ヵ）切作
1635	―	宝□	―	別ノ上	1500貫	帝体天皇御宇、九郎義経太刀也

註1　本表は聖心女子大学図書館蔵「諸国鍛冶代目録」をもとに，野田ゆりえが作成し，高田綾子が修正した．

2　原本に記載がない場合は「―」とし，原本の明らかな誤りは訂正した．

3　国名は，「相州」「伯州」などは「相模」「伯耆」に統一し，「備州」「筑州」などは原本のままにした．一部の地名・人名については，現行の表記に改めた．年号については，一部存在しないものや誤記と思われるものがあるが，「享」「亨」「亭」の混用のみ訂正し，他はすべて原本のままとした．また，格付けの表記も原本のままとした．備考は適宜読点等を付した．これらについては，清水治編集・発行『新版刀匠全集』（美術倶楽部，1988年）を参考にした．

4　判読の難しい文字については□にした．